Heridas profundas, Sanidad profunda

*No existe herida demasiado profunda
que Dios no pueda sanar*
Una introducción a la Sanidad de Profundo Nivel

CHARLES H. KRAFT
CON
ELLYN KEARNEY
Y MARK H. WHITE

Edición revisada y actualizada

Editorial
Desafío

Traducción: Rogelio Díaz-Díaz
Edición: Miguel Peñaloza

Publicado y Distribuido por Editorial Desafío
Cra. 28A No. 64A-34, Bogotá, Colombia
Tel. (571) 630 0100
E-mail: desafío@editorialbuenasemilla.com
www.editorialdesafío.com

Categoría: Crecimiento espiritual, Formación espiritual
Producto No.: 600048
ISBN: 978-958-737-091-1

Impreso en Colombia
Printed in Colombia

Contenido

Primera parte
Una introducción a la sanidad de profundo nivel

Segunda parte
Asuntos específicos en la sanidad de profundo nivel

Tercera parte
Cómo realizar la sanidad de profundo nivel

Agradecimientos

Quiero agradecer a varios de mis colegas por su ayuda en la primera edición de este libro. Mi mayor gratitud es para quienes se mencionan en la cubierta: Ellyn Kearney y Mark H. White. Cada uno me ayudó tomando de sus experiencias personales en el ministerio, escribiendo algunas porciones de este libro y proveyendo buenos ejemplos para ilustrar los principios. Además escudriñaron la literatura existente para encontrar citas relevantes e hicieron la necesaria revisión de varias secciones del original.

También debo gratitud por su ayuda en varios aspectos a Bárbara Sturgis, Nancy Thomas, Tracy Jashinski, Jeanie Cornell, Marti Browne, Molly Sutherland, Gary Hixson, y muchos otros de cuyos libros me he beneficiado. Le doy las gracias también a mi esposa Marguerite por soportar las presiones que resultan de tener un esposo ministro y escritor.

Estoy agradecido con Dave Came, gerente editorial de Servant Publications, quien publicó la primera edición, por su ayuda e interés personal en este libro, y especialmente con su paciencia conmigo por los retardos. Gracias también a Ann Spangler y Beth Feia de Servant Publications, y al doctor David King por su valiosa ayuda con el capítulo 9, así como al doctor Paul Witte por compilar el índice de la primera edición.

Mi reconocimiento final va para Gary Greig, Mark Weising, Rob Williams y el personal de Regal que participó en el lanzamiento de la segunda edición del libro, especialmentepara Deena Davis por su cuidadosa labor para hacer más ágil su contenido.

Introducción

El tema de la sanidad interior, o como yo prefiero llamarla, *sanidad de profundo nivel,* causa confusión a muchas personas dentro de la comunidad cristiana. Algunos cristianos están acostumbrados a la idea de la consejería profesional e inclinados a pensar que suficiente cantidad de ella les provee libertad en sus altibajos emocionales. Pero la eficacia de la consejería profesional está siendo cada día más cuestionada, tanto dentro, como fuera del círculo de la profesión. Los cristianos están acostumbrados a que se les diga que la salvación significa libertad, y que la oración cambia las cosas. Para esto se les cita el conocido texto bíblico: "Si alguno está en Cristo, nueva criatura es; las cosas viejas pasaron; he aquí todas son hechas nuevas" (ver 2 Corintios 5:17). Y a muchos se les hace creer que, si como cristianos sencillamente olvidan los problemas pasados, serán libres de ellos. Esta creencia se apoya en una mala interpretación de Filipenses 3:13.

Pero la experiencia de la vida es a menudo bastante diferente. Acudimos a Cristo pensando que él resolverá todos nuestros problemas y nos encontramos, como el pueblo de Israel, sufriendo en la tierra prometida. Muy pronto descubrimos que la tierra está llena de gigantes a los cuales tenemos que vencer.

No sabemos por qué Dios hace las cosas de esta manera. Parece que él nos da un don y espera que lo usemos para superar un sin número de obstáculos. Es cierto que hay vida nueva cuando llegamos a Cristo, y que nuestro espíritu humano es cambiado y llegamos a ser nuevas criaturas. Sin embargo, esa novedad es frecuentemente interferida por antiguos problemas que emergen del pasado. Hemos dado el primer paso correcto, pero para muchos cristianos la libertad llega cuando dan el segundo paso. He escrito sobre este tópico en mi libro Confronting Powerless Christianity [Confrontando el Cristianismo Impotente].

La frustrante noticia es que la consejería profesional, aunque cristiana, es de poca ayuda para muchas personas. No debemos suponer que, simplemente acudiendo a Cristo e ignorando los problemas, vamos a estar bien.

Pero hay buenas noticias. El testimonio de miles de personas que pasaron por esta sanidad de profundo nivel nos asegura que fueron liberadas. Hay una manera de dar este paso liberador con la ayuda del Señor Jesús. Y aunque la *sanidad de profundo nivel* no es la única manera en que el Señor Jesús da libertad, es una forma totalmente efectiva. Ese es el tema de este libro.

Jesús es sanador. En el Nuevo Testamento vemos que él anduvo sanando a la gente. Los relatos del evangelio lo muestran ocupado básicamente en sanar problemas físicos y en echar fuera demonios. No obstante, yo sospecho que si tuviéramos un registro completo de sus sanidades comprenderíamos que a menudo trató aquellos problemas espirituales y emocionales que paralizan a las personas y con los cuales están relacionados casi siempre los demonios. En el siguiente capítulo señalaremos algunos ejemplos de esta sanidad de profundo nivel.

Por ahora quiero discutir algo acerca de la confusión que parece rodear la práctica de la sanidad de profundo nivel. Una base importante es que seguimos un enfoque espiritual de la sanidad, el cual difiere sustancialmente del secularismo que invade al cristianismo evangélico. A pesar de la suposición de que lo que hacemos en la iglesia es espiritual, la mayor parte de lo que hacemos es básicamente secular. Por ejemplo, las conferencias (que llamamos "sermones") tienden a ser más intelectuales que espirituales y relacionales. Con excepción de la adoración verdadera, nuestros himnos tienden a ser más informativos que espirituales o relacionales. Cuando necesitamos sanidad buscamos a quienes practican la medicina secular; cuando necesitamos ayuda sicológica acudimos a los expertos sicólogos seculares o a ciertos cristianos que practican la consejería superficial, y cuando capacitamos a los consejeros en ese campo los enviamos a instituciones intelectualmente orientadas hacia la información científica. ¿Qué sucede entonces?

La sanidad de profundo nivel es bastante diferente. El Señor Jesús se compadece del necesitado y hace cosas que rara vez ocurren en la vida normal de una iglesia. ¿Cómo? La verdadera sanidad ocurre en los niveles más profundos del corazón y la mente de una persona. Aunque algunas técnicas que utilizamos frecuentemente son tomadas en préstamo de la consejería, la presencia del Señor Jesús en ellas marca la diferencia en cuanto a su eficacia. Esto es algo nuevo para la mayoría de las personas, y a algunas les causa confusión en primera instancia.

Una de las cosas que causa confusión es que muchas personas esperan que la *sanidad emocional* tome mucho tiempo. Con la participación de Jesús en la sanidad profunda, lograr la libertad rara vez demora mucho. La mayoría de las personas son sustancialmente transformadas en una sesión. De otro lado, muchos esperan que Jesús efectúe la sanidad tan rápido como en los casos del Nuevo Testamento, y con poca o ninguna actividad por parte del paciente. Esto último también es un caso poco común. De modo que tales expectativas, junto con la falta de familiaridad, la obra y la presencia del poder de Jesús, causan en la gente confusión en cuanto al proceso de sanación espiritual.

Pero existen por lo menos dos causas más de confusión: 1) el movimiento contra la sicología dentro del cristianismo de los Estados Unidos, tipificado por las actividades de Dave Hunt, Martín y Deidre Bobgan, y Don Matzat; y 2) el tipo de interrogantes formulados por quienes están a favor en cuanto a la conveniencia de que los consejeros no profesionales puedan practicar una consejería efectiva.

En el primer caso, el movimiento anti-sicológico considera que existe una estrecha relación entre los métodos de los sicólogos (algunos métodos que se usan en la sanidad interior) y los que utilizan la Nueva Era y otros practicantes del ocultismo. Tal como lo he señalado en mi libro *Christianity With Power* [Cristianismo con Poder] [1], aunque Hunty otros hacen bien en advertir a los cristianos del peligro de enredarse con el ocultismo, su oposición a la sicología cristiana y a la sanidad interior está basada en la suposición equivocada de que *porque ciertas técnicas que utilizamos son usadas también por el enemigo, las técnicas en sí mismas están infectadas y son por lo tanto malas para los cristianos.* Lo que no pueden reconocer es que ellas, aunque sean utilizadas por seguidores de Satanás, han sido puestas en el universo por Dios para que las usemos los cristianos a fin de cumplir sus propósitos. El problema no radica en las técnicas sino en cuál poder está detrás de ellas. Cuando el discernimiento y las técnicas son habilitados por Satanás, el procedimiento en el que se utilizan es malo. *Pero cuando es Dios quien lo hace, el procedimiento es bueno.*

Un segundo problema con el movimiento contrario a la sicología es que está paralizado por el racionalismo Occidental. Este grupo es incapaz de ir más allá de la influencia del movimiento sicológico del siglo dieciocho llamado "La Ilustración", movimiento que fue cualquier cosa menos cristiano. Esta es una perspectiva que ha elevado el poder de la razón y le ha otorgado preeminencia sobre las demás características humanas, y ha infectado tanto a la sociedad como al cristianismo de Occidente. Por lo tanto, el grupo antagónico a la sicología muestra temor a las emociones o a cualquier otro medio que explore la realidad fuera de la rígida tradición racionalista de su tipo particular de cristianismo. En mi libro Christianity With Power [Cristianismo Con Poder]he discutido los problemas que tal tradición plantea a quienes procuran seguir los principios bíblicos al experimentar la presencia y el poder de Dios.

Habiendo dicho lo anterior, no quisiera dar la impresión de estar aprobando todo lo que hacen los sicólogos o incluso quienes están involucrados en esto de la sanidad interior. Por el contrario, tengo mi propia lista de críticas para los unos y los otros. Por ejemplo, aún los sicólogos cristianos utilizan sus técnicas sin reclamar de manera conciente el poder que Dios nos autoriza usar cuando ministramos a la gente (ver Lucas 9:1; Juan 14:12). Más aún, algunos consejeros en el campo de la sanidad interior utilizan *imaginería guiada* para llevar a las personas en vuelos fantasiosos fuera de la verdad y no hacia ella. Estas personas justifican las afirmaciones de Hunt de que la imaginería guiada permite que las personas sean engañadas por el enemigo. La mentira y el engaño nunca son permitidos en la obra de Dios, no porque las técnicas sicológicas sean equivocadas sino porque ellas han sido utilizadas para engañar más bien que para descubrir la verdad.

Una visión que es más balanceada que la perspectiva anti-sicológica o la arrogante actitud de los profesionales de la sicología es la de Siang–Yang Tan, un sicólogo profesional cristiano autor de un libro extraordinario llamado *Lay Counseling: Equiping Christians for a Helping Ministry* [Consejería Laica: Equipemos a los cristianos para ministrar ayuda]. Él y Gary Collins, otro profesional cristiano, consideran la consejería como "una relación solícita y protectora mediante la cual una persona procura ayudar a otra a tratar más eficazmente con las presiones de la vida". [2] Ellos describen a los consejeros como "individuos que carecen del entrenamiento, la educación, la experiencia o las credenciales para ser consejeros profesionales, pero que no obstante están dedicados a ayudar a la gente a solucionar sus problemas personales" [3]

Tan, Collins, y otros autores dentro de la comunidad de sicólogos, ven un aumento de los problemas emocionales en nuestro mundo en tal medida que son muchos más los que necesitan ayuda que los que pueden ser atendidos por los profesionales. Ellos consideran que existe una tremenda necesidad de que los no profesionales participen en la tarea de hacer que la gente esté saludable emocionalmente. Como cristiano y como abogado de la consejería laica, el señor Tan afirma que existe una base bíblica para que los cristianos participen en este tipo de consejería.

La *sanidad de nivel profundo* es una forma de consejería que el Dr. Tan y otros sicólogos cristianos aprueban. Aunque nosotros rara vez hemos recibido un entrenamiento de alto nivel en técnicas sicológicas, acudimos a la sicología en procura de tanta ayuda como nos sea posible obtener. Pero también procuramos trabajar mediante el poder de Dios, creyendo que *la combinación ideal proviene del poder de Dios capacitándonos con las mejores técnicas humanas que ha sido posible descubrir para tratar con los problemas de profundo nivel.*

Esa es la perspectiva que asumimos aquí. Vivimos en un mundo emocionalmente lastimado y lastimador. Infortunadamente, el cristianismo racionalista muchas veces contribuye a lastimarnos, y con frecuencia asume un enfoque secular, ya sea empleado por los cristianos y los no cristianos. Muchas personas en nuestras iglesias pueden ver el daño que está causando, y muchos lo están viviendo personalmente aunque no saben qué hacer al respecto. Los cristianos de hoy parecen saber poco respecto a cómo hacer lo que el Padre encomendó a Jesús, y que Jesús a su vez nos encomendó a nosotros (ver Juan 20: 21), esto es, trabajar con él para liberar a los cautivos (ver Lucas 4: 18).

Contrario a lo que el movimiento enemigo de la sicología afirma, llevar a la gente a Cristo para que sea salva y luego citar unos cuantos versículos bíblicos relacionados con la actitud de Dios hacia sus problemas no es suficiente para darles la libertad que Jesús prometió. Ciertamente, muchos hijos de Dios parecen vivir la vida en los campos de prisioneros del enemigo. Tras bambalinas el enemigo está dedicado activamente a la tarea de mantenernos ignorantes de la manera en que podemos proporcionar sanidad a la gente.

Este libro está dedicado a aumentar nuestra capacidad para ayudar a liberar cautivos. Intenta ser bíblico, amplio y balanceado. Es el resultado de más de dos décadas de mi propia experiencia y de una buena cantidad de la experiencia de varios colegas.

Al trabajar en el texto para producir esta segunda edición he reordenado los capítulos existentes y he agregado otros. Aunque no afirmo que he producido un nuevo libro, sí puedo decir que he mejorado el presente.

Deseo que su lectura le produzca abundantes bendiciones y lo capacite para la práctica del ministerio de sanidad interior o "sanidad de profundo nivel."

Charles H. Kraft
South Pasadena, California
Enero 2009

Primera parte

Una introducción a la Sanidad

de profundo nivel

1 ¿Qué es la sanidad de profundo nivel?

La historia de Pablo

Pablo, un hombre de mi comunidad, acudió a mí con un intenso sentimiento de desaliento y derrota. Tenía poco más de treinta años y había sido cristiano durante diez. Creía que su vida antes de la conversión había sido normal, exceptuando algunas incursiones en pecados sexuales. Su niñez había transcurrido sin eventos notables aunque tenía un fuerte temperamento y sentía que la frecuencia de la masturbación durante la adolescencia quizá había sido excesiva. También me mencionó que había reunido una considerable colección de conocidas revistas pornográficas.

Poco después de haber aceptado a Cristo, Pablo conoció a una joven a quien describió como "una mujer maravillosa…la persona ideal para mí". Esperaba que su conversión y su matrimonio le dieran la capacidad de controlar tanto su mal temperamento como sus pensamientos lujuriosos, pero no fue así. De hecho, una de sus principales preocupaciones era la manera en que actuaba cuando se enojaba con su esposa. Parecía que perdía totalmente el control y quedaba con un sentimiento de culpa y remordimiento, demasiado avergonzado de sí mismo como para pedirle perdón. De modo que vivía, trabajaba y adoraba a Dios con una falsa sonrisa en su rostro y con un profundo sentimiento de derrota en su corazón.

Al comenzar nuestra sesión de ministración ó consejería, elevé una oración pidiéndole al Señor que se hiciera presente con su amor y su poder, y prohibiéndole al enemigo ejercer su influencia en lo que hiciéramos o dijéramos. Le pedí al Espíritu Santo que nos diera las palabras que debíamos usar, los pensamientos que debíamos tener, y las acciones que debíamos realizar para traer libertad a este hijo suyo.

Debido a que sus problemas como el mal temperamento y la lascivia tenían claras raíces, sentí que debía llevar a Pablo hasta el momento de su concepción utilizando el ejercicio de visualización por fe que yo llamo "de regreso al vientre", descrito en el capítulo 12. Los problemas como los que Pablo describía hunden sus raíces en algunas experiencias de la edad temprana, de modo que este enfoque les permite a muchas personas descubrir esas raíces que jamás imaginaron que estarían allí.

Sin entrar en los detalles de ese ejercicio, Pablo describió lo que vio y sintió en el vientre de su madre y su conciencia de un intenso sentimiento de enojo. Se refirió a los sentimientos del bebé con términos como "enojado, trastornado, no deseado" y "rechazado". Al revivir estos sentimientos recordaba que en una ocasión, en un arrebato de ira, su madre le gritó que él le había causado problemas aún desde su concepción, y que ella nunca lo había querido tener. En ese punto le pregunté sí su madre había expresado ese sentimiento con frecuencia. Me respondió que no, pero que ella siempre había sido una mujer infeliz, quizás por ocultar su enojo e insatisfacción con la vida. Los pocos detalles que conocía de la infancia y la adolescencia de su madre lo llevaron a creer que habían sido difíciles. Como era el hijo mayor, le pregunté si había sido concebido antes de que sus padres se casaran. Así fue.

Entonces le dije que Dios lo había formado en el vientre de su madre (ver Salmo 139:13–15), y le pregunté si podía visualizarlo. Quise hacerle saber que Dios estuvo con él en esos primeros días, y que, igual que en el caso del profeta Jeremías (ver Jeremías 1:5, y Efesios 1:4), Dios lo planeó y lo escogió desde antes de nacer. Dado que sus padres no habían planeado su concepción, le pregunté si creía que Jesús había cometido un error al permitirla. Convino conmigo en que su concepción "no fue un error ni fue algo inesperado para el Señor Jesús", aunque hubiera sido un error de sus padres. Partiendo de esa base lo invité entonces a elegir entre la voluntad de Dios y la de sus padres.

Así lo hizo, aprobando lo que Dios quiso. Luego, identificándose otra vez con el bebé que no había nacido, perdonó a sus padres por no querer que él naciera. Al hacerlo, los sentimientos del bebé que visualizaba cambiaron dramáticamente. El enojo, el resentimiento, la pesadez y las tinieblas fueron reemplazados por luz, iluminación y la expectativa de nacer. A medida que avanzamos a través de los meses siguientes de gestación, Pablo encontró que un nuevo sentido de auto aceptación surgía en él con un creciente entusiasmo por su llegada al mundo.

Quedaba todavía más por hacer, pero el éxito de esta experiencia proveyó un fundamento firme sobre el cual comenzamos a edificar una nueva imagen de sí mismo, una nueva cercanía con su esposa, y una nueva relación con sus padres. Entonces Pablo descubrió que al crecer en edad, el enojo contra su madre se había ampliado incluyendo a todas las mujeres en general. Confesó que sus tempranas aventuras sexuales, algo de su masturbación, incluso algunas de sus experiencias con su esposa habían sido motivadas, por lo menos parcialmente, por un rabioso deseo de humillar a las mujeres.

A medida que "su yo", aún no nacido, fue dirigido hacia el acto de perdonar a su madre, Dios lo liberó de las raíces de su sometimiento a tal motivación. Pablo todavía tenía una cierta cantidad de hábitos y reacciones por revisar aún después de arrancar las raíces de su amargura, pero éstas fueron y son hoy manejables con poca o ninguna ayuda de otras personas.

Pablo tiene ahora una sonrisa nueva en su rostro y una nueva intimidad con Jesús, con su esposa y con su familia. También una aceptación de sí mismo recién descubierta. Ama su libertad y se mantiene activo ahora ayudando a otros de la misma manera en que él recibió ayuda (ver 2ª Corintios 1:4).

Definición de la Sanidad de Profundo Nivel

La *sanidad interior,* a la que yo prefiero llamar *sanidad de nivel profundo,* se ha practicado por lo menos desde mediados de la década de los años 60. Con frecuencia se le da crédito a Agnes Sanford (1966)como la persona que comenzó este tipo de ministerio de consejería. Otros importantes pioneros que hicieron un aporte valioso son los ya fallecidos David Seamands, John y Paula Sandford, y dentro de la Iglesia Católica los hermanos Linn y Dennis Matthew. Estos y otros practicantes nos han dado definiciones de la sanidad interior o sanidad de profundo nivel.

David Seamands definió la sanidad interior como "una forma de oración y consejería cristiana que enfoca el poder sanador del Espíritu en ciertos tipos de problemas emocionales y espirituales". El señor Seamands relaciona la sanidad interior con la consejería tradicional y sugiere que su enfoque "es *uno, y solamente uno,* de tales ministerios, y que nunca se debe convertir en la *única* forma de ministrar porque un énfasis exagerado conduce a un mal uso del mismo". [1]

John y Paula Sandford, otros dos pioneros en este campo, en sus clásicos libros *Transformation of the Inner Man* [Transformación del Hombre Interior] y *Healing the Wounded Spirit* [Cómo Sanar el Espíritu Herido], recientemente revisados y publicados en cuatro volúmenes (véase la bibliografía), consideran que tal ministerio está enfocado en la transformación del ser interior del individuo. Una de mis definiciones favoritas es la que dio la autora Betty Tapscot:

La sanidad interior es la sanidad del ser o la parte interior de la persona: la mente, las emociones, los recuerdos dolorosos y los sueños. Es el proceso mediante el cual, ***en oración***, somos liberados del resentimiento, el rechazo, la compasión por uno mismo, la depresión, el sentimiento de culpa, el temor, la tristeza, el odio, y los sentimientos de inferioridad, de condenación, de carencia de valor, etc. [2]

A esta definición le agregaría que también incluye la sanidad del espíritu. Mientras más ministro a la gente, más encuentro ciertas heridas que parecen ser más profundas que la mente o las emociones. Ciertas experiencias dolorosas y ciertos abusos (como el rechazo de los padres o el abuso sufrido en cultos satánicos) parecen afectar la esencia misma de la persona: su mismo espíritu.

John y Paula Sandford han tratado este tópico extensamente en sus libros. Describen varios tipos de heridas que el espíritu humano puede sufrir, y la forma en que el Espíritu Santo obra mediante la sanidad interior para liberar a los cautivos.

Mi definición personal de la sanidad de profundo nivel procura cubrir ese territorio agregándole a la definición varias de sus características esenciales:

La sanidad de nivel profundo es una ministración en el poder del Espíritu Santo enfocada a producir sanidad y libertad integral a la persona: su espíritu, sus emociones y su cuerpo. Siendo que la mayoría de las dolencias humanas emanan del daño causado en las áreas emocionales y espirituales, nos enfocamos en ellas procurando, con el poder de Cristo, llegar a las raíces del daño causado. Estas raíces están incrustadas en los recuerdos, en gran medida inconscientes, de las heridas. Por lo tanto, la sanidad de nivel profundo enfoca en sanar las heridas que los recuerdos retienen, a ayudando a las personas a experimentar la presencia Señor Jesús en esos mismos recuerdosy entregándoselos a él. problemas más frecuentes que encontramos son: la falta perdón, el rencor, la depresión, la vergüenza, la culpa, baja autoestima, temor, preocupación, lujuria, rechazo, engaño, y otras manifestaciones similares. [3]

Note que este es un ministerio de consejería que involucra *poder espiritual*. La mayoría de las técnicas que utilizamos provienen de la consejería profesional pero las combinamos con la presencia y el poder de Jesús. Generalmente el paciente es capaz de visualizar los recuerdos incluyendo a Jesús en ellos, expresándole a él las emociones provocadas por las heridas que sufrió. Al tratar las raíces más profundas de las lesiones sufridas, los sentimientos de la persona cambian de un ser herido a un ser sanado.

Como lo veremos más adelante, las "cápsulas" de los recuerdos que se anidan en nuestra mente contienen los mismos hechos, además de las reacciones que sentimos en el momento en que fuimos lastimados. No podemos cambiar los hechos, pero con la ayuda de Jesús podemos cambiar las emociones inherentes a los hechos, entregándoselas a él. Así podemos cambiar por perdón una reacción de ira y de renuncia a perdonar y recibir la libertad que Jesús provee a quienes obedecen su mandamiento de perdonar (ver Mateo 6: 12, 14-15). Jesús dijo: "Venid a mí todos los que estáis trabajados y cargados, y yo os haré descansar" (Mateo 11:28). Hay pocas cargas menos pesadas que los problemas emocionales, no importa cuánto tratemos de ocultarlos e ignorarlos.

Los expertos en el conocimiento de la memoria dicen que los recuerdos de nuestras experiencias quedan almacenados, más en la forma de imágenes que de meras palabras. [4]Por lo tanto, para sanar los recuerdos que nos lastiman debemos tratar con ellos en imágenes. Los recuerdos convertidos en imágenes no se pueden sanar con palabras solamente. Por eso es que en nuestro ministerio hacemos que las personas vuelvan sobre sus recuerdos visualizándolos en imágenes, y procurando que visualicen la verdad de que Jesús estaba allí, porque él es omnipresente. Experimentar la presencia de Jesús en sus recuerdos capacita a las personas para verse a sí mismas entregando sus reacciones a él y para obtener la libertad que él desea que tengan.

La mayoría de nosotros nos podemos identificar con algunos de los problemas mencionados en las citas anteriores, y muchos podríamos incluso agregarle otros a la lista. Como humanos, con frecuencia experimentamos profundos niveles de quebranto. Continuamente enfrentamos las influencias de nuestra naturaleza caída y del mundo caído que nos rodea. Satanás, nuestro enemigo, utiliza constantemente la sociedad en la cual vivimos (que es a lo que 1 Juan 2: 15-16 llama "el mundo"), y la naturaleza humana de la que somos portadores (nuestra "carne") para hacernos las cosas más difíciles. Pero nuestro Señor ha provisto los medios por los cuales podemos lograr la libertad que él prometió en Lucas 4: 18-19: "El Espíritu del Señor... me ha ungido para... proclamar... libertad... restauración... liberación...".

Dios está presente en cada sanidad aún cuando ésta cause dolor

Comenzamos con la afirmación de que solamente existe un Sanador en el universo: Dios. Así como toda forma de vida tiene su origen en Dios, creo que toda sanidad tiene su origen también en él, aún cuando en esta sanidad participen como agentes personas incrédulas. Dios tiene el control de nuestra vida aunque generalmente obra con socios humanos y a través de ellos. Creo que él se ha impuesto a sí mismo la regla de no obrar en el contexto de la humanidad sin un socio humano. [5]

Por ejemplo, creo que ningún nacimiento humano es simplemente el resultado del proceso físico de la relación sexual. Dios está involucrado en todo el proceso de la concepción. Él es el único que puede dar la vida. De la misma manera, sólo Dios puede reparar esas partes del proceso vital que se han salido de su curso. Sin embargo, como ocurre con la mayoría de las demás cosas que Dios hace en el mundo, Dios generalmente utiliza instrumentos humanos para sanar. Como se nos enseña en Romanos 8:28: "A los que a Dios aman, todas las cosas les ayudan a bien".

Nuestra mentalidad occidental nos lleva a establecer una dicotomía entre lo que hacemos los seres humanos, y lo que Dios hace. Si intentamos explicar algo como la sanidad en términos de actividad humana "natural" (tal como el uso de medicinas, cirugía o consejería humana), generalmente suponemos que Dios no participa en el asunto. Pero esto no es cierto. En realidad Dios está involucrado y participa de cada faceta de la experiencia humana (la medicina, la sicología), ya sea que reconozcamos o no su presencia. Es él quien hace que la medicina y los procedimientos quirúrgicos sean efectivos; el que hace posible *la sanidad de profundo nivel* en los problemas emocionales y espirituales. Estos procesos no funcionan automáticamente. Dios está presente en todo lo que necesita la gente, aún si los medios son medicinas o personas, y aunque podamos explicar científicamente la parte humana del proceso.

Dios incluso utiliza el quebranto humano como plataforma de dos importantes dimensiones del deseo de Jesús de dar libertad a su pueblo. En primera instancia, Dios utiliza el dolor –ya sea físico, emocional o espiritual– para alertar a su pueblo sobre su *necesidad de ministración*. Cuando las personas están soportando un dolor intenso generalmente están más dispuestas a permitir que el Señor se acerque y las ayude. La mayoría de quienes acuden en procura de sanidad de profundo nivel llegan sin esperanzas. A menudo han buscado consejería profesional u otras instancias para resolver sus problemas pero sus esfuerzos han sido en vano. Ciertamente han vivido por largo tiempo con un grave sufrimiento. Al final llegan a la fuente de toda sanidad: Jesús.

Una segunda e importante manera en que Dios utiliza el quebrantamiento es provocando *un mayor grado de intimidad con él*. Una y otra vez escuchamos informes de muchas personas, según los cuales, la sanidad física o emocional que recibieron comenzó con la profundización (intimidad) que ocurrió en su relación con el Señor Jesucristo. Estas personas reconocieron que Dios había usado un sentimiento profundo en su corazón para acercarlas a Él, induciéndolas a buscar la sanidad en Cristo.

Este es el caso del joven Yeimy, por ejemplo, quien acudió a nosotros en medio de su profundo dolor. Había tenido problemas estomacales por casi dos años y se había sometido a numerosos exámenes médicos. Incluso había recibido ayuda sicológica durante varios meses sin ningún resultado. Entre todas las cosas descubrió que su estómago empeoraba cada vez que sus padres iban a visitarlo. Después de pedir al Señor que nos diera su dirección, sentí que debía preguntarle a Yeimy cómo era la relación con sus padres.

En un principio Yeimy dijo que él y sus padres siempre habían tenido una buena relación. Habló con cariño del hecho que su padre fuera el entrenador de su equipo en la Pequeña Liga porque siempre asistió a sus juegos de béisbol y de básquetbol durante sus años de estudiante. Le pregunté si recordaba haber tenido problemas estomacales durante esos años. Se quedó pensativo por un momento, y luego, como si fuera una revelación, algunos recuerdos de los cuales no había sido conciente volvieron a su mente. "Aunque no era tan intenso como lo es ahora –dijo–, recuerdo que sentía un nudo en mi estómago antes de cada juego, especialmente cuando mi padre estaba presente".

Al continuar preguntándole, Yeimy me habló de un padre que nunca parecía estar satisfecho con nada de lo que él hacía, ya fuera en los deportes o en cualquier otra área de la vida. Recordó el terror que sentía ante la idea de fracasar en el deporte o en el estudio. También, al aproximarse la fecha de su boda, y luego cuando nació cada uno de sus hijos, había sentido lo mismo. Peor aún, ahora era obvio para él que su problema estomacal empeoraba cada vez que se sentía ansioso por las reacciones de su esposa respecto a ciertas cosas que él planeaba realizar.

Durante la hora siguiente, o algo así, pude ayudarle a comprender las raíces de varios de los problemas de su padre y los efectos que tuvieron sobre él. Su padre había sufrido una profunda frustración en su temprana edad. Fracasaba con frecuencia y rara vez se le reconocía o se le elogiaba cuando hacía algo bien. Habiendo vivido con un complejo de culpa durante su vida pasada, el padre presionaba a su hijo a tener éxito pero no le proporcionaba afecto o siquiera aceptación cuando lo lograba. Felizmente, Yeimy era un joven exitoso, de modo que rara vez tuvo que soportar la ira de su padre. Sin embargo, antes de cualquier evento su imaginación lo mantenía cautivo al pensar lo que podía haber ocurrido si le hubiera fallado.

Yeimy pudo comprender que tanto él como su padre eran víctimas, y le permitió a Jesús que cambiara su actitud hacia sí mismo, y hacia su padre y su esposa. Entonces tuvo la capacidad de perdonarse y perdonarlos. También pudo admitir que tenía resentimiento contra Dios y perdonarlo por permitir que todo esto ocurriera. (El concepto de liberar el enojo contra Dios y luego la acción de perdonarlo es controversial y lo aclararemos en un capítulo posterior de este libro.)

A medida que el Espíritu Santo trató asunto tras asunto, permitiéndole a Yeimy visualizar a Jesús en varios de los acontecimientos más memorables que vivió, su dolor estomacal se hizo más y más tenue. Cuando éste desapareció totalmente supimos que habíamos avanzado lo suficiente en esa sesión. Aunque había que tratar con otras cosas en sesiones posteriores, el problema estomacal y el cautiverio espiritual que evidenciaba, jamás reaparecieron. ¡Yeimy fue liberado!

Un beneficio adicional que puede producir la sanidad del quebrantamiento espiritual es que el beneficiario a menudo desarrolla una disposición para un ministerio de ayuda a los demás en esa área. Muchos de mis colegas ministros han hecho tránsito de la experiencia de sanidad en ellos mismos, ayudando luego a otros en un compasivo ministerio cristiano. Este hecho concuerda con lo que se afirma en 2 Corintios 1:4, que "[Dios] nos consuela en todas nuestras tribulaciones, para que podamos también nosotros consolar a los que están en cualquier tribulación, por medio de la consolación con que nosotros somos consolados por Dios".

El hecho de que hayamos recibido la ayuda de Dios es una poderosa motivación para ayudar a otros que están sufriendo. Quienes han sido sanados de profundas heridas son generalmente muy efectivos en el ministerio de consolar, aun cuando su propia sanidad todavía no esté completa. Como resultado de nuestro dolor y de la sanidad que recibimos, podemos ofrecer a otros la esperanza de que sus pruebas valgan la pena.

La sanidad integral de la persona

La sanidad de profundo nivel tiene que ver con todo el individuo al menos de dos maneras. Primero, el objetivo es que la persona sea completamente sana en su cuerpo, alma y espíritu. A través de todo este libro se discute este tópico. Sin embargo, esta primera sección se enfoca en la sanidad en un segundo aspecto: el hecho de que necesitamos tratar con la totalidad de la persona cuando estamos procurando una sanidad de profundo nivel.

Las personas no son sólo una colección de varios componentes. Cada parte de una persona está intrínsecamente conectada con muchas otras partes, de modo que todas funcionan en forma integrada. En función del análisis podemos hablar acerca del espíritu, el cuerpo, la mente, las emociones, la personalidad y la voluntad del ser humano; pero en la vida real todo esto es una sola unidad en cada persona; no funcionan separadamente y no se deben tratar de manera aislada de las demás como generalmente lo hacen los profesionales de la salud. Si sentimos dolor físico, lo usual es que vayamos a un médico que simplemente trata el problema de la enfermedad como si ésta no tuviera nada que ver con el resto de nuestro ser. Si tenemos una dificultad emocional o sicológica, acudimos a un sicólogo quien trata específicamente esa parte del alma. Y para los problemas espirituales vamos al pastor o a otro consejero espiritual que busca la ayuda de Dios.

Tales enfoques en el tratamiento del problema son generalmente inadecuados. Incluso los médicos admiten que más del 80 por ciento de las dolencias físicas son causadas por problemas emocionales. Un médico que trabaja en el hospital mental del estado de Tennessee, Estados Unidos, lo expresó de esta manera: "La mitad de mis pacientes podrían irse a casa si supieran que han sido perdonados por Dios o por otra persona". [6] No obstante, el entrenamiento científico que ha recibido rara vez capacita a un médico para tratar eficazmente las emociones de una persona. Ha aprendido a tratar al pacientecon los productos químicos (alopatía), simplemente como un cuerpo físico. De igual manera, aunque algunos sicólogos sugieren que muchas de las dificultades emocionales hunden sus raíces en problemas espirituales, rara vez están en capacidad de ayudar en el área espiritual. Y es muy triste ver que los programas de entrenamiento sicológico en las instituciones cristianas difieren poco de su contraparte secular y frecuentemente enseñan que no se deben combinar la consejería espiritual y la consejería profesional.

Las personas funcionan como unidades integradas y, cuando se lesionan, generalmente necesitan sanidad en más de una parte de su ser. Como lo ha dicho Rita Bennett, "su alma –el intelecto, la voluntad, las emociones, los recuerdos, el subconsciente, la personalidad, la creatividad y las motivaciones– tiene el potencial para disfrutar de paz total, pero puede haber en ella heridas, algunas muy profundas, que aún no han sido sanadas. Cada uno de nosotros necesitará sanidad adicional en el transcurso de nuestra vida". [7]

De modo que la regla nuestra es tratar con la persona integral –el espíritu, el alma (que incluye la mente, las emociones y la voluntad), y el cuerpo, y procurar la sanidad a un nivel tan profundo como sea necesario. En este sentido, la sanidad de profundo nivel es más incluyente, más holística que cualquiera de los modelos comunes de sanidad. También es más personal y más enfocada en el amor porque creemos que de eso trata la sanidad, de amar a la gente. Es absolutamente esencial en la práctica de nuestro ministerio que las personas salgan con la seguridad de que son amadas.

Muchas veces las personas acuden en busca de ayuda, con problemas físicos que desaparecen cuando se tratan algunos aspectos emocionales. Una corta charla acerca de los problemas físicos revela a menudo otros problemas emocionales, o de relación interpersonal, más profundos. Cuando tratamos con el área integral más profunda de nuestro ser, generalmente el problema superficial se ve más pequeño ó desaparece. No obstante, hay ocasiones en que el problema superficial permanece, pero lo positivo es que la persona declara haber recibido una sanidad más profunda mediante el toque del Espíritu Santo. Es frecuente que la persona a la cual se ministra sea sanada de cosas que nunca se imaginó, ya sea a cambio de lo que sufría inicialmente o como algo adicional.

La experiencia de Yudy ilustra este principio. Ella había sufrido dolor de espalda durante seis años y mi colega, el doctor Peter Wagner, quien tiene un don especial para tratar con problemas físicos, oró por ella. Cuando no hubo ningún resultado, él me la envió para que viera si había algún asunto más profundo el cual tratar. Como es mi costumbre, le pregunté a la paciente qué estaba ocurriendo en su vida cuando comenzó el dolor. Me contó que tenía cuatro meses de embarazo cuando principió el dolor en su espalda, lo mismo que había ocurrido cuando perdió su primer bebé. Entonces discutí con ella la pérdida de su bebé anterior utilizando una técnica de visualización por fe que se describe más adelante en el capítulo cuatro. De esta manera trabajamos con el asunto del dolor de su aborto, lo que le permitió a Yudy entregar a Jesús tanto su herida emocional como su bebé. Inmediatamente fue liberada de su dolor de espalda, y como un beneficio adicional fue sanada de otras dolencias físicas mediante la oración realizada por el doctor Wagner.

La relación entre la sanidad de profundo nivel y la consejería profesional

A menudo la gente pregunta: "¿Cuál es la diferencia entre la sanidad de profundo nivel y la consejería profesional?" Mi respuesta es que se deben ver los dos enfoques más como complementarios que como si fueran radicalmente diferentes, especialmente si el consejero es cristiano. Como la consejería profesional, la sanidad de profundo nivel implica sondear y profundizar los problemas emocionales y espirituales de quien recibe consejo. Quienes no tenemos credenciales profesionales somos clasificados como consejeros laicos.

La consejería laica es respetada por muchos consejeros profesionales (véase el libro de Siang-Yan Tan titulado *Lay Counseling: Equipping Christians for a Helping Ministry* [La Consejería Laica: Equipando a los Cristianos para un Ministerio de Ayuda]). Pero la sanidad de profundo nivel es más que la consejería que se conoce en la práctica secular porque ella involucra la oración y la experiencia de la presencia de Jesús como el componente esencial de este proceso. Creemos que, como servidores cristianos, Dios nos ha dado el privilegio de invitar su presencia y de trabajar con su poder. Por lo tanto, cuando ofrecemos consejo no trabajamos solamente con técnicas científicas ni con poder humano.

No obstante, también creemos en la consejería científica sicológica y con frecuencia recomendamos que las personas que acuden a nosotros busquen o continúen recibiendo la ayuda de tales profesionales, además de la ayuda que obtienen de nosotros. Aunque procuramos darle la fuerzaespiritual a las técnicas humanas mediante la oración, generalmente los consejeros profesionales tienen otras técnicas a su disposición. Además, los sicólogos profesionales tienen un conocimiento más amplio de la forma de actuar de la *psiquis* humana y pueden ofrecer ayuda a sus pacientes de muchas maneras, no sólo mediante una parte del repertorio de quien practica la sanidad de profundo nivel, especialmente cuando hay presencia de problemas sicológicos más complejos. Lo ideal sería que alguien capacitado en el campo de la sicología trabajara también con el poder del Señor Jesús, combinando el conocimiento secular con las técnicas de la sanidad de profundo nivel.

Los profesionales cuyos pacientes acuden tanto a ellos como a mí, a menudo me cuentan que muchas veces cuando estos pacientes reciben mi ayuda parecen experimentar esfuerzos saludables que les proveen un nuevo punto de partida para el trabajo con el sicólogo profesional. Cuando oramos juntos, a menudo el poder del Espíritu Santo los capacita para saltar a un nuevo nivel de bienestar que luego se convierte en el nuevo punto de partida desde el cual continúa el proceso más lento con el consejero profesional.

Sin embargo, algunos estudios recientes están cuestionando el valor de la consejería sicológica. Parece ser que los sicólogos y los siquiatras, aunque son buenos para analizar los problemas de la gente, algunas veces no son muy efectivos para producir un cambio genuino en su vida. Parece que algunos pacientes reciben muy poca ayuda ó no logran recuperarse, aunque valoran en gran medida el rol de apoyo que desempeña el terapeuta. [8]

Mi valoración de esta situación es que los consejeros profesionales son generalmente muy buenos en lo que respecta a las técnicas, pero están limitados por al menos tres grandes obstáculos:

1. *La motivación y el poder humano de los pacientes rara vez son suficientes para producir los cambios necesarios.* Sin la capacitación adicional que el poder de Jesús provee, los pacientes siguen teniendo el mismo poder y capacidad que tenían cuando acudieron al consejero. Aunque explican algunas causas del problema, las técnicas y el conocimiento del consejero no añaden poder para lograr la verdadera libertad del paciente.

2. *La naturaleza espiritual de los seres humanos generalmente se descuida en el mejor de los casos, y se niega en el peor.* No obstante, la enfermedad del espíritu humano es con frecuencia la raíz de los problemas tratados. Es como si el consejero, ya sea cristiano, o no, procurara armar un rompecabezas de 300 piezas con solamente 200 de ellas. Él o ella dejan de lado la parte espiritual, cuyos componentes son el pecado, las maldiciones, las dedicaciones a otros espíritus, votos secretos, presencia de demonios que invaden el área emocional, u otros problemas espirituales.

3. *Las limitaciones de una cita de 50 minutos son severas.* Rara vez esos profesionales tienen el tiempo suficiente para reconocer realmente el problema en toda su magnitud. Es mucho mejor concertar citas para dos o tres horas, por lo menos.

En relación con este último punto, David Seamands concluye que "Por cuanto la sesión de oración es tan importante, es esencial que se planifique adecuadamente. La sesión requiere un horario con suficiente tiempo y sin prisa. Esto quiere decir que no debe ser sencillamente una hora trabajada en consejería regular; debe ser un tiempo durante el cual nadie se preocupa por mirar el reloj". [9]

En la sanidad de profundo nivel encontramos que es mucho más productivo trabajar dos o tres horas por sesión. "Uno de los principales obstáculos para la sanidad es nuestra obsesión por lo inmediato. La 'preocupación por lo instantáneo' satura gran parte de nuestro pensamiento cristiano. Nos impacientamos y nos frustramos con las cosas que demandan tiempo" [10]

Yo desearía que más sicólogos cristianos aprendieran la combinación ideal: *técnicas probadas acompañadas por el poder de la oración.* Desde luego que, a pesar de la oración, muchas personas no se sienten suficientemente motivadas para *hacer su parte* en procura de su sanidad. Existe tal complejidad en el trato con la psiquis humana que aún las mejores técnicas no le garantizan sanidad a nadie. Pero una buena técnica acompañada con el poder de la oración es infinitamente mejor que el uso de las técnicas sin ese específico poder de Dios.

La relación de la Sanidad de Profundo Nivel con otros tipos de sanidad

Habiendo analizado la disciplina de la sanidad que es más cercana a la sanidad de profundo nivel, miremos los otros tres enfoques de ésta.

1. La medicina física

Uno de los enfoques más obvios de la sanidad es la *medicina física*. Es Dios quien nos ha dado los médicos y la medicina. Él obra a través de los médicos y de los procesos químicos que han aprendido a utilizar, ya sea que ellos reconozcan o no tal hecho. Dios utiliza sus habilidades aunque no oren ni le den crédito por sus éxitos. Sin embargo, él obra con mayor eficacia cuando los médicos tienen el respaldo del poder de la oración.

Creemos en los médicos y en la medicina y aconsejamos a quienes acuden a nosotros que utilicen sus servicios al máximo. A la persona a la que un médico le ha prescrito un medicamento le decimos que siga ingiriéndolo hasta que el mismo médico decida que ya no es necesario. Dada nuestra incapacidad para saber lo que Dios está haciendo durante el proceso de sanidad, no sería prudente que dejara de tomar su medicina después de haber orado por ella con la esperanza de haber sido sanada. El médico que prescribió la droga es el único autorizado para descontinuar su ingestión. El Señor Jesús siguió este principio cuando les dijo a los que había sanado de su lepra que fueran y se mostraran al sacerdote, quien era el único autorizado para declararlos limpios (ver Mateo 8: 2-4).

No obstante, existe un problema que debemos señalar. Muy a menudo la gente respeta exageradamente la opinión de los médicos y recibe sus diagnósticos como si fueran una "verdad dogmática." Por eso, un diagnóstico negativo de un médico puede asumir el estatus de una maldición si la persona lo acepta como un dogma. Recuerde que los médicos ignoran muchas veces lo que le está ocurriendo al enfermo. En mi opinión, el diagnóstico del médico no se debe tomar como una profecía y se debe rechazar cualquier tendencia a recibirlo como una maldición de la cual no podemos escapar.

2. La consejería pastoral

Dios usa la consejería pastoral para proveer sanidad. Dios nos ha dado muchos pastores que tienen la capacidad de ayudar a sanar en gran medida. Sin embargo, como son las áreas emocional y espiritual donde la mayoría de la gente necesita ayuda, muchos pastores no tienen entrenamiento profesional para tratar con ellas. Los programas de capacitación en seminarios e institutos bíblicos generalmente enfocan la atención en las "capacidades (o dones) de las personas". Algunos pastores desarrollan el don de consejería, pero ocurre con frecuencia que no conocen ni utilizan la autoridad que Jesús nos da junto con el poder del Espíritu Santo para sanar eficazmente como deberían hacerlo. Con todo, los consejeros pastorales que ministran con la autoridad de Jesús y el poder del Espíritu Santo, a menudo operan de manera bastante similar a la que estamos recomendando. Ellos son nuestros aliados más cercanos entre las diferentes comunidades que practican la sanidad profunda.

3. Liberación

Un tercer tipo de ministerio de sanidad al que nos referimos es el llamado ministerio de *liberación*. Este ministerio se especializa en echar fuera demonios. Infortunadamente, muchos ministerios de liberación llevan a la gente a pensar que los demonios son el problema más común, y que una vez que éstos se hayan ido se acaban los problemas de la persona. Sin embargo, pocas veces ocurre así, pues *los problemas reales son las manifestaciones relacionadas con los demonios, no éstos en sí mismos*. Aunque están a menudo presentes, los demonios son siempre el problema secundario.

En la sanidad de profundo nivel tenemos que echar fuera una gran cantidad de demonios, pero reconocemos que *éstos son como las ratas… las ratas van tras la "basura"*. "Basura" es el término que utilizo yo para referirme a los problemas espirituales o emocionales relacionados con los demonios. Para vivir en una persona, los demonios necesitan tener un derecho legal. Ese derecho lo obtienen cuando en el pasado o en el presente, el individuo ha realizado acciones a las cuales los demonios pueden adherirse. Cuando se sacan esas cosas a la luz, generalmente es más fácil echar fuera los demonios.

La mayoría de ministerios de liberación fijan más su atención en las ratas que en la basura. Lo que entonces ocurre es que nos adentramos en una gran lucha para expulsar los demonios. Pero pasa con frecuencia que aunque los demonios se vayan, queda todavía una gran cantidad de basura y la persona continúa sufriendo de los mismos problemas. La sanidad de profundo nivel trata con la raíz de los problemas (la basura que han acumulado en su vida), haya o no demonios involucrados. Esto nos obliga a tratar con los demonios hacia el final de la sesión de ministración, tras haberlos debilitado por la pérdida de las cosas a las cuales estaban adheridos. En este momento se van con facilidad, sin oponer resistencia. Para mayor información sobre cómo tratar con los demonios vea más adelante el capítulo 10, además de consultar mi libro titulado *Defeating Dark Angels* [Cómo Derrotar a los Ángeles de las Tinieblas].

Factores distintivos de la
Sanidad de Profundo Nivel

Resumiendo y ampliando lo dicho anteriormente, me gustaría señalar cuatro características distintivas de la sanidad de profundo nivel.

1. Sanidad de Profundo Nivel es un Ministerio de Oración

Aunque mucho de lo que tratamos en este libro implica consejería, el contexto dentro del cual la damos es *la oración*. Procuramos imitar al Señor Jesús escuchando primero lo que Dios dice, y trabajamos luego con su autoridad para hacer solamente lo que él quiere que hagamos (ver Juan 5: 30).

Debemos tener cuidado de no dejarnos atrapar por las técnicas científicas. No osamos cometer el "error de Moisés". Cuando Dios le dijo que sacara agua de la roca la segunda vez (ver Números 20: 7-12), en vez de escuchar a Dios y hacer lo que él mandó, Moisés hizo lo que había hecho en la ocasión anterior. En esta segunda ocasión Dios le dijo que le *hablara* a la roca (ver el versículo 8), y nó que la golpeara con la vara. Pero recordando lo que había hecho antes (ver Éxodo 17:5-6), él la golpeó y provocó la ira de Dios. Para evitar este error *necesitamos escuchar con cuidado las instrucciones de Dios para este caso y no limitarnos a hacer sencillamente lo que funcionó en la anterior.* Entonces, y sólo entonces, podremos orar con la confianza y la autoridad que necesitamos para lograr la sanidad que Dios desea.

El ministerio de oración procura utilizar al máximo los dones del Espíritu Santo. Por eso es bueno trabajar en un equipo en el que los dones de Dios fluyan a través de más personas.

2. La Sanidad de Profundo Nivel es Holística

Nuestro objetivo es lograr el bienestar de la persona a la profundidad que sea necesaria. Comúnmente eso exige tratar con varios aspectos de la persona: su cuerpo, su espíritu, sus emociones, su mente y su voluntad.

Esto no es algo fácil. Es necesario aprender tanto como sea posible acerca de estas áreas de la personalidad y la forma en que cada una de ellas impacta a las demás. Por lo tanto, es improbable que quienes ministran la sanidad de profundo nivel sean expertos en todas las áreas como son los que se han especializado en ellas. En muchas formas, más que especialistas somos personas dependientes de Dios con conocimientos generales. Pero a pesar de ello, los especialistas nos consultan constantemente y nos piden consejo acerca de ciertos problemas que ellos reconocen ser relativos a la experiencia espiritual de los pacientes, los cuales están fuera de su área de conocimiento.

Por ejemplo, con algunos de mis colegas en el ministerio de sanidad de profundo nivel hemos sido consultados por sicólogos profesionales que se dieron cuenta de que estaban fracasando en el tratamiento de problemas relacionados con desórdenes de personalidad múltiple y demonización. En algunos de estos casos entendimos el manejo de ambos problemas mejor que ellos, debido en gran parte a que somos holísticos en nuestro enfoque.

3. La Sanidad de Profundo Nivel usa poder envuelto en amor

La marca más importante de los cristianos es que somos llamados a ser señales del amor de Dios (ver Juan 13: 34-35). Ciertamente el señor Jesús demostró el uso del poder de Dios al servicio de la causa del amor. Él sanaba a la gente porque la amaba. Los Evangelios registran que una y otra vez Jesús satisfizo las necesidades de las personas porque sintió compasión por ellas (ver, por ejemplo, Mateo 9:36; 14:14; 15:32; 20:34).

Aunque quienes ministramos la sanidad de profundo nivel procuramos hacerlo mediante los dones del Espíritu Santo, *tenemos la misma preocupación por mostrar el fruto del Espíritu*. Encontramos que las personas que experimentan el amor de Cristo a través de nuestro ministerio son bendecidas, así reciban o no la sanidad que buscan. Un hombre en quien vimos poco cambio comentó: "*Nunca* antes habían orado por mí de esa manera". Con ese comentario estaba expresando el hecho de que algo maravilloso, aunque intangible, había ocurrido en su vida interior. En una reciente conversación con él, varios años después de aquel momento, nos dijo que ha tenido un importante crecimiento espiritual como resultado de que se sintió increíblemente amado cuando oramos por él.

4. La Sanidad de Profundo Nivel utiliza la iluminación de cualquier fuente lícita

Tal vez porque no estamos establecidos como consultores profesionales en una oficina donde tienen algo que proteger, podemos ser selectivos en la búsqueda de discernimiento. Podemos buscar cualquier discernimiento espiritual que Dios haya dado a cualquiera de sus hijos, ya sea que practiquen o no la sanidad interior. Pero también estamos abiertos al discernimiento que Dios da a los profesionales, cristianos y no cristianos.

Sin embargo, procuramos ser cuidadosos y discernir la información y las técnicas que utilizamos. Nos comprometemos a usar solamente lo que es compatible con los principios bíblicos y a hacerlo bajo el poder y la guía del Espíritu Santo, pues sabemos que existen grandes peligros. Por ejemplo, hacemos un uso considerable de lo que yo llamo "visualización por la fe". La gente del movimiento de la Nueva Era también utiliza extensivamente esta técnica bajo el poder del Enemigo. Como lo veremos en el capítulo 4, esta habilidad recibida de Dios se puede utilizar en maneras que lo glorifiquen o también en otras que no le son agradables.

Lecturas complementarias

Charles H. Kraft, *Defeatening Dark Angels* [Cómo Derrotar a los ángeles de las Tinieblas], (Ventura, CA: Regal Books, 1992), pp. 139-156.

— *I Give You Authority* [Les Doy Autoridad], (Grand Rapids, MI: Chosen Books, 1997).

John y Mark Sandford, *A Complete Comprehensive Guide to Deliverance and Inner Healing* [Una Guía Amplia y Completa para la Liberación y la Sanidad Interior], ((Grand Rapids, MI: Chosen Books, 1992), pp. 49-85.

John y Paula Sandford *The Transformation of the Inner Man* [La Transformación del Hombre Interior], (Lake Mary, FL: Charisma House, 2007).

Daniel Schacter, *Searching for Memory* [En Busca del Recuerdo], (New York: Basic Books, 1997).

David Seamands, *Redeeming the Past,* [Redimiendo el Pasado], (Wheaton, IL: Victor Books, 1985).

El objetivo es la libertad

El abuso espiritual

Un predicador estaba haciendo una exposición basada en Filipenses 3: 13: "Una cosa hago: olvidándome ciertamente de lo que queda atrás, y extendiéndome a lo que está delante, prosigo a la meta…". Y conectó este versículo con 2 Corintios 5: 17: "De modo que si alguno está en Cristo, nueva criatura es; las cosas viejas pasaron; he aquí todas son hechas nuevas".Con entusiasmo, como debatiendo con alguien que no estuviera de acuerdo, enfatizaba su punto principal diciendo que una vez que una persona acepta a Cristo como Salvador personal, el pasado se ha ido y todas las cosas son hechas nuevas. De modo que, –insistía–, no debemos mirar atrás sino avanzar hacia adelante como si el pasado jamás hubiese existido. Nada del pasado puede afectar nuestra vida presente –dijo–, porque Jesús se hizo cargo de todo en el momento de nuestra conversión. Aunque la mayoría de la audiencia escuchaba sin dejar traslucir lo que estaba pensando, unos cuantos cambiaron de posición en sus asientos tras esta última afirmación.

El predicador estaba preocupado por el creciente número de cristianos que acuden a los sicólogos. "Los cristianos no necesitan sicólogos, –tronaba desde el púlpito–. La Biblia es la única terapia que necesitamos. Jesús jamás hizo volver a la gente sobre sus experiencias pasadas (técnica de regresión) para descubrir lo que sus padres u otras personas les hicieron causando desorden en su vida. Todo lo que tenemos que hacer es admitir nuestros pecados, confesarlos y romper con el pasado".

Mientras el predicador continuaba con su diatriba, yo me sentí cada vez más abochornado por quienes en la audiencia tenían heridas. No podía ignorar el hecho de que las investigaciones muestran que al menos un 40 por ciento de las mujeres, más un considerable porcentaje de hombres en audiencias como esta han sufrido algún tipo de abuso, físico o sexual, en su edad temprana. ¿Pensarían estas personas que el predicador estaba equivocado? ¿O acumularían más condenación sobre ellos mismos, sintiendo que algo malo había en ellos espiritualmente porque no les era posible desechar el pasado? Aunque no realicé una encuesta, sospecho que muchos en la congregación salieron de la iglesia esa mañana sintiéndose más culpables y espiritualmente condenados porque no tenían en Cristo la victoria sobre el pasado, que el predicador les prometió.

¿Cómo podían saber ellos que el predicador estaba utilizando mal este texto bíblico? Mirando bien el contexto, este pasaje bíblico se está refiriendo a las *buenas cosas* que el apóstol Pablo había logrado, a las "medallas" que había ganado en la carrera de la vida. Pablo está diciendo que a menos que deje atrás estos logros y dedique todos sus esfuerzos a ganar la presente carrera, no logrará llegar a la meta final. *Son las victorias, no las derrotas, lo que debemos olvidar,* para que no nos gloriemos en ellas y perdamos la siguiente carrera. La Biblia nunca nos dice que ignoremos o enterremos nuestras experiencias pasadas.

Infortunadamente, muchos de los que hacían parte de la congregación esa mañana de domingo se encontraban entre los cautivos que Jesús vino a liberar. Habían venido a Cristo pero todavía eran prisioneros en el conflicto entre Dios y Satanás, aunque muchos de ellos no lo eran por sus propias faltas. Y el predicador sólo estaba empeorando su cautiverio. Aunque habían sobrevivido a algún tipo de abuso, todavía vivían con el dolor de sus recuerdos. Y ahora estaban sufriendo un tipo de abuso espiritual.

La gente necesita libertad

Mucha gente está sufriendo actualmente. Como ocurría en los días de Jesús, algunos hemos sido apaleados por Satanás. Él nos ataca desde nuestro interior y desde el exterior. Procura, a veces con bastante eficacia, romper nuestra relación con Dios. Fuimos creados para disfrutar una relación cercana con nuestro Creador, pero en ocasiones esa intimidad es duramente atacada.

Y encima de todo, la relación con nosotros mismos es a menudo negativa. Cuando hablo a la gente de su auto-imagen encuentro que a la mayoría de personas les desagrada lo que son actualmente, esto es, que se odian a sí mismas. Y a menudo tienen una opinión muy baja de supropia persona que se supone deben amar. La relación con los demás también está distorsionada. Para muchos de ellos la lista de quienes les desagradan, envidian, les guardan resentimiento, o incluso odian, es más larga que la de las personas que aman genuinamente.

Muchos de nosotros hemos dado por descontado que la falta es enteramente nuestra. Conocemos nuestra naturaleza pecaminosa y, creyendo que es el único factor importante, nos hemos culpado por todo lo malo de nuestra personalidad. En concordancia con la falta de comprensión del mundo espiritual que demuestran nuestros pastores y maestros, generalmente no hemos considerado la mano del Enemigo en nuestros asuntos. No es que todos nuestros problemas sean culpa de Satanás, porque no lo son. Pero le hemos dado suficientes oportunidades y por eso debemos asumir plena responsabilidad de arrepentirnos de nuestros pecados y volver a comenzar.

Sabemos queel Señor Jesús no culpó a los caídos. Nunca culpó a quienes estaban enfermos o poseídos por demonios; más bien los trató como víctimas. Aún a los que habían pecado los vio como hechos a la imagen de Dios y dignos, más de compasión que de castigo. Note la forma en que trató a la mujer sorprendida en adulterio (ver Juan 8: 1–11); a la mujer Samaritana (Juan 4: 1-42); y a Pedro después de que lo había negado (Juan 21:15-19). Parece que Jesús los vio como individuos que tropezaron o aún que fueron doblegados, y no como que se hubieran rebelado. Su actitud, entonces, fue liberarlos para siempre del Enemigo.

David A. Seamands señala que "Dios comprendió lo que significaba ser una persona humana. Gracias al misterio de la encarnación, que es su máxima identificación con nosotros en los sufrimientos y en la muerte de Cristo, Dios ahora nos trata con compasión, no solamente por omnisciencia sino también por experiencia real". [1]

Note que Jesús nunca aconsejó a la gente que escondiera su dolor. Ni sugirió que a veces Dios produce ese dolor para enseñarnos paciencia. En su Reino, la gente no debe simplemente alejar las cosas malas de su mente, sino que debe enfrentarlas con valor. En el Reino de Dios, tanto en el pecado como en el abuso y en otras experiencias desagradables, debemos enfrentar abiertamente el dolor y tratar con él, con mucha honestidad. Las cosas nos ocurren porque son parte de nuestra vida y no debemos negarlas. Debemos admitir las experiencias o los hechos, buenos y malos, y cualquier reacción inaceptable hacia ellos. Entonces, al entregar nuestras viejas actitudes a Dios con nuestras pesadas cargas emocionales y espirituales, recibimos el "descanso" prometido por él (ver Mateo 11:28).

La Biblia nos afirma que aceptemos compungidamente nuestro pecado reconociéndolo con arrepentimiento ante Dios (1 Juan 1:9), y permitiéndole a él llevarlo a la Cruz del calvario. John y Paula Sandford nos dicen que "la libre voluntad humana es tan preciosa para nuestro Señor que él no permite que la eficacia de la cruz se aplique a nosotros sin nuestro consentimiento". [2] Hemos aprendido cómo hacerlo y recibimos la dulce liberación que nos provee el perdón de Dios. Sabemos que Jesús también murió para borrar el dolor de los quebrantados

"El Espíritu del Señor está sobre mí, porque me ungió el Señor; me ha enviado a predicar buenas nuevas a los abatidos, a vendar a los quebrantados de corazón, a publicar libertad a los cautivos, y a los presos apertura de la cárcel;a proclamar el año de la buena voluntad del Señor, y el día de venganza del Dios nuestro; a consolar a todos los enlutados; a ordenar que a los afligidos de Sión se les dé gloria en lugar de ceniza, óleo de gozo en lugar de luto, manto de alegría en lugar del espíritu angustiado" (Isaías 61:1-3).

Estos son los versículos que Jesús citó al explicar la razón por la que vino al mundo (ver Lucas 4:18-19). Este se consideraba un pasaje mesiánico y a sus enemigos les disgustó mucho que Jesús se lo aplicara a sí mismo.

Ya sea que las personas a quienes ministró fueran víctimas de abuso espiritual, o de un ataque más directo del Enemigo, Jesús vino a proclamar libertad a los cautivos y a liberarlos (ver Lucas 4:18-19). Y en un sentido espiritual, él lo hace cuando una persona lo recibe como Salvador. Pero él nos ofrece mucho más. Jesús desea que seamos tan libres de la influencia de Satanás como lo fue él mismo. De sí mismo dijo que Satanás no tenía poder sobre él (ver Juan 14:30).

En la que es tal vez su más hermosa invitación, él dice: "Venid a mí todos los que estáis trabajados y cargados, y yo os haré descansar.Llevad mi yugo sobre vosotros, y aprended de mí, que soy manso y humilde de corazón; y hallaréis descanso para vuestras almas;porque mi yugo es fácil, y ligera mi carga" (Mateo 11:28-30).

Jesús invita a sus hijos a disfrutar la verdadera libertad. Sin embargo, parece que no muchos disfrutan esa libertad. Salvos, sí; pero libres, no. ¿Por qué? Aunque él nos dejó su paz (ver Juan 14:27), a veces permanecemos turbados. Jesús anduvo bendiciendo, sanando, liberando y perdonando. Dio libertad y paz a quienes estaban siendo atacados por el

Enemigo. Esta libertad es tanto para ahora como para la eternidad; y él dio libertad a sus discípulos (ver Lucas 9: 1-2), y a nosotros a través de ellos (Mateo 28:20), la autoridad y el poder para dar completa libertad a nuestros contemporáneos.

Un discípulo herido

La rehabilitación de Pedro registrada en Juan 21:15-19 es un excelente ejemplo de la manera como Jesús nos libera del pasado. Pedro había nacido de nuevo; su espíritu iba camino al cielo. Pero respondió mal a la tentación negando tres veces que era un seguidor de su Señor Jesús y su mejor amigo. Tal como Jesús lo predijo, el Enemigo lo "zarandeó" como al trigo (ver Lucas 22:31), y él (Pedro) no pasó la prueba. Estaba tan abrumado por la culpa y el remordimiento que no se podía perdonar a sí mismo, y ni siquiera podía buscar el perdóndel Señor. En cambio, optó por ir al trabajo y decidió volver a pescar (ver Juan 21: 3).

El relato de Mateo nos dice que cuando el gallo cantó, Pedro se dio cuenta de lo que había hecho... "Y saliendo fuera lloró amargamente" (Mateo 26:75). Aunque estaba arrepentido, y el Señor estaba listo a perdonarlo y aceptarlo, parece que Pedro no podía recibir el perdón inmediatamente. De modo que, tras su resurrección, Jesús decidió resolver este asunto. Llevándolo aparte le preguntó acerca de su amor. Tres veces le preguntó si lo amaba, y tres veces Pedro respondió que sí. Y cada vez Jesús lo comisionó de nuevo al trabajo de alimentar y cuidar del rebaño del Señor.

No es coincidencia que Jesús le hiciera la misma pregunta y le reiterara la comisión tres veces, puesto que él sabía que Pedro necesitaba ser liberado de la creencia de que su error significaba que no lo amaba, y que por lo tanto no podía servirle al Señor. Así como la negación había ocurrido tres veces, la restauración también debía ocurrir tres veces.

Con mucha delicadeza Jesús llevó a Pedro de regreso al pasado. Incluso prendió una hoguera para recordarle la escena de ese otro fuego ardiendo en el patio del sumo sacerdote donde el gallo cantó. Así quiso que pudiera visualizar el escenario en el cual había negado tres veces a su Maestro, y que tuviera otro "cuadro" para recordar, el cual incluía una triple reafirmación de su amor por Jesús, y una triple aceptación por parte de Jesús de su confesión y su comisión para el ministerio apostólico

Jesús no trató de que Pedro negara u olvidara esa noche horrible. Más bien sanó con ternura su recuerdo de modo que lo que fue una herida perturbadora se convirtió en la cicatriz de una herida sanada que ya no causaba dolor. Algo de tristeza subsistió; la suficiente para motivar a Pedro a servirle fielmente hasta el fin de sus días. Pero la tristeza no ejerce la misma influencia paralizadora de la culpa. En el tierno tratamiento que Jesús le dio a su amigo Pedro, el temor del recuerdo desapareció lo mismo que el dolor de la culpa. Esta es una forma de sanidad de los recuerdos que discutiremos más adelante. En este, y en muchos otros pasajes de la Biblia, encontramos los principios de la sanidad de profundo nivel. Podemos nutrirnos de ellos en nuestro ministerio con la gente necesitada.

Sanidad superficial y sanidad profunda

Yo he llegado a creer que Dios quiere que se le dé la oportunidad de sanar a todas las personas. [3] Y generalmente él elige hacerlo con ayuda humana. Los relatos bíblicos muestran que Jesús siempre combinó la sanidad, incluyendo la expulsión de demonios, con la comunicación del evangelio. Además, vemos que nunca rechazó a nadie que acudiera a él en busca de sanidad.

Casi en todas las ocasiones en que Jesús habla de que sus discípulos deben comunicar el evangelio, él especifica también que deben sanar y echar fuera demonios (Mateo 10:7-8; Marcos 3:14-15; 16:15-18; Lucas 9:1-2; 10:8-9). "Como me envió el Padre, así también yo os envío", dice en Juan 20:21). Es de suponer, entonces, que debemos comportarnos como Jesús lo hizo, amar como él amó, comunicar lo que él comunicó y en la forma en que él lo hizo, y sanar como él sanó. Recordemos lo que él prometió: "El que en mí cree, las obras que yo hago, él las hará también; y aun mayores hará, porque yo voy al Padre" (Juan 14:12).

Y ciertamente, sus seguidores lo entendieron de esta manera. Fueron a todas partes proclamando el Reino con palabras y con acciones, incluyendo la sanidad (ver Hechos 3:6-8; 5:12-15; 6:8; 8:4-7, 13; 10:36-41; '·8-10). A través de toda la historia de la Iglesia hubo personas que en- ᵑue seguir a Jesús implicaba llevar sanidad a otros. En nuestros ᵾchos de nosotros que fuimos criados dentro de un cristianis- ᵾalista occidental estamos descubriendo que Dios todavía sana ᵾinistramos con la autoridad y en el nombre de Jesús.

Pero la sanidad no es el factor principal sino el amor. Con todo el poder del universo a su disposición, Jesús decidió usarlo en el servicio del amor. Dios sana a la gente porque la ama, no solamente porque desea mostrar su poder. De hecho, cuando algunos quisieron que hiciera milagros en beneficio propio, él se negó (ver Mateo 12:38- 39). Sin embargo, cuando acudieron a él personas lastimadas, sintió compasión por ellas y las sanó (ver Mateo 9:36; 14:14).

La mayoría de los milagros de sanidad registrados en las Escrituras parecen ser de sanidad física. Son lo que yo llamo "sanidades a nivel superficial". Sin embargo, cuando Dios hace una obra en la superficie podemos estar seguros de que algo más profundo está ocurriendo. Jesús deja esto en claro al paralítico de Capernaum cuando le dice: "Tus pecados te son perdonados" (Mateo 9:2). También, respecto al hombre que nació ciego (ver Juan 9), les asegura a sus discípulos que su problema *no* es consecuencia de pecado. En cuanto a la mujer que vivió encorvada durante 18 años, Jesús señala el hecho de que estaba atada por Satanás (Lucas 13:16).

El principio implícito aquí es que existen problemas que parecen de nivel superficial pero generalmente tienen raíces más profundas. Un caso típico es el de una mujer que acudió a mí quejándose de rigidez en los hombros y el cuello. Le hice las preguntas habituales: "¿Cuándo le empezó?" y "¿Qué más estaba ocurriendo en su vida en ese tiempo?" Me respondió que le había empezado el año anterior, o algo así, durante un caótico divorcio en el que su esposo la culpaba por los hechos que condujeron al rompimiento de la relación. Bajo la dirección del Espíritu Santo, ella pudo perdonar tanto a su esposo como a sí misma. Y el problema físico desapareció sin siquiera haber orado por él.

En otra ocasión le estaba ministrando a una dama que llamaré Ellie, quien se había lastimado gravemente una pierna jugando voleibol. En ese momento el médico que trató la lesión consideró el problema como rutinario, pero cuando ella volvió a visitarlo dos semanas después se asombró al ver que su situación era mucho peor que antes. Mientras ella me lo explicaba, sospeché que debía existir algo en su sistema inmunológico que la estaba debilitando y que le impedía sanar como era debido.

De modo que regresamos a su edad temprana para ver si había algo que pudiera estar relacionado con su problema presente y descubrimos una historia de abuso que le produjo un profundo sentimiento de auto condenación con una autoimagen bastante estropeada. Pasamos las tres horas siguientes trabajando con estas actitudes y sus raíces mediante el proceso de sanidad de profundo nivel que describiré más adelante.

A medida que Dios irrumpió en la vida de ella, en un acontecimiento tras otro, la dama pudo perdonar a quienes la habían lastimado y tener una nueva comprensión de su identidad como cristiana. No solamente cambió su actitud hacia sí misma, sino que su pierna sanó lo suficiente de tal modo que salió de la iglesia sin ayuda de las muletas. Y esto ocurrió sin que hubiéramos orado por su condición física. Una vez que el daño emocional fue sanado, su cuerpo se fortaleció y Dios reparó el daño físico que quedaba.

El punto al que quiero llegar aquí es que los problemas aparentemente superficiales, generalmente están relacionados con algo más profundo en la vida de la persona. Ciertamente, con frecuencia hemos encontrado que si solamente oramos por el problema físico, sin tratar con los aspectos más profundos, ocurre una de estas dos cosas: o bien la persona no es sanada, o el problema desaparece pero pronto se manifiesta otra vez y permanece hasta que tales aspectos sean sanados. Pero Jesús desea sanar la persona en todos los niveles, tanto lo que es superficial como lo que es más profundo.

Me gustaría visualizar la sanidad superficial y la de profundo nivel en el siguiente cuadro: (La posesión o influencia demoníaca puede ser un factor de consideración en los problemas superficiales o profundos, aunque no siempre ocurre.)

Demonización	Nivel superficial: *Sanidad Física*	
	Nivel Profundo: *Sanidad Relacional*	
	1. Espiritual (con Dios)	2. Emocional (consigo y con los demás)

Obstáculos para la libertad

Existen algunas maneras de pensar que impiden que las personas logren su libertad espiritual. Entre ellas estás las siguientes:

1. La visión del mundo

El apóstol Pablo señala que todos los seres humanos tenemos una visión imperfecta y un conocimiento parcial de la realidad. "Ahora vemos por espejo, oscuramente; mas entonces veremos cara a cara. Ahora conozco en parte; pero entonces conoceré como fui conocido" (1 Corintios 13:12).

Dice Pablo que Dios tiene una visión completa y perfecta de todo lo que existe. A la visión de Dios debemos referirnos como la *REALIDAD,* así, en letras mayúsculas. Así es como son las cosas en realidad. Solamente Dios ve las cosas de esa manera. La visión nuestra es lo que llamamos *la realidad,* así, en letras minúsculas. Esaes la realidad que percibimos, una realidad limitada y contaminada por el pecado, producto de nuestra condición humana caída.

A lo que el apóstol se refiere aquí es al hecho de que, aunque la *REALIDAD* de Dios existe, está fuera del alcance de nuestra capacidad y de nuestro entendimiento.

La Biblia nos presenta una parte de esa *REALIDAD.* Pero aún la Biblia está sujeta a la interpretación humana y toda esa interpretación la hacemos en términos de nuestra *realidad.* Nuestras interpretaciones de la Biblia pueden considerarse como una "imagen borrosa en un espejo", y aún después de mucho estudio bíblico todavía conocemos la revelación de Dios con muchas limitaciones.

El estudio de las culturas humanas (sociología) nos ayuda a comprender que, a medida que crecemos vamos heredando las ideas que creen los adultos de nuestra sociedad. A estos supuestos ideológicos los llamamos *nuestra visión del mundo.* Basados en estas suposiciones interpretamos todo lo que vemos en la*REALIDAD que Dios creó.* Entonces, todo lo que pensamos que sabemos, lo sabemos mediante estos supuestos que son como espejos imperfectos.

Existen por lo menos tres tipos de suposiciones básicas ó *visiones del mundo*: 1) las relacionadas con lo que debemos creer o no creer; 2) las relativas a lo que debemos valorar o no valorar; y 3) las que se relacionan con las cosas que nos exigen compromiso o rechazo.

Desde el surgimiento del movimiento filosófico llamado "La Ilustración"en el siglo dieciocho, el cristianismo occidental ha participado del intelectualismo, el racionalismo, el materialismo y el humanismo de la sociedad secular que lo circunda. Igual que sucede con el secularismo, hemos aprendido a enfocarnos en el mundo material (positivista), y en gran medida ignoramos la realidad espiritual, aunque teóricamente estamos comprometidos con una visión bíblica de las cosas invisibles.

Nuestro interés por "el poder" es casi el mismo de los no cristianos: está enfocado en el poder humano y material. Sólo es levemente alterado en la dirección del interés primario de los pueblos bíblicos (y de la mayoría de las sociedades no occidentales contemporáneas) en procura de poder espiritual. De ahí que practicamos un cristianismo secular en gran medida ineficaz, en el que algunas realidades como Satanás, los demonios y los ángeles, nos parecen más un mito que algo real.

La mayoría de los cristianos occidentales ven a Dios como un ser bastante lejano y no muy activo en los asuntos humanos. Por eso se nos hace tan difícil creer que él obra hoy como lo hizo en los tiempos bíblicos para darle a la gente la libertad prometida. Hemos sido *infectados por suposicionesmaterialistas*que nos llevan a creer que sólo lo que podemos ver y palpar(especialmente si ello es aprobado por la ciencia) es real, mientras que lo que no podemos palpar, no es real. También nos hemos acostumbrado a presumir que Dios no está involucrado en lo que la ciencia trata de explicar.

Por ejemplo, le damos crédito a Dios por una asombrosa sanidad de cáncer que los médicos no pueden curar, pero dudamos que Dios esté presente cuando una sanidad igual ocurre mediante el uso de las medicinas o la cirugía. De la misma manera, podemos estar de acuerdo en que Satanás influenció a Hitler, pero no creemos que tuviera algo que ver en nuestro problema de salud ó en nuestro problema con el automóvil.

Hemos llegado a ser víctimas ingenuas de un modo de ver el mundo que nos hace difícil creer lo que la Biblia dice y ver la mano de Dios en los acontecimientos diarios. Si queremos participar en la sanidad de profundo nivel (ya sea ministrándola o recibiéndola), necesitamos abrirnos a una visión *más escritural* de la presencia divina, el poder y la disposición de Dios para sanar. Al hacerlo tenemos que rechazar cualquier concepto que afirme que Dios no interviene en cada instante de nuestra vida. Debemos oponernos a los sentimientos de incapacidad y temor, ser receptivos a las realidades espirituales y estar dispuestos a asumir el riesgo de ser considerados como "sanadores extraños".

Aunque yo creo que es necesario mantener un sano escepticismo como el del apóstol Tomás, necesitamos luchar contra la tendencia a seguir el ejemplo de los fariseos que rehusaron creer en Jesús sin importar la evidencia. Si vamos de cambiar, debemos correr el riesgo de tener nuevas experiencias con el espíritu Santo de Dios. Si lo hacemos, veremos grandes cambios en nuestra comprensión de su amor, de su poder y de su disposición a realizar obras maravillosas en nuestra vida. En este momento le recomiendo que lea el relato de mis propios cambios en estas áreas, en mi libro *Christianity with Power* [Cristianismo con Poder]. [4]

2. No creer que estamos en guerra

Una vez que entendemos el problema de la *visión del mundo*(nuestra cosmovisión) podemos ver en la Biblia que hay una guerra entre el Reino de Dios y el de Satanás. Esta guerra se libra tanto en el aire como en la tierra y, gústenos o no, somos constantemente afectados e influenciados por ella. El apóstol Pedro fue conciente de este hecho cuando dijo: "Vuestro adversario el diablo, como león rugiente, anda alrededor buscando a quien devorar" (1 Pedro 5: 8).

Satanás, conocido una vez como Lucifer, es un ser creado por Dios. Fue probablemente el arcángel de más alto rango en la corte celestial y lideró una rebelión contra Dios (ver el capítulo 28 de Ezequiel, y el 14 de Isaías). Aunque fue derrotado y humillado por el Señor Jesús (ver Colosenses 2:15), todavía tiene gran poder y autoridad en el mundo. Se nos dice que "el mundo entero está bajo el dominio del maligno" (1 Juan 5: 19 GNT), y que "es el gobernador de las potestades espirituales en el espacio, el espíritu que ahora controla a quienes desobedecen a Dios" (Efesios 2:2 GNT). Jesús lo llamó "el príncipe de este mundo" (Juan 14:30) y no cuestionó su afirmación en el sentido de que el poder y las riquezas del mundo "a mí me han sido entregados y a quien quiero los doy" (Lucas 4: 6).

Satanás tiene millones de espíritus que le sirven. Se les llama espíritus malignos, espíritus inmundos, ángeles caídos, principados, potestades, gobernadores y autoridades. Puesto que "es el príncipe de este mundo" (ver Juan 14:30 y 1 Juan 5:19), Satanás ejerce un control específico sobre los "sistemas universales del conocimiento" (por ejemplo: sobre las universidades, los gobiernos, los medios de comunicación e información, la actividad académica, los filósofos, informadores, etc.). Como resultado, quienes participan con él en la operación de estos sistemas se oponen al Señor Jesucristo y a la verdad de la Biblia. Satanás también se aprovecha de nuestra pecaminosa naturaleza humana ("la carne"), que desde la caída es hostil a las cosas de Dios (ver Gálatas 5:16-17).

Pero Jesús nos habla de un reino más poderoso. Vino a la tierra para establecer su Reino en el territorio ocupado por Satanás. Jesús nos habló constantemente de su Reino, a través del cual "deshace las obras del diablo" (1 Juan 3:8).

Los Evangelios registran una selección de los acontecimientos en los que Jesús venció al demonio. Lo hizo primero rechazando una por una sus tentaciones en el desierto (ver Lucas 4:1–13). Luego declaró la guerra al opresor afirmando que su propósito era "pregonar libertad a los cautivos... y poner en libertad a los oprimidos" (Lucas 4:18), echando fuera demonios (por ejemplo como se registra en Mateo 12:28), perdonando pecados (Lucas 5:19-20), calmando tempestades (Lucas 8:22-25), resucitando muertos (Lucas7: 11-17; Juan 11:1-44), y luego, de una vez y para siempre, lo derrotó mediante su propia muerte y resurrección. George Eldon Ladd afirma que:

El Reino de Dios, que pertenece a la edad futura cuando Cristo venga en gloria, ya está presente en*esta Era actual*. Satanás aún no ha sido destruido como lo será cuando sea arrojado al lago de fuego y no ha sido atado como ocurrirá durante el Milenio cuando sea arrojado al abismo. No obstante, el Reino de Dios está activo; Dios está atacando actualmente el Reino de Satanás. [5]

Podemos decir que el Reino de Jesús ya es actual "pero todavía falta algo". Cuando miramos las predicciones de la Sagrada Escritura vemos que la victoria de Jesús está asegurada. Pero, por razones que no comprendemos, el enemigo aún no ha sido atado y todavía ocurren algunas derrotas por parte de los cristianos. La culminación del Reino ocurrirá cuando Jesús regrese (ver 1 Corintios 15 23-26; Apocalipsis 19:11-16). Hasta entonces debemos servir al Señor extendiendo su Reino. Él nos envía al mundo de la misma manera que el Padre lo envió a él (ver Juan 20:21). Así como él recibió el Espíritu Santo en su bautismo (Lucas 3:21-22) y comenzó a realizar obras poderosas, así nosotros recibimos el mismo "don" (ver Hechos 2:38) y, tal como él lo prometió, hacemos lo que él hizo (véase Juan 14:12). Así como Jesús no obró con su propio poder (Juan 5:19) sino con el poder del Espíritu Santo (Hechos 10:38), de igual modo nosotros debemos imitar su dependencia. Debemos aceptar nuestra comisión y extender su Reino con la autoridad y el poder que dio a sus discípulos (ver Lucas 9: 1-2) encomendándoles que pasaran ese poder y autoridad a sus seguidores (Mateo 28:20). Como ellos, nosotros debemos estar llenos del Espíritu Santo y hacer las obras de Jesús (Hechos 1: 4-8).

Así se desarrolla la guerra entre el Reino de Dios y el de Satanás, y la libertad de la opresión del enemigo es el asunto principal (Lucas 4:18-19). La sanidad de profundo nivel realizada en asocio con el Espíritu Santo es una parte muy importante para ganar esta guerra.

3. Los malos hábitos

Un tercer obstáculo para la obtener la libertad espiritual lo constituyen los malos hábitos. A medida que crecemos vamos desarrollando ciertas maneras de responder a las diversas situaciones que enfrentamos en nuestra vida. Estas respuestas se convierten en "hábitos" que se producen de manera automática y son muy difíciles de controlar. Algunos hábitos son buenos, pero muchos son disfuncionales porque van en contra de la Palabra de Dios.

Para solucionar este problema necesitamos hacer preguntas como las siguientes: ¿Cómo maneja usted la frustración? ¿Cómo actúa frente a sus propias imperfecciones y las de los demás? ¿Cómo trata con las experiencias que estimulan la ira? Y entonces, ¿qué tipo de experiencias producen reacciones inmaduras o disfuncionales? Debemos dar atención especial a las dificultades de la persona consigo misma, con Dios y con los demás.

No perdonar es el obstáculo más frecuente para lograr la libertad espiritual y es la causa del problema para quienes acuden en busca de ministración ó consejería. El hábito de guardar recuerdos negativos contra sí mismo, contra Dios o contra otras personas, hace que el individuo que no perdona sea atado y mantenido esclavizado por el Enemigo. Por eso el Señor Jesús tiene mucho que decirnos acerca de la necesidad de perdonar. Seamands afirma que perdonar es "la más terapéutica acción de una vida". [6] Verifique usted el tratamiento de este grave problema en los capítulos siguientes.

La esclavitud de ciertas emociones negativas (que se convirtieron en malos hábitos) también causa problemas, tanto espirituales como emocionales. Entre estos están la ira, el odio, el temor, el rechazo, la vergüenza, la culpa, la depresión, la ansiedad y cosas similares. Aunque tales hábitos malos parecen ser los síntomas más frecuentes entre los cristianos que acuden en busca de sanidad de profundo nivel, otros *hábitosbuenos como la adoración, el estudio bíblico y la oración*se manifiestan también como áreas problemáticas. ¿Cómo ocurre esto? Es interesante ver que tales hábitos generalmente proveen pistas para la práctica de la sanidad interior.

Es bastante común que quienes han sido maltratados tengan una idea equivocada de Dios, especialmente quienes han sufrido abuso de parte de los padres o de otras personas con autoridad. Estas personas tienden a atribuir las características del abusador a Dios, culpándolo por no ayudarlos y permitir que fueran lastimados. Actitudes de este tipo surgen en la forma de temor o enojo contra él. Incluso la tendencia a espiritualizar todas las cosas a menudo oculta una actitud negativa hacia Dios.

Cuando las personas saben o sospechan que habrá que tratar con recuerdos o sentimientos desagradables, su actitud probablemente será la de intentar evitarlos. Nuestra función es tratar de ayudarles a recorrer el camino de la Verdad. Servimos a un Dios que se deleita en la verdad y nos da el valor y el poder de enfrentarla, no importa lo terrible que pueda ser. *Sin embargo, nuestro Enemigo procura mantener a la gente esclavizada y temerosa de hacerle frente a la verdad.* Es frecuente que la persona que acude en procura de ministración se encuentre confundida, en parte por su incapacidad de enfrentar la verdad sobre alguna situación del pasado. Tal como lo señala Jesús, conocer la verdad es el camino hacia la libertad (ver Juan 8:32).

Ignorar o pasar por alto las heridas permite que ellas se enconen y crea el punto débil en que el Enemigo nos ataca. Ser sincero con uno mismo y con Dios es el primer paso para tratar los desechos emocionales que se han acumulado a través de los años. Pero la ayuda a las personas que tienen tales problemas se debe dar con mucho respeto y mucho amor; de lo contrario se le puede añadir más culpa a su ya pesada carga.

La parte grave de lo que la persona tiene que enfrentar es el pecado. Como seres humanos somos, obviamente, pecadores habituales. Tal como lo dijo "Pogo"(el personaje de las tiras cómicas) "hemos encontrado al enemigo: ¡Somos nosotros mismos!" Sin embargo, la herida que es una reacción en contra del abuso se convierte en pecado cuando esta actitud de ira se mantiene a través del tiempo. Ciertamente podemos simpatizar con las víctimas cuando reaccionan con ira, resentimiento, incluso con odio hacia quienes abusaron de ellas. Pero, aún las "víctimas" necesitan asumir su responsabilidad por cualquier reacción que las haga pecar. Cuando las personas permanecen en tales actitudes, pronto se hace evidente la renuncia a perdonar, lo cual es un serio pecado contra el cual Dios nos advierte continuamente (ver Mateo 6: 14-15).

Por supuesto, tenemos que admitir y confesar al Señor todo pecado. Su promesa de perdón es segura (ver 1 Juan 1:9). Pero a las personas heridas debemos llevarlas de manera muy delicada a tratar con la pecaminosidad de sus reacciones naturales. Para ellas el término "pecado" es incomprensible. Yo he descubierto que es aconsejable llevar al paciente a perdonar aún sin mencionarle la palabra pecado. Prefiero enfocarme más bien en la libertad que Cristo ofrece a quienes desean liberarse de esas actitudes como la falta de perdón, el enojo, el resentimiento, el deseo de venganza y otros sentimientos similares. La gente recibe la libertad y el perdón de manera simultánea cuando le entregan con arrepentimiento tales actitudes al Señor.

A las personas que han vivido por largo tiempo con sentimientos de auto condenación les resulta difícil recibir tal perdón y tal libertad. Satanás está siempre dispuesto a sobrecargar a las personas con sentimientos de falsa culpa después de que han sido perdonadas por Dios. Una vez que una persona ha confesado su pecado o ha renunciado a una actitud pecaminosa como el resentimiento, es muy saludable utilizar la autoridad que Jesús nos dio según Juan 20: 23, y declararla perdonada.

La ministración avanza mucho más rápido y exitosamente cuando el individuo está plenamente conciente de cuál es su relación con el Señor Jesucristo. A pesar de que somos llamados reyes y sacerdotes (ver Apocalipsis 1:6; 5:10), hijos de Dios (1 de Juan 3:1), herederos de Dios y coherederos con Cristo (Romanos 8:14-17; Gálatas 4:6-7), muchas tradiciones evangélicas tienen una visión errónea de su relación con Cristo. Tal como lo señala el señor Seamands:

"La mayor arma sicológica de Satanás es un sentimiento visceral de inferioridad, incompetencia y baja auto estima… Una auto estima baja paraliza nuestro potencial, destruye nuestros sueños, arruina nuestras relaciones, y sabotea nuestro servicio cristiano" [7]

A mí me gusta referirme a ciertas posiciones teológicas como la "teología del gusano". Esos sistemas de creencias hacen que los cristianos se miren a sí mismos como seres bajos, depravados e indignos de estar en relación con Dios. (Ver el capítulo 7 para mayor información sobre este importante tópico.)

Estos y otros hábitos frecuentemente enfatizados por la Iglesia se constituyen en grandes obstáculos para la sanidad de profundo nivel.

La libertad lleva a la intimidad

Como Segundo Adán, el Señor Jesús tuvo la intimidad que necesitaba mantener con el Padre. Adán y Eva, y todos sus descendientes, la perdimos a causa del pecado original. Jesús siempre prestó atención a lo que el Padre le estaba diciendo. De ahí que pudo afirmar: "Yo... nada hago por mí mismo, sino que según me enseñó el Padre, así hablo" (Juan 8:28). Él alineó su voluntad con lo que el Padre hacía y por eso Por eso pudo decir: "El Hijo no hace nada por sí mismo, sino lo que ve hacer al Padre; porque todo lo que el Padre hace, también lo hace el Hijo igualmente" (Juan 5:19). Él vivió en absoluta dependencia del Padre afirmando con su vida, tanto como con sus palabras, que "No puedo yo hacer nada por mí mismo; según oigo, así juzgo; y mi juicio es justo, porque no busco mi voluntad, sino la voluntad del que me envió, la del Padre"(Juan 5:19).

Permanecer cerca del Padre fue la prioridad de Jesús día tras día. Y para estar seguro de mantenerse en la senda, regularmente pasaba un tiempo a solas con él. Una y otra vez leemos en la Escritura (por ejemplo en Mateo 14:13), que Jesús se retiraba a un lugar solitario para estar a solas con el Padre.

Ya sea que estemos buscando la libertad espiritual para nosotros o para otras personas, mantener una relación de intimidad con Jesús es un requisito indispensable. El objetivo de la sanidad de profundo nivel es establecerla relación correcta primero con Dios, luego consigo mismo y finalmente con los demás. Acercarnos a Dios es, por lo tanto, el objetivo básico de la ministración. Para lograrlo tenemos que superar la interferencia satánica mediante oración, la adoración y el estudio de la Palabra de Dios.

Para quienes ministramos a otros, la intimidad con Jesús como nuestra fuente de poder se convierte en un estilo de vida. John y Paula Sandford enfatizan este aspecto cuando señalan que "nuestro espíritu se nutre de su fuente: Dios. La devoción personal y la adoración colectiva son básicas para nutrir nuestro espíritu. Por designio divino,el Espíritu Santo es el poder y la fuerza de nuestra vida". [8] "El Espíritu es el que da vida" (Juan 6: 63).

Cada vez que ministro a alguien estoy bien conciente del hecho de que *"yo no soy el sanador."* La sanidad no ocurre porque yo tenga el "don" para ello. *Las personas son tocadas, sanadas y liberadas porque Dios mismo está allí, haciendo lo que a él le gusta hacer.* Por lo tanto, cualquier cosa que ocurra no es por *mi* fuerza ni *mi* poder, sino por su Espíritu Santo (ver Zacarías 4:6). Eso también depende de cómo es mi relación con la Fuente de Poder.

Sin embargo, vivir en intimidad con Dios no es esa cualidad misteriosa que muchas personas pretenden. No incluye necesariamente una gran cantidad de ritualismo religioso. La gente me pregunta: "¿Cómo se prepara usted para una sesión de ministración?" La verdad es que rara vez yo hago una extensa preparación para una sesión determinada. Procuro estar siempre preparado porque nunca sé cuando me llamarán para que ayude a alguien. Tengo que estar listo en cualquier momento, en restaurantes, mientras visito a otras personas, durante o después de las clases, en mi oficina e incluso cuando contesto el teléfono. De hecho, probablemente ministro más en situaciones en las que no he tenido tiempo de preparación que en las que tuve un período para ayunar y orar. De modo que procuro estar siempre preparado permaneciendo en intimidad, cerca de mi Señor Jesús.

Aunque nuestro poder se deriva del Espíritu Santo que habita en nosotros, creo que la autoridad fluye directamente de nuestra intimidad con Jesús. Jamás debemos ignorar de dónde viene nuestra fuerza espiritual porque esto es lo más importante para nosotros y para las personas a quienes ministramos. Debemos hacer nuestro mejor esfuerzo para imitar el ejemplo de Jesús manteniendo la intimidad con el Padre. Puesto que era el Hijo, él cultivó la relación con su Padre pasando tiempo a solas con él, como nos relata el evangelista Lucas. Y así debemos hacerlo nosotros también.

Existe una relación directa entre la libertad y la intimidad. En estas páginas procuramos presentar la sanidad de profundo nivel como un método para lograr la libertad que Dios planeó para sus hijos. Pero el beneficio no es simplemente obtener la libertad. *Es el hecho de que esa libertad nos capacita para experimentar la intimidad para la cual fuimos creados.*

Una dama de 41 años de edad a quien llamaremos Mary lo expresó muy bien en una serie de cartas que me escribió poco después de que mi esposa y yo la ministráramos espiritualmente. Mary está casada, tiene tres hijos, y aún antes de recibir ministración parecía ser una cristiana feliz, dedicada y activa en el servicio a los demás. Pero en su edad temprana había sufrido abuso sexual, y a pesar de los años de terapia profesional todavía llevaba consigo el peso de muchas heridas. No obstante, Mary escribió lo siguiente: "Mi liberación ocurrida el 7 de Febrero fue el hecho más transformador que me haya ocurrido". En una carta anterior ella había registrado algunos de sus sentimientos de esta manera:

"Gracias" no parece ser la palabra adecuada... pero tendrá que serlo. El Espíritu Santo me sigue recordando su consejo de andar despacio, aunque no es fácil. Yo fui sanada de una "situación" con la cual viví durante toda mi vida. Tengo una paz y una libertad interior que son indescriptibles. Estoy sumamente agradecida con Dios, con usted y con Meg... Ya hacia el final de nuestra reunión ustedes me preguntaron si deseaba un abrazo de Jesús. Realmente yo esperaba que ustedes me rodearan con sus brazos. Pero lo que hicieron fue que me preguntaron si yo lo vi. ¡Y vaya que sí lo vi! Mientras viva jamás olvidaré lo real que fue y es Jesús, y la forma en que me retuvo en su regazo.

Lo que Mary experimentó fue la verdadera intimidad con Jesús. Fue para eso que tanto ella, como todos nosotros, fuimos creados. Es esa la intimidad que Adán perdió en el Huerto de Edén y de la cual Jesús fue ejemplo. *Y por porque esa intimidad la tuvo dentro de las limitaciones de su naturaleza humana, su ejemplo no está totalmente fuera de nuestro alcance.*

Ambos, ministro y paciente necesitan la intimidad con Dios

Por cuanto fuimos hechos para tener esa intimidad, ella debe ser el objetivo tanto de quienes ministran como de los que reciben la ministración. Nosotros, los que ministramos en el nombre de Jesús, necesitamos vivir en tal intimidad. Nuestro propósito como pastores es guiar a los necesitados de tal forma que puedan experimentar esa misma intimidad con Dios. La meta de la sanidad de profundo nivel es la sanación liberadora. La necesitamos para poder disfrutar la intimidad con Dios y con las demás personas.

La sanidad de profundo nivel opera de dos maneras para producir tal intimidad: 1) Cuando hemos recibido heridas profundas, la ministración de profundo nivel las sana para que podamos relacionarnos apropiadamente con nosotros mismos, con otras personas y con Dios; y 2) Cuando ayudamos a otros a obtener esa libertad, el ministerio de profundo nivel nos une a Dios de una manera que jamás soñamos.

1. Intimidad para quienes están heridos

Este libro es una tentativa de enseñar a quienes están heridos y a los que les ayudan a trabajar con el Espíritu Santo para obtener libertad espiritual. Aunque no es mi intención que sea un libro de auto ayuda, a muchos les será posible usarlo para ayudarse con el tipo de problemas que aquí se discuten. Otros encontrarán en él una guía útil en sus esfuerzos por liberar a las personas que son esclavas debido a sus heridas.

2. Intimidad para quienes ministran

Quienes ministran también pueden usar este libro para descubrir la intimidad. Todos los que ministramos sanidad de profundo nivel pronto descubrimos que estamos recibiendo increíbles dividendos al pasar más tiempo con Dios y recibir energía de él participando en algunos cambios que no podemos hacer por nuestras propias fuerzas. Cuando oramos por otros, la presencia del Espíritu Santo se hace real y tangible. La dirección y guía que recibimos, y los cambios que ocurren cuando aplicamos su poder a las heridas del ser humano, nos mantienen concientes de que no actuamos solos.

Ver a las personas pasar de la tensión y el dolor de la esclavitud, a la libertad, nunca deja de ser algo nuevo y actual. Aunque he visto este proceso muchas veces, jamás me canso de él. Siempre hace que mi espíritu se eleve al pensar que Dios me ha permitido participar en un cambio de personalidad. Así es mucho más fácil entender cuál es la parte de Dios con referencia a la persona enferma. Cuando Dios se hace presente ocurren cosas maravillosas. Es mi parte la que desafía mi propio concepto y me atrae más cerca de la intimidad con Dios para la cual fui hecho. Luego, la renovación es para mí la constante porción.

Lecturas complementarias

Neil Anderson, *Victory over the Darkness* [Victoria Sobre las Tinieblas], (Ventura, California: Regal, 1990) pp. 37-50

Oswald Chambers, *My Utmost for His Highest* [Lo Mejor de mí por lo Mejor de Dios], (Ulrichsville, OH: Barbour Publishing, 2008).

Charles H. Kraft, *Christianity with Power* [Cristianismo con Poder], (Eugene, OR: Wipf & Stock Publishers, 2005).

Henri J.M. Nouwen, *The Way of the Heart* [A la Manera del Corazón], (New York: Ballantines Books, 2003).

J.Oswald Sanders, *Enjoying Intimacy with God* [Disfrute Intimidad con Dios], (Grand Rapids, MI: Discovery Publishers, 2001).

John y Paula Sandford *The Transformation of the Inner Man* [La Transformación del Hombre Interior], (South Plainfield, NJ: Bridge, 1982), pp.95-106.

David A. Seamands, *Redeeming the Past* [Redimiendo el Pasado] (Wheaton, IL: Victor Books, 1985), pp. 33-41.

— *Putting Away Childish Things* [Dejemos las Cosas de Niños], (Wheaton, IL: Victor Books, 1982), pp. 72-87.

— *Healing Grace* [Gracia Sanadora], (Wheaton, IL: Victor Books, 1988), pp. 25-39.

A. W. Tozer, *The Pursuit of God* [La Búsqueda de Dios], (Radford, VA: Wilder Publications, 2008).

3 ¿Quién necesita sanidad de profundo nivel?

La historia de Julia

Julia era una mujer que había sido lacerada profundamente en lo emocional. Pasaba de los treinta pero seguía llevando la pesada carga de las heridas infligidas en su niñez. Su padre fue un alcohólico durante la mayor parte de sus años de crianza. Ella recuerda algunas ocasiones cuando en compañía de la madre tenía que salir en la noche a "buscar a Papito", tratando de averiguar dónde estaba, y si iba a regresar a casa y cuándo. Eso produjo un tremendo sentimiento de inestabilidad en el hogar.

A la falta de estabilidad se agregaba la vergüenza que sentía cuando sus amigos y parientes hacían preguntas dolorosas respecto a su padre. Esas preguntas tenían pocas respuestas.

Infortunadamente, era comprensible que la madre de Julia no respondiera esos interrogantes con la verdad. En cambio decidió encubrir la verdad acerca de su esposo con mentiras a fin de protegerse ella y proteger a sus hijos de la vergüenza que aquel les estaba causando. Ella, por supuesto, necesitaba un aliado y animaba a Julia que era la mayor de sus hermanos a mentir acerca de su padre cuando lo llamaban por teléfono o cuando alguien quería saber lo que estaba haciendo.

Aunque Julia tenía una fuerte inclinación a ser veraz, frecuentemente enfrentaba un gran conflicto interior por tener que mentir acerca de otras cosas también. La mayoría de las veces resistía esta tentación, pero siendo la mayor de la familia tenía un fuerte sentido de responsabilidad por lo que estaba ocurriendo en la familia. A medida que las mentiras de su madre se hacían más frecuentes, se prometió a sí misma que cuando creciera jamás volvería a mentir. Pero este voto le dio al Enemigo un punto de entrada en su vida.

De una lado luchaba contra la tentación de mentir; del otro frecuentemente se sentía obligada, por sus sentimientos de responsabilidad y deber hacia su madre, a alterar la verdad. El resultado fue un tremendo grado de confusión. Fue la frustración por la tentación, las dudas y la confusión, lo que la forzó a trabajar en el ministerio adoración en su iglesia.

En una de las primeras sesiones descubrimos que un espíritu de mentira había entrado en ella 20 años atrás mientras era presionada a mentir acerca de su padre. Este espíritu acusador había estado causando su confusión. Cuando mentía, el espíritu la hacía sentir culpable e incluso, en áreas de su vida que no tenían relación directa con el problema de su padre, este espíritu la incitaba a mentir también. El espíritu la incitó a hacer el voto de no volver a mentir, aumentando así su culpa cada vez que quebrantaba su voto: Julia tenía la sensación que otras personas no le creían cuando decía la verdad. Uno de sus temores secretos era que si alguna vez la acusaban falsamente ante una corte de haber cometido un delito, el jurado la encontraría culpable.

Mediante la sanidad de profundo nivel en algunos de los recuerdos de su niñez, Julia confesó su pecado y fue perdonada por Dios al inicio de la sesión. Así pudo asumir la responsabilidad por su pecado pero también reconocer y rechazar la influencia que el espíritu mentiroso había logrado en su vida. Estas dos decisiones la liberaron de gran parte de la condenación que sentía por su problema. Ella tuvo que liberarse de la responsabilidad que sentía tanto por su familia como por el voto que había hecho. Cuando le entregó a Jesús estos dos asuntos pudimos echar fuera el demonio liberándola así de su presión. Desde entonces ha tenido que volver a declarar las victorias que ganamos con ella resistiendo los sentimientos de responsabilidad y culpa cuando quiera que estos intenten regresar. Aunque el proceso fue más difícil de lo que puede parecer en este relato, es emocionante ahora, varios meses después, ver a Julia con una mayor libertad para disfrutar de la sinceridad y la Verdad que viene junto con la vida cristiana. Ahora es más capaz de decir la verdad y de establecer relaciones confiables. También está en capacidad de utilizar sus dones espirituales ministrando a otras personas. Ahora es libre de la auto-condenación y la confusión que caracterizaron su vida antes de este período de ministración de sanidad de profundo nivel.

¿Quién necesita sanidad de profundo nivel?

Existen básicamente dos tipos de personas para quienes la sanidad de profundo nivel es apropiada: pecadores y víctimas. Quienes conciente o inconscientemente cometieron ciertos pecados necesitan liberación del daño interior que éste ha causado y continúa causando. Una vez que recibimos a Cristo como nuestro Salvador tenemos la solución eterna al problema del pecado; no obstante, el problema que muchos de los redimidos enfrentan es la necesidad de libertad de sus efectos actuales. *Debemos recordar que el Señor Jesús vino para dar libertad a los cautivos, tanto de la esclavitud actual como de la condenación futura.*

El segundo tipo de persona que necesita sanidad profunda es aquel contra quien se ha cometido el pecado, es decir, quien se ha convertido en víctima del pecado de otra persona. En su tiempo, Jesús prestó atención especial a estas víctimas. Por razones que no comprendemos, Dios permite que algunas personas hieran o lastimen a otras. Estas heridas estimulan reacciones que si no se refrenan pueden devorar el ser interior de la persona lastimada de una manera que causa muchos más problemas a la herida inicial.

Este capítulo está dirigido a tratar con estos dos tipos de problemas. Primero veamos el problema del pecado.

El dominio del Enemigo a través del pecado

El pecado es un asunto fundamental en la sanidad de profundo nivel. En cierto sentido, todos los problemas espirituales con los que tratamos tienen relación con el pecado. O bien la persona que acude en busca de ayuda ha pecado, o alguien ha pecado contra ella. Aunque el hecho de ser herido no es pecado, la reacción ante tal abuso fácilmente se convierte en pecado porque es normal sentir enojo cuando se es herido. Tal enojo en sí mismo no es pecado (ver Efesios 4:26), pero puede llegar a serlo si uno permite que incube resentimiento, odio, amargura y falta de perdón. Si usted se deleita en el resentimiento, su reacción llega a ser pecaminosa, incluso si empezó simplemente como una respuesta natural a sus situaciones difíciles. (Vea el capítulo 6 para mayor información sobre las reacciones.)

También hay pecados categóricos con los cuales hay que tratar. Cuando alguien ha puesto fin a una vida mediante un aborto o ha cometido adulterio, o ha robado o mentido, según 1ª de Juan 1:9 confesar tales actos a Dios es un imperativo si la persona quiere ser liberada por Jesús.

En cierta ocasión, durante dos horas y media intentamos liberar a Bob de la esclavitud de un demonio bastante obstinado. Él nos había contado varios detalles de una relación de amor y odio contra su padre, un pastor cuyo ministerio ha tambaleado en los últimos años.

Ayudamos a Bob a tratar con el enojo y la falta de perdón que sentía hacia su padre. Por cuanto la palabra "pecado" es considerada a veces como una acusación, prefiero evitar el uso de dicha palabra, aunque generalmente le pregunto a la persona si ha confesado todo pecado conocido. Al comenzar la sesión le hice a Bob esta pregunta y me contestó que creía que sí. De modo que quedamos sorprendidos cuando él soltó lo siguiente: "No he admitido esto ante nadie, pero yo ¡cometí adulterio con una dama que asiste a la iglesia de mi padre! Y fue después de este hecho que la iglesia comenzó a ir cuesta abajo". La sencilla confesión de este hecho le proveyó perdón y lo capacitó para liberarse del demonio.

Cuando ministramos a la gente debemos siempre buscar cualquier pecado obvio. *Pero es sumamente importante la manera en que lo hacemos.* Cuando se busca el pecado en la vida de otras personas que han sido objeto de abuso, es fácil hacerlo sin amor. Ellas son muy sensibles y si no somos cuidadosos pueden tener una reacción negativa, aún en el más inocente intento en esta área.

El trato con el pecado

El asunto de la responsabilidad personal es crucial pero muy sensible. Algunos pastores enfocan su atención casi totalmente en las faltas morales del paciente y concentran la mayor parte de su esfuerzo en la sanidad a través de una vida "más recta." *Aunque cualquier falta moral se debe tratar concienzudamente y debemos enfatizar la necesidad de vivir una vida recta, muy a menudo enfocar la atención en tales asuntos complica el problema en vez de producir sanidad.* Es común encontrar que las personas heridas tengan una increíble capacidad de acumular más heridas y agregarlas a las que ya llevan. Cuando a una reacción como el enojo o la falta de perdón le colgamos la etiqueta de *pecado,* generalmente la persona herida se torna más introvertida y amontona sobre sí mayor condenación. Esto hace la ministración mucho más difícil.

El pecado es un asunto grave para Dios. En ninguna parte de la Biblia encontramos permiso para culpar por nuestros problemas a los demás, al mundo o a Satanás. En el caso relatado al comienzo de este capítulo,

Julia no pudo culpar al demonio o a sus padres por el hecho de que mentía con regularidad aunque ambos padres y la influencia demoníaca ejercían sobre ella una fuerte presión. Ella tuvo que asumir la responsabilidad por su propio pecado. Cada uno de nosotros tiene que dar cuenta a Dios de sus acciones y reacciones. Sin embargo, la sanidad es mucho más que reconocer o admitir el pecado. La mayoría de las personas con las cuales trabajamos ha sufrido profundas heridas y por esa causa han elegido formas malsanas de tratar con su dolor. Aunque necesitamos discutir sus reacciones erróneas, abordar en primera instancia el asunto del pecado generalmente abruma a la persona con una carga de culpa y vergüenza mayor de la que traía, o la induce a elevar sus defensas.

La mujer samaritana y la que fue sorprendida en el acto de adulterio (ver Juan capítulos 4 y 8) eran ambas pecadoras. Pero ellas ya lo sabían; se habían condenado a sí mismas y soportaban la condenación de los demás. Es significativo que Jesús no se enfocó en sus pecados. ¿Por qué? Las personas que tienen un sentimiento de auto-condenación no reciben ningún beneficio cuando quienes tratan de ayudarlas se enfocan en sus faltas. Por el contrario, el Maestro les mostró a tales personas aceptación y amor, guiándolas con delicadeza por la senda del perdón.

Aunque jamás debemos ser laxos o condescendientes con el pecado, no es tarea nuestra condenar a otros por su pecado. Aún Jesús mismo rehusó hacerlo (ver Juan 3:17). En cambio consideró que su misión era liberar a la gente (ver Lucas 4:18-19). La tarea de convencer a las personas de pecado pertenece al Espíritu Santo (ver Juan 16:8). Como Jesús, nosotros debemos ser agentes de la reconciliación con Dios (2ª Corintios 5:20), y como tales, nuestra misión es ministrar amor y restauración. Nuestra tarea es liberar a la gente de su culpa y no amontonar sobre ella más condenación. Esto incluye ayudar a las personas a quienes ministramos a *aceptar* el perdón que ya les ha sido provisto por el Señor.

La mayoría de las personas que acuden a mí ya están en la situación de la mujer sorprendida en el acto de adulterio cuya historia relata Juan en el capítulo 8. Están profundamente concientes de sus pecados y de hecho los han confesado a Dios una y otra vez sin sentir liberación de ellos. La culpa y la auto condenación pesan tanto sobre estas personas que muchas de ellas no pueden creer siquiera que Dios las perdonará. Toda pizca adicional de condenación sólo las sumirá más profundamente en la desesperanza. El enfoque más benéfico y sanador es seguir el camino que Jesús utilizó con Pedro (ver Juan 21) y con la mujer adúltera.

Enfocó su atención, no en sus pecados, sino en la disposición de Dios para perdonarlos y aceptarlos de nuevo.

Confesión y arrepentimiento

Cuando hay de por medio un problema de pecado, generalmente es necesario guiar a la persona a arrepentirse de él. Una de las normas de Dios en el universo es que el pecado no confesado y del que uno no se ha arrepentido nos conduce a la esclavitud. El Rey David quebrantó esta regla y declaró:

Mientras callé, se envejecieron mis huesos en mi gemir todo el día. Porque de día y de noche se agravó sobre mí tu mano; se volvió mi verdor en sequedades de verano. Mi pecado te declaré, y no encubrí mi iniquidad. Dije: Confesaré mis transgresiones al Señor; y tú perdonaste la maldad de mi pecado. (Salmo 32: 3-5).

La confesión y el arrepentimiento son requisitos necesarios para lograr la sanidad de profundo nivel. La confesión tiene tres facetas: confesión a sí mismo, a Dios, y en ocasiones a otras personas. La confesión es lo opuesto a la negación. La negación del pecado produce heridas auto infligidas. Tales heridas nos esclavizan al Enemigo.

Confesión a uno mismo

Negar que hemos pecado no solamente hace a Dios mentiroso (ver 1ª Juan 1:10), sino que es también engañarse uno mismo (1ª Juan 1:8). La sanidad y la libertad exigen una relación sincera y genuina con uno mismo. Si deseamos recibir liberación necesitamos estar en capacidad de reconocer nuestro pecado, resistir la tentación, negarnos a ella y confesarla a Dios en arrepentimiento. El primer paso es reconocer el pecado y confesarlo a uno mismo.

Confesión a Dios

Una vez aceptado, el pecado debe ser confesado a Dios. La muerte y resurrección de Cristo hace posible que Dios nos libere de la esclavitud del pecado y de nuestro Enemigo que acecha tras él. La confesión a Dios debe ser específica para que el perdón y la sanidad puedan entrar en nuestra vida. Si recibimos la misericordia y el perdón de Dios, el área que fue lastimada ya está en camino de recibir sanidad. Entonces podemos avanzar al siguiente nivel del proceso.

Confesión a otros

Aunque la mayoría de nuestros pecados son entre Dios y nosotros, el pecado que involucra a otras personas se debe confesar a los afectados y buscar la reconciliación con ellos. Pedir perdón a quienes hemos ofendido, aunque difícil, es un acto sanador que produce libertad espiritual. Cuando no perdonamos a alguien estamos restringiendo nuestra libertad; así como la falta de perdón hacia nosotros restringe la nuestra. Por lo tanto, siempre que sea posible debemos confesar nuestro pecado ante quienes hemos ofendido (reparar la ofensa) para que ellos y nosotros seamos liberados.

Reconciliación

La reconciliación no siempre es posible debido a la falta de disposición del ofendido. Aunque para obtener el perdón de Dios sólo se necesita una persona (usted), la reconciliación requiere dos (usted y la persona ofendida). Quizá usted esté dispuesto pero la otra persona no. Es triste, pero no podemos forzar la libre voluntad de alguien. La Biblia nos dice que mantengamos una buena relación con los demás en la medida de lo posible (ver Romanos 12:18; 14:19; Efesios 4:3; y Hebreos 12: 14), pero reconoce que quizá los otros no quieran cooperar.

Además, hay un beneficio extra cuando confesamos nuestros pecados y recibimos el apoyo de oración de un pequeño grupo de cristianos cercanos a nosotros. Hablando de sanidad y perdón, Santiago 5:16 nos exhorta a "confesarnos nuestras ofensas unos a otros, y a orar los unos por los otros para que seamos sanados". Dios ha establecido que los miembros de su Cuerpo funcionen conectados entre sí (ver 1ª Corintios 12:12-31). Cuando un miembro es lastimado, todos los miembros se duelen. Debemos "sobrellevar los unos las cargas de los otros, y cumplir así la ley de Cristo" (ver Gálatas 6:2). John y Paula Sandford nos dicen que:

El propósito de que estemos aquí en la tierra en este cuerpo es que nos amemos en una forma que el cielo no puede proveer. Dios planeó que debemos encontrar su amor persona a persona, cuerpo a cuerpo, y ser así atraídos y entrenados para llegar a ser humanos. [1]

Vivir fuera de la comunidad de fe como un lobo solitario puede inhibir en grado sumo el proceso de sanidad de profundo nivel. Compartir la carga de nuestro pecado con otros, y permitirles compartir la suya con nosotros, es un componente muy importante en el proceso completo de sanidad.

A lo largo del proceso debemos adoptar una actitud de total transparencia. El Enemigo procura impedir que nos abramos en confesión. Eso permite que subsistan espacios de oscuridad escondidos en nuestro interior, en donde no penetra la luz de Cristo. Jesús desea que su luz inunde cada espacio de la "casa", limpiándola. Y donde la luz resplandece, las tinieblas no pueden prevalecer (ver Juan 1:5).

La autoridad para perdonar

Al ministrar la sanidad de profundo nivel es importante hacer uso de todos los recursos del ministerio que Dios nos ofrece. Uno de estos es la autoridad de perdonar los pecados de la gente. Jesús dijo a sus seguidores: "A quienes remitiereis los pecados, les son remitidos; y a quienes se los retuviereis, les son retenidos" (Juan 20:23).

Parece que algunas personas no son capaces de recibir la misericordia y el perdón de Dios directamente de él. A veces están tan agobiados por la auto-condenación que sienten que sus súplicas de perdón no son escuchadas por Dios. Se sienten distantes e incapaces de relacionarse personalmente con Dios. Aunque estas palabras de Jesús en el versículo anterior parecen darnos autoridad para perdonar a las personas de manera directa, yo soy cauteloso en cuanto a la manera en que la utilizo. Le pregunto a la persona que ministro si ha confesado todo pecado conocido. Si él o ella dicen sí, yo digo algo como esto: "En el nombre de Jesús y por la autoridad que me ha sido dada en Juan 20: 23, pronuncio perdón para ti". La liberación de los sentimientos de la persona es a veces dramática.

Llamar al pecado, "pecado"

Cuando mencionamos la palabra "pecado", la mayoría de la gente piensa en unos pocos comportamientos contra la Ley de Dios, pero la Biblia define el pecado de una manera más amplia y sencilla. Según Romanos 14:23, pecado es cualquier desobediencia a Dios. De ahí que, además de los "grandes pecados" que vienen a la mente de la mayoría de las personas –como homicidios, promiscuidad sexual y robo– debemos agregar a la lista cosas tales como guardar resentimiento, negarse a perdonar, hablar mal de otros, abrigar ira o amargura (ver Efesios 4: 31-32), deseos de venganza, falta de amor por uno mismo, celos, materialismo, envidia, rivalidad, individualismo, por mencionar sólo unos pocos. El hecho de que muchos de estos pecados son aprobados por nuestra sociedad, hace que muchos no los reconozcan como pecados. Neil Anderson ofrece una definición más bíblica cuando dice:

Usted comete pecado cuando voluntariamente actúa independientemente de Dios, como de hecho lo hacía el viejo hombre. Cuando usted actúa de esta manera está violando su nueva naturaleza y su nueva identidad. [2]

Generalmente son pecados "fuera de foco" con los que tenemos que tratar, los cuales se enmarcan dentro de este tipo de independencia de Dios, más que los que generalmente tenemos en mente. Por eso resulta que usualmente es falta de amor utilizar la palabra "pecado" como una etiqueta que identifica al problema. Si bien nosotros hemos estudiado las Escrituras y desarrollado esta amplia comprensión de lo que el pecado involucra, la mayoría de las personas que aconsejamos piensa solamente en las actividades más graves que la gente llama "pecado". O, peor aún, pueden desarrollar una concepción más amplia pero inexacta del pecado y condenarse a sí mismos por una cantidad de cosas de las cuales no deben sentirse culpables. Como ya lo señalamos, *somos cuidadosos de la manera en que usamos la palabra "pecado", aún cuando para nosotros es obvio que la raíz del problema es un pecado que la persona ha cometido.* Por cuanto Jesús casi nunca utilizó ese término, excepto cuando enseñó a sus discípulos, nosotros lo usamos poco cuando ministramos sanidad de profundo nivel.

Sin embargo, continuamente tenemos que tratar con el pecado y sus efectos, ya sea que mencionemos poco o nada tal palabra. Cuando una persona está inmersa de manera repetitiva en una actividad pecaminosa debemos tener en consideración unas cuantas cosas.

Primero, *la persona debe estar dispuesta a renunciar al pecado y someterse a Cristo.* Si no existe tal disposición, nosotros (y Dios) estamos bloqueados en nuestro intento de tratar con los asuntos profundos. La voluntad de la persona debe estar del lado de Dios en el problema. Quien continúa voluntariamente en pecado está poniéndose del lado de Satanás y bloqueando la obra de Dios en su vida. La decisión de renunciar a un pecado favorito puede ser difícil y requerir un constante compromiso y dedicación por parte de la persona enferma, y constante aliento por parte del consejero hasta obtener la victoria en esa área. Es necesaria una gran dosis de paciencia y de oración de ambas partes.

Segundo, *la causa de la dificultad para abandonar el pecado a menudo estriba en las heridas emocionales sufridas.* Al respecto John y Paula Sandford, dicen:

El amor, siendo bueno, no produce fruto malo. El mal fruto tiene que venir de las malas raíces de un árbol malo… ¿Qué ocurrió entre sus padres, o entre sus hermanos y hermanas? En algún punto hay una raíz mala. Encontrémosla. [3]

La capacidad y determinación de la persona quizás es bastante débil como resultado de los acontecimientos ocurridos en su edad temprana. Pero a medida que se avanza en la sanidad interior, generalmente las personas ganan fuerza para utilizar su voluntad más efectivamente.

Tercero, *puede haber demonios fortaleciendo los hábitos pecaminosos.* Es parte del trabajo de un demonio fortalecer el pecado y hacer que las personas se culpen a sí mismas por el problema. Cuando un individuo tiene dificultad para renunciar a un pecado, es buena idea tratar de descubrir si hay un demonio presente cabalgando en su debilidad. La liberación de esos espíritus que provocan tales cosas como lujuria, pornografía, ebriedad, robo, mentira, falta de perdón, odio y orgullo, permite a la persona tener mucha más fuerza de voluntad para resistir la tentación. (Vea el capítulo 10 de este libro, y mi libro *Defeating Dark Angels* [Cómo Derrotar a los Ángeles de las Tinieblas] para mayor información sobre cómo tratar con demonios.)

La gravedad del pecado sexual

En 1ª Corintios 6: 18-20 el apóstol Pablo afirma que el pecado sexual es un pecado de categoría diferente a los demás.

Huid de la fornicación. Cualquier otro pecado que el hombre cometa está fuera del cuerpo; mas el que fornica, contra su propio cuerpo peca.¿O ignoráis que vuestro cuerpo es templo del Espíritu Santo, el cual está en vosotros, el cual tenéis de Dios, y que no sois vuestros?Porque habéis sido comprados por precio; glorificad, pues, a Dios en vuestro cuerpo y en vuestro espíritu, los cuales son de Dios.

La intimidad sexual establece entre las personas que la practican un vínculo que es no solamente físico sino también espiritual. Creo que la palabra griega *soma* ("cuerpo"), en los versículos anteriores, se debe interpretar (siguiendo el uso regular del idioma griego) como una referencia a todo nuestro *ser,* no solamente a nuestra parte física. Tal como lo señalan John y Paula Sandford: "Es imposible tocar el cuerpo solamente, porque es el espíritu que vive en cada célula el que le da vida (Santiago 2: 26)". [4]

La parte sexual de cada uno de nosotros es de interés particular para el Enemigo. Por supuesto, él es enemigo de la vida y de la creatividad. De ahí que lance muchos de sus ataques más fuertes contra la parte nuestra que crea la vida. Ha descubierto también que no hay mejor manera para degradarnos que atacar nuestra sexualidad. El maltrato sexual a las mujeres es un potente método en manos del Enemigo. Él las odia de manera particular porque como se lo he oído expresar a varios demonios, "ellas dan vida".

En la práctica del ministerio hemos descubierto que los pecados sexuales, especialmente el adulterio y la fornicación, se deben tratar de una manera especial. Cuando dos personas se han atado entre ellas a través de la relación sexual, se crea lo que se llama "un vínculo impío del alma", una atadura espiritual a la que Satanás le da fuerza. Aunque hay otros tipos de lazos del alma creados por una persona o grupo de personas para dominar y controlar a otras, los lazos sexuales son una forma particularmente fuerte a través de la cual el Enemigo se apodera de una persona, tanto en su interioridad como en sus relaciones. La relación matrimonial sufre un daño considerable cuando no se ha dado atención a las ataduras sexuales del pasado, ya sea que el cónyuge conozca o no las aventuras anteriores. Pero Dios está dispuesto a sanarnos de los efectos de tales ataduras si acudimos a él.

Al tratar con esas ataduras del alma creadas por adulterio, incesto, violación, encuentros homosexuales o por cualquier otra relación sexual extramarital, debemos primero estar seguros de que la persona haya confesado a Dios su pecado y recibido su perdón. Si fue adulterio u homosexualidad, todo el asunto se debe confesar como pecado. La violación o el incesto no se tienen que confesar como pecado por parte de la víctima porque no fue su intención. Pero quizá existan muchas actitudes de enojo, amargura, renuencia a perdonar, y cosas semejantes que sí se deben confesar a Dios como pecados, antes de que el paciente pueda recibir ayuda.

Una vez que se ha tratado con el pecado, le pedimos a la persona que regrese en sus recuerdos y vuelva al hecho pecaminoso bajo la guía del Espíritu Santo, visualizando a la persona implicada y, si es necesario, perdonándola por su parte. Luego el paciente es guiado a renunciar, en el nombre de Jesús, a toda atadura con la persona o personas con quienes ha tenido intimidad sexual, exceptuando su cónyuge. Cuando la persona a quien ministro menciona la atadura, tengo por costumbre tomar autoridad en el nombre de Jesús y quebrantar cualquier poder satánico que exista en la vida de la persona como resultado de la relación sexual ilícita.

Al hacerlo digo algo como esto: "En el nombre de Jesús cancelo toda atadura de alma y rompo todo poder satánico en la vida de esta persona otorgado al Enemigo mediante estas relaciones sexuales".

Al ministrar de esta manera encuentro con frecuencia que Dios le muestra a la persona un nuevo panorama, haciéndole saber que la atadura ha sido rota. En un caso en el que la mujer a quien ministraba fue violada repetidamente cuando niña en un culto satánico, Dios le mostró a todos los hombres implicados. Pero cuando renunció a la atadura, los hombres cayeron uno tras otro como si fueran fichas de dominó, y ella fue liberada.

Las ataduras no sexuales se pueden tratar de manera similar. A veces se crean ataduras espirituales cuando una persona es dominada por otra (incluyendo la dominación por parte de los padres), o cuando alguien admira excesivamente a otro individuo y le entrega su voluntad, o cuando existe una amistad en la que una persona domina a la otra. Tal atadura de espíritu debe ser previamente rota para que la persona pueda ser liberada. Los pasos son los mismos: tratar con el pecado mediante la confesión, renunciar en el nombre de Jesús a cualquier atadura de origen satánico, invocar la bendición de Jesús sobre cualquier tipo de vínculo aprobado por Dios, y prohibir al enemigo que continúe interfiriendo en la relación.

Responsabilidad y victimización

Dios ha dado a sus criaturas una cierta medida de libertad para hacer decisiones. Es claro que los seres humanos pueden decidir hacer lo correcto o lo malo. Pero estas decisiones tienen consecuencias por las cuales nosotros somos responsables. También es claro que sus consecuencias afectan a otras personas. En efecto, muchas personas sufren en gran medida, no por sus propias faltas sino porque alguien más les causó daño. Además de las decisiones y acciones de las personas, hay ciertas cosas que Satanás y sus demonios deciden hacer y que afectan a los seres humanos. Estos hechos subrayan por lo menos tres áreas importantes relativas a las dificultades humanas.

1. Las propias decisiones de una persona

Muchas personas deciden vivir su vida fuera de la voluntad de Dios. Para eso usan su libre albedrío. Ya sea que decidan pecar o sencillamente ignorar a Dios, esos individuos son responsables por las decisiones que hacen y son juzgados por la forma en que utilizan su libertad. Muchas dolencias espirituales, emocionales y físicas son el resultado de las malas decisiones de cada persona. A pesar del hecho de que nuestro enemigo Satanás frecuentemente estimula tales decisiones, la Biblia nos enseña con claridad que es responsabilidad nuestra ocuparnos de nuestra pecaminosidad. En la ministración de profundo nivel encontramos a menudo que los problemas causados por las decisiones personales de un individuo deben ser tratados primero.

2. Las decisiones de otros

Ocurre con frecuencia que las dificultades de una persona son el resultado de las decisiones de otros. Un antepasado puede haber permitido la entrada de demonios dentro de la línea familiar. Quienes tenían autoridad sobre ella (abuelos, pastores, maestros) quizá la entregaron a otros poderes espirituales. Como resultado, este tipo de personas han llegado a ser víctimas de las malas decisiones de alguien más. Estas víctimas siguen sufriendo a veces gravemente por las faltas de otros, no de las suyas. Como lo dice Richard Buhler en su libro Pain and Pretending [Dolor y simulación], "una víctima es una persona que ha sufrido daño grave en la esencia de su personalidad de una manera tal que ello le ha causado graves obstáculos para vivir su propia vida". [5] La mayoría de las personas a quienes ministramos están dentro de esta categoría de víctimas.

Cuando Jesús anunció "buenas nuevas a los pobres" (Lucas 4:18), estaba haciendo una declaración relacionada con las víctimas. En este contexto la palabra "pobre" se refiere a quienes han sido oprimidos, y que sin haber cometido faltas propias viven en pobreza.

Jesús jamás condenó a quienes estaban enfermos u oprimidos por demonios. Incluso se negó a condenar a ciertas personas que obviamente tenían pecado en su vida. Al respecto mire la historia de la mujer samaritana junto al Pozo de Jacob (en Juan capítulo 4), de la mujer sorprendida en el acto de adulterio (Juan 8), y del apóstol Pedro (Juan 21), ninguno de los cuales podía culpar con razón a otros por sus dificultades, más que a sí mismos. No obstante, Jesús los trató como si aprendiendo a caminar hubieran tropezado y caído. Y en vez de condenarlos como perversos o de considerarlos un fracaso, sencillamente les ofreció su mano para que se pusieran en pie nuevamente.

Parece que Jesús dividió el panorama humano en tres grupos: las víctimas (los oprimidos), los victimarios (u opresores), y los "justos" (justificados por Jesús). —Ver Mateo 25: 31-46, especialmente los versículos 33 y 37. El Señor Jesucristo vio a la gente del común como victimizada por quienes ostentaban el poder (concretamente por los fariseos y los gobernantes de los judíos), y se dio a la tarea de rescatar a tantos de ellos como fuera posible.

Si vamos a seguir el ejemplo de Jesús, nuestra atención se debe enfocar en ayudar a los necesitados, no importa si sus problemas son el resultado de sus malas decisiones o de la victimización por parte de otros. Estamos para servirles porque tienen una necesidad. Cuando ayudamos a los necesitados estamos ministrando a Jesús (ver Mateo 25:37-39).

Si el mundo de Jesús produce víctimas, ¿cuánto más el nuestro? Ya sea que miremos la pobreza a nivel mundial, la confusión y los conflictos políticos o la inestabilidad social, el nuestro es un mundo en el que producimos un increíble número de víctimas.

3. Las acciones del Enemigo

Existe un Enemigo que está muy activo para causar desorden en nuestra vida. Él instiga la tentación a pecar y la inclinación de la gente a victimizar a otros, y está justamente ahí para aprovechar cada acontecimiento negativo. Él es el victimario *por excelencia*. Sin embargo, no podemos evadir nuestra propia responsabilidad adoptando la "teología" del comediante de la década del setenta Flip Wilson, quien decía: "el diablo me obligó a hacerlo". Siempre debemos reconocer la naturaleza y la amplitud de las actividades de nuestro Enemigo.

Es deber nuestro actuar con inteligencia en un mundo caído en el cual las personas pecan y se victimizan unas a otras. Se espera que los cristianos comprendamos las "maquinaciones" del Enemigo (ver 2ª Corintios 2:11). Pero no tenemos que cargar con esta responsabilidad solos. Estamos para ayudarnos unos a otros a ser libres de las cosas que nos atan.

La sanidad de profundo nivel es una forma de obrar con el poder del Espíritu Santo para restaurar la salud tanto a las víctimas como a quienes han hecho malas decisiones.

La relación ideal con Dios, con nosotros y con los demás

Específicamente, o mediante declaración implícita, las Sagradas Escrituras nos presentan ciertos ideales concernientes a nuestra relación con Dios, con nosotros y con los demás. La victimización perturba el desarrollo de estas relaciones.

Una relación ideal con Dios significa que una persona es una criatura nueva y en desarrollo (ver 2ª Corintios 5:17), unida al Señor, y en esa unidad es ungida con él en espíritu (ver 1ª Corintios 6:17), llena del Espíritu Santo (ver Hechos 10:44-48), y viviendo tan cerca del Padre como lo hizo Jesús (ver Juan 5:19-30).

La relación ideal con uno mismo implica amarnos como Dios nos ama, aceptándonos y perdonándonos a nosotros mismos. Debemos vernos como verdaderos hijos de Dios (ver 1ª Juan 3:1; Gálatas 4:4-7, Romanos 8:14-17), que pueden mantener sus frentes en alto como príncipes o princesas. Tales personas son libres de aceptar y perdonar a quienes las han herido.

La relación ideal con los demás implica amarlos como Dios los ama – idealmente como uno se ama a sí mismo– (Mateo 22:39).Estamos listos para seguir el ejemplo de Jesús y servir a otros (Mateo 20:28), relacionándonos con ellos como miembros de la misma familia y del mismo cuerpo, con Cristo como la cabeza. Los seres humanos tenemos una necesidad básica de mutua interdependencia y no podemos ser emocionalmente saludables sin dicha cercanía. Eso significa que debemos luchar contra el individualismo de nuestra cultura occidental, de forma que podamos lograr relaciones buenas y estrechas con otros, especialmente dentro del contexto de la Iglesia.

Las raíces espirituales de los problemas de profundo nivel

Las áreas emocionales y espirituales de la vida parecen estar tan relacionadas que los problemas en ambas tienden a producir síntomas que generalmente son clasificados como emocionales. Por lo tanto, yo no estoy seguro si es posible distinguir entre un mal espiritual y emocional mirando los síntomas superficiales. No obstante, debemos hacer el esfuerzo de distinguir, en tales problemas, las raíces espirituales de las emocionales.

Podemos identificar por lo menos siete raíces espirituales en los problemas de profundo nivel. Y podemos también decir que cada una de ellas es causa de una enfermedad espiritual, aún cuando los síntomas superficiales obvios sean emocionales.

1. Pecado

El *pecado* es la causa fundamental de enfermedad espiritual. Se nos dice que nuestra naturaleza humana (la "carne") no es buena (ver Romanos 7:18). Que está llena de todo tipo de pecado (ver Gálatas 5: 19-21). Por lo tanto, cuando conciente o inconscientemente les damos lugar a las "obras de la carne", llegamos a estar espiritualmente enfermos y nuestra relación con Dios sufrirá perturbación hasta cuando confesemos nuestro pecado y recibamos su perdón (ver 1ª de Juan 1:9).

2. Descuido de nuestra relación con Dios

Descuidar nuestra relación con Dios también causa enfermedad espiritual. Fuimos hechos para vivir en estrecha comunión con nuestro Creador. Tal comunión exige que pasemos tiempo con él. Jesús valoró tanto esta intimidad que frecuentemente se retiraba a lugares solitarios para estar con el Padre (ver Mateo 14:13). Si Jesús tuvo necesidad de pasar tanto tiempo con el Padre, también nosotros debemos mantener nuestra relación con Dios.

3. Una concepción equivocada de Dios

Muchas personas experimentan cierta clase de enfermedad espiritual porque tienen una errónea visión o imagen de Dios. Para muchos de ellos, Dios parece demasiado distante para preocuparse de ellos. Otros lo ven como un ser juzgador y condenador que se niega a ayudarlos, cuyo interés principal es castigarlos. Otros lo ven como quien determina todas las cosas sin tener en cuenta la libertad de los seres humanos. Cada uno de estos conceptos hace parte del engaño de Satanás y se desvanece ante la representación que Jesús hace de Dios en sus palabras a Felipe: "El que me ha visto a mí, ha visto al Padre" (Juan 14:9). Estas defectuosas percepciones también conducen a impresiones tremendamente erróneas en cuanto a las causas de las dificultades en la vida de los cristianos.

4. Enojo contra Dios

El enojo contra Dios está relacionado con una visión equivocada de lo que él es. Es común que la gente piense que Dios puede hacer cualquier cosa que desee (incluyendo imponerse al libre albedrío de quienes lastiman a otros) sin tener en cuenta las normas que él ha establecido en el universo. Piensan que si tal cosa (su capacidad de hacer lo que quiere) es cierta, entonces podría haber evitado el abuso que ellos sufrieron.

Están enojados con él por lo que creen que es abandono o descuido de su parte. Al sumergirse en tal enojo, su amargura y su falta de perdón producen enfermedad espiritual.

Aunque Dios cumple sus propósitos, y a pesar de que "a los que aman a Dios, todas las cosas les ayudan a bien" (Romanos 8:28), muchas cosas no ocurren de la manera que Dios quiere aquí y ahora. Por ejemplo, "Dios no quiere que ninguno perezca, sino que todos procedan al arrepentimiento" (2ª Pedro 3:9). No obstante, muchos perecerán. Una de las cosas más difíciles de explicar a quienes han sido heridos y sienten que Dios les ha fallado, es el hecho de que él se ha fijado límites en su relación tanto con los seres humanos como con Satanás.

5. El hostigamiento satánico

Una quinta causa de enfermedad espiritual es el hostigamiento satánico atraído por la "basura" existente en el interior de una persona. Si existen problemas espirituales, emocionales o mentales, o desórdenes en la voluntad de una persona, el Enemigo puede adherirse a esos problemas. A él le gusta hostigar aprovechándose de cosas tales como el temor, la culpa, el enojo y la lujuria. Lanzando sus ataques con base tales problemas, el demonio perturba el sueño y otras funciones normales, así como los momentos de oración, adoración y estudio bíblico.

Votos y maldiciones pueden hacer parte de tales ataques. Proverbios 26:2 habla de maldiciones que no pueden tocar o impactar a una persona sin una razón válida. La implicación, entonces, es que si existe una razón, las maldiciones pueden hacer impacto en una persona. Creo que muchas maldiciones se expresan directamente contra las personas. La mayoría de ellas son vagas cuando son meras palabras de enojo que se hablan, dinamizadas por las fuerzas de las tinieblas. Pero otras maldiciones son más determinantes y a veces reforzadas por un ritual satánico. Tal tipo de maldición es más poderosa. De una manera u otra, si las maldiciones entran en el espíritu de una persona se experimentan como un ataque satánico.

Las personas que sienten enojo contra sí mismas a veces dicen cosas como: "me odio (u odio mi cuerpo, o mi nombre, o mi existencia)" o "desearía que esta parte de mí no existiera..." o "juro que no voy a ser como mi padre o mi madre". Cuando decimos tales cosas contra nosotros mismos, a menudo descubrimos que el Enemigo se introduce y da poder a esas palabras como verdaderas maldiciones o "votos." Entonces el demonio logra el derecho de hostigarnos. Para romper tales maldiciones o votos, generalmente una persona sólo tiene que decir algo como "en el nombre de Jesucristo renuncio a cualquier maldición pronunciada sobre mí, y a cualquier voto que yo haya aceptado y que haya sido reforzado por Satanás". La persona que ha pronunciado una maldición o un voto tiene la autoridad de cancelarlo.

6. Influencia demoníaca

Además de tal hostigamiento exterior, existe la *demonización* que es cuando un espíritu maligno vive dentro de una persona. Como lo he mencionado anteriormente, ha sido frecuente tener que tratar con demonios que viven en quienes acuden en procura de sanidad de profundo nivel. En mi libro *Defeating Dark Angels* [Cómo Derrotar a los Ángeles de las Tinieblas], he analizado detalladamente este problema. Sea suficiente decir aquí que cuando alguien que ha tenido demonios viviendo en su interior se convierte en cristiano, los demonios desalojan su espíritu (por ejemplo su fe) pero siguen viviendo en otras partes de tal persona (por ejemplo su mente, sus emociones y su voluntad). A medida que el cristiano crece en fe y se ocupa de la basura emocional y espiritual a la cual se adhieren los demonios, estos se debilitan y son neutralizados, y su capacidad de influenciar a la persona disminuye. Sin embargo, en algunos casos el crecimiento espiritual no logra deshacerse de ellos. Aunque muchos cristianos han podido hacerlo por sí mismos, deshacerse de los demonios que habitan en una persona requiere la ayuda de alguien que sabe cómo echarlos fuera.

7. Espíritu demoníaco ó maldiciones generacionales

Algunas personas pueden heredar la interferencia satánica a través de sus padres y antepasados que permitieron que los demonios entraran en su vida. Quienes han participado en grupos de ocultismo como la Masonería, el Mormonismo, la Ciencia Cristiana, la Cienciología, el misticismo oriental, las artes mágicas y otras formas de falsas religiones, a menudo, si no siempre, pasan los demonios a la siguiente generación. Cuando estas personas han sido dedicadas a los espíritus y dioses que hay detrás de su organización, la herencia demoníaca pasa a la siguiente generación de sus familias. De esta manera el demonio logra acceso a un gran número de niños y jóvenes que sufren la interferencia en su vida espiritual, especialmente cuando deciden convertirse a Cristo.

Las raíces emocionales de los problemas de profundo nivel

Aunque los componentes espirituales y emocionales de los problemas de profundo nivel están relacionados, podemos identificar dos raíces emocionales importantes: 1) Las reacciones a las experiencias de la vida, y 2) lo que la persona ha hecho y generalmente continúa haciendo.

1. Reacciones a las experiencias de la vida

Durante el curso de nuestra vida *siempre reaccionamos ante lo que nos ocurre*. La vida es dura aún para quienes parecen no tener problemas. Muchas veces existen factores con los cuales hay que lidiar, por ejemplo enfermedades de la niñez, descuido paterno, haber nacido fuera del matrimonio o ser del sexo que no esperaba alguno de los padres. En su libro *Putting Away Childish Things* [Dejemos las Cosas de Niños], David A. Seamands afirma que:

Usted no puede sustraerse a su propia historia. Usted es un complejo tapiz entretejido con un millón de hilos, algunos de los cuales se extienden hacia el pasado y llegan hasta Adán, y aún más allá hasta Dios quien lo creó a su imagen. Pero muchos de los hilos más importantes fueron introducidos durante su niñez, especialmente a través de las relaciones de padre-hijo. [6]

Quizás la niñez o las experiencias de su época escolar han sido duras. La adolescencia es un tiempo difícil para la mayoría de personas e incluye a veces experiencias sexuales o participación en actividades de ocultismo. Con demasiada frecuencia las experiencias como adulto dejan cicatrices. Incluso los buenos padres, maestros y relacionados cometen errores que nos hieren.

Muchas personas han sufrido en la vida abuso físico, sexual o espiritual de diferente gravedad. Cuando nos hieren, generalmente respondemos reprimiendo las emociones y "vendando" rápidamente la herida para que nadie pueda ver que hemos sido lastimados. Cubrir las heridas sin limpiarlas hace que se enconen y comiencen luego a supurar la infección. El resultado es que afectan el presente aún cuando las experiencias lacerantes hayan ocurrido mucho tiempo atrás.

Las experiencias vitales, especialmente las negativas, afectan la salud física, espiritual y emocional. Generalmente afectan profundamente la relación con Dios, con uno mismo y con los demás. Muchos individuos se culpan a sí mismos por sus dificultades aunque éstas hayan sido causadas por otros. Las víctimas casi siempre se culpan a sí mismas por sus problemas.

Generalmente, cuando la gente es herida responde con enojo, resentimiento y deseos de venganza. Estas son reacciones de supervivencia y aunque son naturales y legítimas, se constituyen en un grave problema para la persona que se apega a ellas. Tales actitudes crean la basura de la cual hemos venido hablando. De ahí que el hecho que causó la herida no es tan dañino para la persona que la sufre como es su reacción, y como los recuerdos que perduran a través de los años. Tales actitudes negativas pueden causar enfermedad en cualquier área de la vida de una persona, y también dan la oportunidad para el hostigamiento y la invasión demoníaca. En su libro *Pain and Pretending* [Dolor y simulación], Rich Buhler señala que:

Dios nos ha dado la capacidad de quemar los fusibles, es decir de sentir ira o enojo frente a algo abrumador, y ese mecanismo nos capacita para sobrevivir, pueses para lo único que es bueno, no para vivir y mantener relaciones con nuestros parientes y amigos. Aunque creo que Dios nos dio estas válvulas de seguridad, no creo que él tuviera el propósito de que fueran un estilo de vida permanente. [7]

Por esa razón Dios nos proveyó un sistema de evacuación espiritual y emocional. Note que las Escrituras nos dicen que no es pecado enojarse. El enojo puede ser normal. Pero no deshacernos de él lo antes posible es riesgoso. Escuche lo que dice el apóstol Pablo al respecto:

Si se enojan, no permitan que su enojo los haga pecar y no permanezcan enojados todo el día. No le den oportunidad al diablo… Desháganse de toda amargura, [ira], y enojo. No más gritos ni insultos, no más sentimientos rencorosos de ningún tipo. Mas bien sean amables y benignos unos con otros, y perdónense mutuamente así como Dios los perdonó a través de Cristo (Efesios 4:26-27, 31-32, GNT).

En relación con el enojo, Rich Buhler señala que:

A veces el enojo que la víctima siente es justo, es el sentimiento de que una persona ha hecho a otra algo muy injusto, y que hay que hacer algo al respecto. Este es un sano enojo y puede llevar a la víctima a tomar algunas decisiones sabias como buscar ayuda para sí misma, identificar al abusador y hacerlo responsable de lo que ha hecho. [8]

El problema no está en la reacción de enojo; el problema surge cuando se mantiene el enojo. Dios ha hecho posible que podamos entregarle nuestro derecho a enojarnos y a ejercer venganza. De modo pues que debemos renunciar al derecho de expresar estas emociones con el fin de de ser libres. El mandamiento de Dios es: "No os venguéis vosotros mismos, amados míos, sino dejad lugar a la ira de Dios; porque escrito está: Mía es la venganza, yo pagaré, dice el Señor" (Romanos 12:19).

2. Lo que la gente ha hecho y generalmente continúa haciendo

En relación con las cosas que hemos estado discutiendo, las personas se vuelven contra sí mismas y continúan la victimización. Muchas personas no gustan de sí, e incluso se odian. Esto generalmente incluye el hablarse a sí mismo y la constante verbalización interna de mensajes que uno mismo se dirige tales como "tú eres un estúpido" o "jamás lo harás bien", o cuando algo marcha mal, la negativa actitud que nos dice "¿y qué esperas? Las cosas siempre marchan mal cuando tú estás involucrado". Una persona es condenada cuando oye frecuentemente de sus padres frases como "¡qué vergüenza!" o "maldito seas".

Los ataques más feroces del Enemigo se producen en el área de la auto imagen (vea el capítulo 7 para una discusión más amplia). Él no desea que sepamos quiénes somos, de modo que nos ataca constantemente a través de otras personas. Infortunadamente los seres humanos tenemos una propensión a interiorizar y repetir la película en nuestra mente de las cosas negativas que escuchamos de otras personas. Esto concuerda con lo que los expertos en la memoria nos dicen en cuanto a que tenemos la tendencia a recordar con mayor claridad y exactitud las cosas negativas que las positivas. En su libro *Healing Grace* [Gracia Sanadora], David A. Seamands subraya este hecho cuando dice:

La gente recuerda más vívidamente una sola crítica, mientras que tiende a olvidar todo un conjunto de cumplidos. Y siente con mayor intensidad un comentario positivo o negativo acerca de lo que es, que uno relacionado con lo que hace. De ahí que es fácil ver por qué las cosas que nos rebajan la dignidad pueden causar tanto daño a nuestra auto estima. [9]

De esta manera cometemos abuso contra nosotros mismos al continuar el abuso que sufrimos de nuestros mayores cuando éramos niños. El resultado puede ser un daño emocional de diversos grados que demanda un tratamiento de profundo nivel.

Causas de enfermedad
en la relación con otras personas

Todos estos problemas pueden provocar –y en efecto provocan– daños en nuestras relaciones. Además, los demonios se especializan en echar a perder las relaciones. Ellos estimulan el chisme, la crítica, la rivalidad y el temor a que otros descubran lo que somos realmente.

Si la imagen que tenemos de nosotros mismos es negativa, eso afecta la manera en que nos relacionamos con los demás, con nosotros y con Dios. Quienes han tenido experiencias dolorosas en su niñez con figuras de autoridad, probablemente tienen dificultad en su relación con personas que detentan autoridad, incluyendo posiblemente a Dios. Los que han tenido malas experiencias con miembros del sexo opuesto (incluyendo los padres y otros parientes), a menudo tienen dificultades en la relación con su cónyuge. De igual manera tienen dificultad con sus iguales. A continuación enumero tres causas adicionales de problemas en las relaciones:

1. Individualismo

Una causa de mala relación surge de la visión que la cultura occidental tiene del *individualismo*. Dios creó a los seres humanos de tal manera que *funcionamos mejor cuando vivimos en genuina interdependencia con los demás*. Tanto en nuestra familia, en nuestras iglesias, o en la sociedad en general, nos relacionamos unos con otros y con algunos de manera muy estrecha. Yo creo que no somos tan saludables como Dios quiso que fuéramos cuando no estamos en estrecha relación los unos con los otros. El hecho de que los varones estadounidenses generalmente no tengan siquiera un amigo íntimo es una tragedia que produce una relación enferma en la mayoría de los hombres. No tengo duda de que la razón principal por la cual las mujeres en los Estados Unidos viven más que los varones, es el hecho de que más mujeres establecen y conservan estrecha relación con otras.

En muchas ocasiones las personas tienen problemas en sus relaciones por su excesivo individualismo. Se enclaustran en sí mismas y rehúsan buscar ayuda cuando la necesitan por el temor de admitir que están necesitadas. Además, a veces existe un espíritu de competencia. Tal rivalidad y negativa a la interdependencia es particularmente problemática entre esposos y entre quienes trabajan en una organización (por ejemplo en la iglesia) que demanda un trabajo en equipo.

2. Relaciones rotas

Una actitud típica de las personas que han tenido una relación difícil que luego se rompe es el temor a establecer futuras relaciones. Cuando un romance se torna agrio, o un matrimonio se derrumba, o existe una enemistad entre hermanos, quienes una vez fueron cercanos se convierten en enemigos. Tal animosidad tiende a estar acompañada de complejo de culpa, enojo y temor de volver a tener una relación con otra persona.

3. Características personales

Una variedad de características personales generalmente arraigadas en problemas de profundo nivel son una tercera causa de problemas en las relaciones. El temor a la intimidad se ubica entre ellas. Con frecuencia está arraigada en el temor a que se descubra un pecado o algo más en el trasfondo de otra persona de la cual se siente avergonzada. Otras características incluyen la necesidad de controlar o dominar, el culpar siempre a otros por los problemas de uno, arrogancia, complejo de inferioridad o superioridad, excesiva timidez, dependencia de alguien o algo e incapacidad de tomar decisiones. Todo esto produce malas relaciones.

Al Enemigo le encanta utilizar toda esta "basura" en las relaciones, especialmente entre los cristianos. Mientras más problemas pueda suscitar en las relaciones en las iglesias y otras organizaciones cristianas, más complacido estará. Uno de los objetivos básicos de Satanás es fastidiar a los cristianos. Él ataca con gusto cualquier relación vulnerable, especialmente de quienes ejercen el ministerio. Note cuántos clérigos y otros individuos en el ministerio eclesiástico luchan y a menudo fracasan en sus matrimonios. Mire cuántos tienen dificultades con sus hijos, y esto sin mencionar los problemas relacionados con miembros de sus iglesias o de otros distritos. Tanto dentro de las familias, como de organizaciones cristianas, a Satanás le encanta perturbar las relaciones de autoridad.

Los efectos de relaciones no saludables

Los efectos de tal daño son muchos y de largo alcance. En el plano espiritual se produce un gran daño en la relación de la persona con Dios.

Si no había previamente una imagen errónea de Dios, los problemas de relación pueden causarla. Por ejemplo, las personas victimizadas a menudo desarrollan el concepto de que Dios es un ser distante y lejano, y carente de interés o impotente para ayudar cuando están sufriendo abuso. Frecuentemente lo ven como alguien que los abandonó o es impotente en su tiempo de necesidad. Las personas que tienen un trasfondo católico romano que están acostumbradas a ver a Jesús colgando de la cruz son especialmente susceptibles al sentimiento de que Dios es impotente.

Estas actitudes pueden causar reacciones tales como temor a la cercanía con Dios, extremos sentimientos de culpa cuando piensan en él, expectativa de condenación, castigo, e incluso la creencia de que él explota a la gente. Es común que la gente que siente de esa manera deseche todo intento de complacer a Dios o a otras personas, y aún se sienta atraída por la rebelión contra él y sus normas. Actitudes como estas causan una mayor vulnerabilidad a la influencia demoníaca.

Como ya lo he mencionado antes, ese daño generalmente hace que una persona se vuelva contra sí misma, se odie y se rechace, y desarrolle una actitud perfeccionista y de protagonismo, o un sentimiento de incompetencia y carencia de valor. Además, la persona a menudo experimenta una incapacidad de perdonarse a sí misma, un recurrente sentimiento de culpa (aún relacionado con cosas que ya ha confesado), e incapacidad de aceptar el perdón. Es común que estos sentimientos también vayan acompañados de auto maldiciones y otros deseos negativos hacia su persona o parte de ella (incluyendo el nombre, el cuerpo, la mente y las emociones) junto con una gran cantidad de auto engaño.

Muchas de estas personas experimentan un temor irracional a enfrentar ciertos recuerdos del pasado. Los sicólogos nos dicen que el cerebro humano registra casi todo lo que le ocurre a una persona. Pero a fin de sobrevivir, es común que suprima los recuerdos dolorosos del pasado sin haber sido sanados primero. Rich Buhler señala que:

Las víctimas que han sufrido bloqueo de recuerdos olvidan hechos completos de su niñez. Por ejemplo, muchos no pueden recordar nada de esa época de su vida. Es importante señalar que aún si una persona recuerda abusos sufridos en su niñez, es común que el hecho particular, lo que yo llamo una "experiencia que dejó marca", sea bloqueado en su memoria. [10]

La posibilidad de que esos recuerdos no sanados salgan a la superficie aterroriza a la persona. No obstante, a pesar de los esfuerzos por suprimirlos, los recuerdos afectan la vida presente de la persona en todas o algunas de las siguientes maneras: en depresión (generalmente arraigada en el enojo), patrones de sueños desagradables (sueños perturbadores, inquietud o agitación, ruidos durante el sueño), o falta de control de las reacciones emocionales ante ciertos eventos o personas. A veces la persona pierde el control de la capacidad de suprimir los recuerdos y retrospectivas de experiencias dolorosas. Generalmente esto conlleva a un temor mayor a los recuerdos.

El daño emocional, espiritual e interpersonal tiende a manifestarse en dificultades emocionales. Tales problemas emocionales parecen agruparse. De ahí que las personas con uno de los problemas en un grupo tienden también a tener uno o más de los otros problemas en el mismo grupo. (Ver el diagrama siguiente de los "Grupos Típicos de Problemas Emocionales".)

Para los médicos es claro que los problemas emocionales debilitan el cuerpo. La vasta mayoría de los problemas físicos con los cuales trato yo, tienen raíces emocionales, aún cuando el problema inmediato haya sido un accidente. Cuando el cuerpo está débil, la enfermedad o los accidentes tienen en él un efecto mayor y más duradero. Ciertas enfermedades son notoriamente sicosomáticas, entre ellas el asma, las alergias, la artritis y la migraña. Además, cualquier parte debilitada del cuerpo de uno regularmente manifiesta dolor u otra disfunción cuando está bajo estrés. Algunas personas llevan su estrés en la espalda; otras en el estómago, en la cabeza, en el cuello, o en cualquier otra parte del cuerpo.

Grupos típicos de problemas emocionales

No perdonar:	Rechazo de sí mismo:	Confusión:
Enojo contra otras personas, Amargura Resentimiento	Enojo contra uno mismo, sentimientos de incompetencia y de carencia de valía, Inclinación a actuar para dar una imagen, espíritu crítico severo, Sentimientos de ser rechazado por los demás, Hipersensibilidad.	Frustración, Tendencia a olvidar las cosas.

Grupos típicos de problemas emocionales

Temor: Amplia variedad de temores: (por ejemplo), Al rechazo, A la oscuridad, A las alturas, A la soledad A las multitudes, Al dolor, A la enfermedad, A la muerte, A la intimidad.	**Un espíritu crítico:** Que siempre encuentra faltas, Juzgador, Intolerante, Condenador.	**Desaliento:** Frustración, Enojo contra Dios, Contra el destino, o Contra la vida, en general.
Rebelión: Obstinación, Terquedad, Testarudez.		**Odio** Deseo de venganza, incluso de Asesinato
		Complejo de Culpa Vergüenza, Bochorno.
Necesidad de controlar Ser posesivo.	**Necesidad de comprensión:** Intelectualismo, Racionalización.	**Religiosidad:** Obsesión doctrinal, Ritualismo.
Inclinación a la actuación: Necesidad de complacer a los demás.	**Lujuria:** Fantasías sexuales, Pornografía. Lascivia	**Homosexualidad:** Ser: Gay, Lesbiana
Masturbación: Obsesiva		**Adicciones:** Drogas Alcohol, Nicotina, etc.

Los seres humanos somos complejos. Las páginas anteriores nos han dado un plano de las varias heridas que requieren sanidad de profundo nivel. Tales compulsiones y adicciones generalmente señalan problemas más profundos. También podemos notar que los problemas físicos pueden tener su origen en cualquiera de las dificultades enumeradas en los gráficos.

Lecturas complementarias

Neil Anderson, *Victory Over the Darkness* [Victoria Sobre las Tinieblas], (Ventura, California: Regal, 1990) pp. 69- 85, 193-207).

John y Paula Sandford *The Transformation of the Inner Man* [La Transformación del Hombre Interior], (Lake Mary, FL: Charisma House, 2007).

— *God's Power to Change* [El Poder Transformador de Dios], (Lake Mary, FL: Charisma House, 2007).

David A. Seamands, *Healing Grace* [Gracia Sanadora], (Wheaton, IL: Victor Books, 1988), pp. 125-138.

Los problemas presentes tienen sus raíces en los recuerdos

Encontremos a Jesús en el pasado de Yina

Estábamos en nuestra sexta sesión de sanidad interior con Yina quien hacía notables progresos. Yo recientemente le había pedido al Espíritu Santo que nos dirigiera el proceso de esta reunión cuando ella me interrumpió diciéndome:

"Espere un instante, creo que el Espíritu Santo me está haciendo recordar algo".

Le di unos momentos para que aclarara su memoria y luego le pedí que me describiera lo que recordaba.

"Me veo parada en el porche de la casa de mi abuelo, –me dijo. Estoy vestida con un traje harapiento y tengo la cara sucia. Mi cabello está en desorden y me veo presa de una profunda emoción".

"¿Qué tipo de emoción?" –le pregunté.

"Es dolor, dolor emocional. Pienso que mis parientes me han abandonado", –dijo ella. Entonces continuó describiendo una profunda tristeza casi superior a su capacidad de soportarla. Junto con la tristeza experimentó un gran temor al dolor además un gran sentimiento de inseguridad.

"No sé qué hacer –se quejó. Siento como si estuviera metiendo toda la experiencia en una caja sellada para que no me lastime mucho, y luego dándome por vencida. Creo que eso fue lo que hice en ese momento".

"Sigue observando, –le dije… Si me autorizas, quiero pedirle a Jesús que venga y te ministre allí. ¿Crees que Jesús estaba contigo allí en el momento en que sentías ese profundo dolor? –le pregunté.

Pero ella no estaba segura.

Entonces le expliqué que, basado en los pasajes de la Biblia tales como Hebreos 13:8, Juan 1:1-3, Apocalipsis 4:8 y Colosenses 1:15-23, podemos saber que Jesús ciertamente estaba allí cuando le ocurrieron estas cosas. Él está en todas partes, no solamente en el presente sino también en el pasado y el futuro. Él está íntimamente involucrado en cada detalle de nuestra vida sea que lo reconozcamos y le respondamos o no. Luego le pregunté si podía ver a Jesús allí con ella en el porche.

Por un par de minutos ella "observó" con los ojos cerrados y entonces una sonrisa iluminó su rostro. Le pregunté qué había visto y me dijo que allí estaba el Señor Jesús, de una estatura muy alta (comparado con ella), con sandalias y un manto largo y suelto. Que Jesús había caminado por la acera frente a la casa de su abuelo, ascendió por los escalones del porche y se paró frente a ella. Ella era tan pequeña comparada con él que todo lo que podía ver eran sus pies y sus tobillos. Jesús se detuvo, la tomó y la alzó en sus fuertes brazos. Luego declaró a todos los que estaban allí aquel día:

"¡Ella es mía!"

Yina permitió que Jesús la mantuviera alzada por un largo tiempo, disfrutando su amorosa presencia mientras le entregaba sus sentimientos de abandono y carencia de valor. Su dolor se consumió y fue reemplazado por el sentir de la cercanía de Jesús en el pasado, tanto como en el presente.

Todavía ella tiene que seguir haciendo ajustes a su nueva libertad y limpiar algunas áreas que aún necesitan sanidad. Pero el proceso está en marcha y puede hacer mucho de lo que resta por sí misma. Ha experimentado la mano sanadora del Señor aplicada a las raíces de sus problemas, y sabe que "Dios, que comenzó en ella la buena obra, la perfeccionará hasta el día de Jesucristo" (Filipenses 1:6).

La técnica y la dirección del Espíritu

En el curso del aprendizaje de cómo ministrar la sanidad de profundo nivel hemos descubierto que ciertos métodos son muy eficaces. Pero la discusión en cuanto a las técnicas en un ministerio dedicado a hacer lo que el Espíritu Santo indique, puede parecer contradictoria, casi como si estuviéramos manipulando al Espíritu en vez de seguirlo. Eso está lejos de lo que aquí se pretende. Ciertamente ninguna de estas técnicas es infalible ni contiene algún poder especial en sí misma.

Todos necesitamos una ayuda que nos permita sacar a la superficie las emociones y actitudes que han estado sepultadas por largo tiempo. Y esta ayuda la tenemos en forma de métodos o técnicas diseñadas para hurgar en nuestros recuerdos y ayudar a las personas que aconsejamos a experimentar la presencia de Jesús en ellos. Aconsejar a la gente a "orar acerca del asunto" solamente, o peor aún, a "olvidarse del asunto", ha demostrado que no es suficiente para obtener sanación completa.

Tenemos un precedente bíblico en esto de procurar técnicas específicas en asuntos espirituales. Los discípulos buscaron algo así cuando le pidieron al Maestro que les enseñara a orar. Lo que muchos llamamos "la oración del Señor" o "el Padrenuestro", fue la técnica que Jesús enseñó a sus seguidores en respuesta a su petición. Él, desde luego, no quería que utilizaran "vanas repeticiones" como la "palabrería" que usaban los paganos (Mateo 6:7). Más bien estaba proveyéndoles un modelo a seguir. Al presentarles este modelo les estaba mostrando los elementos vitales en una vida saludable de oración: honrar al Padre, buscar y someterse a su voluntad, y pedirle que supla nuestras necesidades diarias de alimento, perdón y protección. Esto es lo que les enseñó.

Al mismo tiempo tenemos que reconocer que la "técnica" principal de Jesús en todas las ocasiones fue escuchar al Padre. Esto lo ejemplificó él constantemente esperando que sus seguidores (incluidos nosotros) lo convirtiéramos en el fundamento de cualquier cosa que deseáramos hacer en su nombre. De ahí que *escuchar al Espíritu Santo llega a ser nuestra técnica básica*. Trataremos más detalladamente el tópico de las técnicas en la Tercera Parte de este libro, en la sección de "cómo hacerlo".

La herencia espiritual

Con la ministración de profundo nivel procuramos proveer sanidad total a los problemas de profundo nivel. Esto explica nuestro interés por lo que yo llamo "herencia espiritual". Esta es el bagaje espiritual generalmente trasmitido por demonios que ha pasado de una generación a otra. En los Diez Mandamientos Dios dice que los hijos serán castigados por los pecados de sus padres hasta la tercera y cuarta generación (ver Éxodo 20:5). En el ministerio cristiano hemos descubierto que los demonios afirman que vienen de un pasado lejano, y que cuando invocamos el poder de Cristo para quebrantar su poder en generaciones anteriores pierden su capacidad esclavizante.

La herencia espiritual puede venir tanto de Satanás como de Dios. Con frecuencia tratamos con individuos cuya parentela incluye generaciones de cristianos verdaderos. Rara vez tenemos que tratar con una herencia espiritual negativa en tales personas. Sus antepasados parecen estar bastante "limpios". Nuestra mayor preocupación en cuanto a herencia espiritual es con los individuos que han heredado espíritus generacionales. Si existe un antecedente familiar de participación en el ocultismo (por ejemplo adivinación, hechicería, masonería, ocultismo, quiromancia, tabla ouija, cartas del tarot, satanismo), o de membresía en un culto o religión no cristiana (incluida la Masonería u otras sociedades secretas, el Islamismo, Hinduismo, Nueva Era y similares), es necesario emplear el poder de Dios para quebrantar el poder satánico (generalmente en la forma de un demonio) que ha sido pasado a la persona que ministramos. Para quebrantar ese poder es necesario que la persona renuncie a cualquier lealtad o relación con tales actividades, personas u organizaciones y, junto con el consejero, invocar el poder de Cristo para quebrantar el dominio del Enemigo sobre cada generación hasta llegar a la presente.

Una dama, a quien llamaré Abril, estaba bajo la influencia de un fuerte espíritu de "francmasonería" proveniente de su padre. El padre estaba entre los concurrentes a nuestra reunión, de modo que le pregunté si accedía a renunciar a su participación en la Masonería. Lo hizo voluntariamente y tanto él, como Abril, fueron liberados del poder del demonio. Ella nunca había hecho parte de la organización masónica pero recibió el espíritu de su padre (tal vez fue "iniciada") como una herencia espiritual. Este fue un caso sencillo.

Cuando hacemos el ejercicio de "regreso al vientre materno" descrito en el capítulo once, enfocándonos en la concepción de la persona, yo invoco el poder de Jesús para cancelar cualquier derecho que el Enemigo tenga mediante la herencia. Yo afirmo la autoridad y el poder de Dios en ambas líneas o ramas de la familia, la del padre y la de la madre, para cancelar los derechos que el Enemigo tenga sobre la persona por acuerdos o pactos que sus antepasados hayan hecho. Sin embargo, no siempre es suficiente hacerlo de una manera general. A menudo es necesario regresar en el tiempo a la generación específica en la que la influencia satánica entró en la línea familiar, invocar el poder de Dios para romper la influencia y cancelar el derecho del Enemigo logrado en ese punto.

En una ocasión yo estaba tratando con un espíritu de muerte que no quería darse por vencido fácilmente hasta que le ordené que nos dijera si era una maldición generacional la que le estaba dando poder. Contestó afirmativamente, entonces le ordené también decirnos cuánto tiempo hacía que estaba dentro de la familia y el momento en que había entrado a la línea generacional. "Cinco generaciones atrás", –respondió. Ante eso invoqué la sangre del Señor Jesús para que rompiera ese poder en la quinta, cuarta, tercera y primera generación, y el poder del demonio fue roto. Después de eso lo echamos fuera fácilmente. Toda esclavitud se debe romper con una palabra de autoridad dirigida específicamente a la línea familiar a través de la cual entró dicha influencia.

Cuando ministro a asiáticos, africanos, indios americanos y otros cuya práctica cultural es "dedicar ó iniciar" cada recién nacido a sus dioses, siempre invoco el poder de Cristo sobre los espíritus familiares. Por norma general pregunto los nombres de los padres y madres y enfrento a los demonios llamándolos por su nombre. Por ejemplo, el apellido de un paciente coreano a quien ministré recientemente era Kim, y el de la madre era Lee. De modo que reté a estos demonios, invoqué el poder de Jesús para quebrantar el de ellos y echarlos fuera. Hubo otros espíritus que habían entrado en esta persona desde su concepción, pero a éstos ella los traía como parte de su herencia espiritual. Y quizá ellos invitaron a otros a entrar.

Recuerdos

El segundo enfoque importante del ministerio de sanidad de profundo nivel es con respecto a los recuerdos. La mayoría de las heridas con las cuales debemos tratar están almacenadas en recuerdos concientes o inconscientes. Por lo tanto, es importante comprender lo mejor posible la forma en que la mente trabaja para que podamos recordar.

Quienes estudian el cerebro humano nos dicen que casi todo lo que nos ocurre queda registrado en la memoria. Los recuerdos están todos allí, codificados en el cerebro, incluyendo los que fueron grabados antes de nacer. Como lo dice Rich Buhler:

Piense por un momento en la bodega de información masiva que es usted. Todo lo que vivió o sintió alguna vez, lo que pensó o aprendió fue archivado en algún lugar de su cerebro. De manera muy similar a lo que hace un computador, el cerebro acepta enormes cantidades de datos y hace cosas maravillosas con ellos. [1]

El problema no es la memoria; el problema es poder recordar. No podemos recuperar un montón de cosas almacenadas en nuestra memoria, bien porque lo que ocurrió no nos impresionó lo suficiente para guardarlo en nuestro conciente, o porque fue tan doloroso que lo suprimimos. Todos hemos tenido muchos malos recuerdos que no podríamos manejar si estuvieran disponibles en nuestro conciente. Existen, pues, entre nuestros recuerdos, algunos o quizás muchos que son dolorosos. Si viviéramos cada día concientes de todos nuestros recuerdos, especialmente de los que nos causan dolor, no podríamos funcionar. Sabiendo esto, Dios nos ha dotado con la capacidad de relegar la mayoría de recuerdos al subconsciente y reprimir los que son especialmente desagradables.

Cada vez que nos hieren emocionalmente sentimos la necesidad de ocultar nuestra reacción a fin de guardar las apariencias ante quienes nos rodean. Somos heridos pero no queremos demostrarlo, de modo que ocultamos la herida para dar la impresión de que no existe. Es como si recibiéramos una herida física y en vez de limpiarla y curarla para que sane, solamente la tapamos con un vendaje. Sin haberla limpiado, la herida se infecta y comienza a afectar el resto del cuerpo. Si visualizáramos nuestro cuerpo cubierto con un vendaje por cada herida emocional que recibimos, muchos de nosotros, quizá la mayoría, pareceríamos momias. Pero las heridas emocionales debajo de los vendajes siguen sangrando y se infectan. Podemos reprimir el recuerdo de estos hechos pero él sigue afectando nuestra vida presente.

Reprimir los recuerdos exige una increíble cantidad de energía. Es como si los recuerdos presionaran las paredes del recipiente donde se almacenan buscando salida. David A. Seamands, dice:

No hay quien entienda totalmente el proceso mental, emocional y neurológico. Pero lo que sí sabemos es que se necesita una gran cantidad de continua energía emocional y espiritual para mantener los recuerdos ocultos en su lugar. Podríamos compararlo con una persona que trata de mantener un montón de balones bajo el agua. [2]

Reprimimos los recuerdos porque son desagradables. Pero con la ayuda de Dios podemos permitir que salgan y enfrentarlos con sinceridad, experimentando el poder liberador de Jesús y logrando sanidad para las heridas profundas. Si la experiencia fue pecaminosa, debemos admitirlo (ver 1ª de Juan 1:9). Si la experiencia nos causó enojo, podemos enojarnos sin pecar si entregamos nuestro enojo a Dios (ver Efesios 4:26). Debemos deshacernos de toda ira, amargura y rencor, admitiendo tales sentimientos y perdonando (véase Efesios 4: 31-32).

Yo tengo una cicatriz en mi mano que ha estado allí por más de 70 años. La herida que esta cicatriz me recuerda fue en un tiempo muy dolorosa. Pero no me causó dolor durante mucho tiempo porque fue tratada en el momento en que ocurrió, y sanó pronto. El hecho de que fui herido no cambió mi vida cuando la herida sanó. Pero ya no lastima. Y ocurre lo mismo con las heridas emocionales. El hecho de que sean sanadas no cambia la historia. Estas heridas siguen siendo parte de la historia de la vida de la persona. Existe, sin embargo, una enorme diferencia entre las heridas que todavía están abiertas e infectadas, y las que han sido sanadas y se han convertido en cicatrices. *Dios está dispuesto y puede convertir heridas emocionales enconadas en simples cicatrices si las tratamos con él mediante la sanidad de profundo nivel.*

Tres tipos de recuerdos de larga duración

El estudio de la memoria es fascinante y complicado, y quienes la estudian no coinciden en cuanto a cómo es que ella trabaja. Para nuestros propósitos, sencillamente nos referiremos a una teoría de amplia aceptación según la cual hay tres tipos de recuerdos de larga duración, uno de los cuales parece ser especialmente importante para quienes están involucrados en la sanidad de profundo nivel. Para presentar este material me he basado fundamentalmente en dos libros, a saber: *Searching for Memory* [Escudriñando los Recuerdos], por el académico de la Universidad de Harvard, Daniel L. Schacter, y *Your Memory: A User's Guide* [Su Memoria: Una Guía del Usuario], por el académico británico, Alan Baddeley.

Memoria de procedimiento

El primero de los tres tipos de memoria de larga duración es llamado *memoria de procedimiento*. Se puede caracterizar como *basado en la actividad*. Nuestros hábitos y habilidades están en esta parte de nuestra memoria. La memoria o el recuerdo de cómo montar en bicicleta o cómo conducir un auto reside aquí. De igual modo, las instrucciones para hornear una torta, las directrices para comprar, comer, estudiar, y un millón de otras actividades que realizamos diariamente. Los reflejos que hemos desarrollado y que funcionan automáticamente son gobernados por la memoria de procedimiento. Parece que las reacciones físicas, mentales o emocionales se alojan aquí.

Este tipo o función de la memoria contiene los hábitos personales de enojo, falta de perdón, auto rechazo, vergüenza, temor y una gran cantidad de otros sentimientos destructivos. Cuando nos hieren reaccionamos de maneras normales que a menudo se tornan habituales, cuyo resultado son esas actitudes que continúan causando daño.

Memoria semántica

Al segundo tipo se le llama *memoria semántica*. Este tipo *está basado en las palabras* y es responsable del almacenamiento de conceptos y hechos. La información que necesitamos para dirigir las habilidades y los hábitos que gobiernan nuestra vida se alojan en esta parte de la memoria, listos para salir a la superficie cuando es necesario. Esta es la bodega donde se acumula nuestro conocimiento y desempeña una función importante en nuestra vida diaria.

Aquí se alojan las generalizaciones relativas a la realidad, incluyendo el tipo de personas que nos han herido, y con frecuencia nos lleva a hacer juicios en relación con toda una clase de personas sobre la base de una experiencia específica con un miembro de ese grupo. Las generalizaciones teológicas también se almacenan aquí, incluyendo los conceptos sobre la naturaleza y los asuntos de Dios, y lo que se puede esperar de su interacción con el mundo en general y con nosotros en particular. Tales expectativas teológicas desempeñan un rol importante en nuestros intentos de lograr libertad de la disfunción espiritual y emocional.

Memoria episódica

Es el tercer tipo llamado *memoria episódica* el que es de gran interés para nosotros. Está *basado en la experiencia e imágenes*. En esta parte de la memoria de larga duración se almacenan las imágenes mentales de nuestras experiencias subjetivas, incluyendo todas las heridas que hemos sufrido. Los buenos recuerdos también están aquí, pero el hecho de que los recuerdos se almacenan de esta manera es de especial relevancia en la sanidad de profundo nivel. Daniel Schacter, dice:

Para que sea vivida como un recuerdo, la información recobrada debe ser recolectada en el contexto de un tiempo y un lugar particular y con alguna referencia a uno mismo como participante en el episodio... este tipo de recordación depende de un sistema especial llamado memoria episódica, la cual nos permite recordar explícitamente los incidentes personales que definen nuestra vida de un modo singular. [3]

Estableciendo un contraste entre memoria semántica y memoria episódica, Alan Baddeley agrega:

Recordar el significado de una palabra, o la fórmula química de la sal, o saber el nombre de la capital de Francia, todos son ejemplos de memoria semántica. No hay duda que existen diferencias entre recuerdos personales específicos de incidentes individuales, y el conocimiento generalizado del mundo, el cual ha sido adquirido a través de un considerable período de tiempo. Todavía no es seguro sí éstos representen sistemas de memoria separados o si son diferentes aspectos de un solo sistema. Sin embargo, la distinción es útil y conveniente. [4].

La memoria semántica es la parte de nuestro sistema de memoria que almacena lo que se expresa con determinadas palabras, ya sean habladas o escritas. Esta es la parte en la que tratamos con la lógica, el razonamiento, el pensamiento lineal y la mayoría de otras actividades intelectuales. Es la parte de nuestra mente y nuestros recuerdos más activos mientras estamos estudiando.

De otro lado, la memoria "visual" almacena las experiencias en imágenes. En esta parte tratamos con experiencias totales incluyendo sentimientos, reacciones, intuiciones y similares. *Aquí es donde la mayoría de la gente vive la mayor parte del tiempo,* y las cosas almacenadas en esta parte del cerebro son generalmente más influyentes y recuperadas más fácilmente cuando queremos recordarlas. Esto es algo que los intelectuales saben: que las cosas que se expresan en imágenes –como las ilustraciones de un sermón o de una conferencia– se recuerdan con mayor facilidad que las que se presentan en proposiciones lógicas. Por eso es que Jesús casi siempre habló utilizando imágenes, parábolas y no proposiciones.

Nosotros hacemos uso de este conocimiento en nuestro ministerio de sanidad espiritual. A fin de lograr sanidad emocional, frecuentemente llevamos a las personas heridas de regreso a sus recuerdos desagradables y los invitamos a visualizar una parte de esos recuerdos de los cuales ellas no estaban concientes cuando los hechos ocurrieron, e insistimos en el hecho de que Jesús estaba allí con ellas durante esos hechos. De esta manera pueden experimentar tanto la verdad de la presencia de Jesús allí, como el hecho de que la sanidad emocional puede ocurrir cuando le entregan su enojo a Jesús y perdonan a los autores.

Yo utilizo la expresión "cápsulas de recuerdos" para describir los contenedores que guardan en forma de imágenes los hechos de cualquier acontecimiento que se está recordando, junto con los sentimientos de la persona cuando los hechos estaban en curso. No podemos cambiar los hechos, pero al darle a Jesús nuestras heridas, generalmente visualizando la transacción, *podemos* cambiar los sentimientos: el enojo y la falta de perdón pueden ser cambiados por perdón; la vergüenza, la culpa y el rechazo, por aceptación; el temor y la preocupación, por dependencia de Jesús.

Por cuanto las heridas de una persona son almacenadas en imágenes, descubrimos que utilizar imágenes es la mejor manera de llegar a esas heridas con sanidad de profundo nivel. Las cosas almacenadas en imágenes no se pueden cambiar con palabras. Para realizar cambios en imágenes tenemos que usar otras imágenes. Porque Jesús estaba allí cuando la persona fue herida, podemos ayudarla a verse a sí misma entregándole las heridas a Jesús en el mismo evento, cambiando así la emoción. De ahí que podamos procurar la sanidad ayudando al paciente a tratar tanto con los hechos como con los sentimientos en los recuerdos almacenados, mediante una nueva imagen en la cual experimente la presencia de Jesús en el evento.

Recuperación de recuerdos

La capacidad de recuperar recuerdos es vital en la sanidad de profundo nivel. Al encomendar la sesión de ministración al Espíritu Santo le pedimos que traiga a la mente de la persona herida cualquier cosa que sea útil para liberarla. Es frecuente que entre los recuerdos más útiles están los de eventos pasados (antes o después del nacimiento) profundamente escondidos de la conciencia del individuo.

Fred y Florence Littauer nos han sido de gran ayuda en esta área de recuperación de recuerdos con sus libros *Freeing Your Mind from*

Memories That Bind [Libere Su Mente de Recuerdos que la Atan], y *The Promise of Restoration* [La Promesa de Restauración]. Yo me he apoyado en sus "Pautas para la Recuperación de los Recuerdos" que hacen parte del último libro en mención. A leer estas pautas, tenga en cuenta que el énfasis de los Littauer, así como el nuestro, es que el comienzo, el desarrollo y el final del proceso de recuperación de recuerdos debe estar saturado de oración y que se debe prestar continua atención a la guía del Espíritu Santo.

Littauer define el proceso de recuperación de recuerdos dolorosos de la siguiente manera:

[La recuperación de recuerdos dolorosos] es el redescubrimiento de experiencias que sufrimos durante la niñez, las cuales fueron demasiado dolorosas para ser aceptadas como realidad en ese tiempo. Luego fueron reprimidas, conciente o inconscientemente, en lo profundo de nuestro banco de recuerdos. Obviamente, no es necesario encontrar cada recuerdo de la niñez que ha permanecido en la oscuridad. Nuestra mente se llenaría de trivialidades inútiles. Sólo cuando hay asuntos graves en nuestra vida de de adulto que nos perturban, necesitamos hurgar en ciertas raíces específicas. [5]

Cuando le pedimos al Espíritu Santo que traiga los recuerdos a la mente conciente, él lo hace. Con frecuencia mientras soñamos, oramos, leemos, o durante las sesiones de ministración, ciertos recuerdos fragmentarios de escenas del pasado comienzan a llegar a la mente. Estas escenas son como las piezas de un rompecabezas. Cuando llegan es útil mantenerlas en foco el tiempo suficiente para ver si otras partes de la película llegan también. También es útil escribir los recuerdos y describir las escenas.

Estas escenas retrospectivas contienen a veces material que incomoda a la persona que las ve. Yo he pasado parte del tiempo de mis sesiones procurando ayudar a las personas a tratar con revelaciones desagradables y a veces chocantes relativas a sus padres. Uno de los problemas mayores fue aceptar que sus padres hubieran hecho esas cosas que las escenas revelaban.

Fred Littauer sugiere tres pasos para la recuperación de los recuerdos. El primer paso es *desear la verdad*. Ese deseo debe ser tan fuerte que le permita a la persona enfrentar la herida cuyo recuerdo reprimió en su infancia. *Quienes desean ser sanados deben tener la determinación de buscar la verdad y aceptarla.* Y para muchos, especialmente para quienes han sido severamente lastimados, ni buscarla ni aceptarla es tarea fácil de hacer. Un importante paso hacia la sanidad es orar contra el bloqueo pidiéndole a Dios que nos ayude a estar dispuestos a enfrentar lo que venga.

El segundo paso es *creer que Dios está dirigiéndonos* y que él no presiona a una persona más allá de lo que es capaz de manejar. Tercero, le *pedimos al Señor que nos revele cualquier cosa que desee.* Si la sanidad ha de llegar, necesitamos pedir, buscar y llamar (ver Mateo 7:7) para descubrir lo que está oculto. Una buena práctica es hacer que el individuo ore en voz alta pidiéndole al Señor que le revele lo que está escondido.

Fred Littauer nos da un ejemplo de cómo él y Florence realizan este ejercicio de escrutar los recuerdos:

Generalmente sugerimos que después de que quien busca la verdad ha orado, se siente en una silla y se relaje. Le pedimos que cierre sus ojos y le explicamos que esto es sólo para descartar las distracciones que pueden ocurrir en el recinto. Esto le permite mantener su atención enfocada en donde el Señor quiera llevarlo, y en cualquier cosa que él quiera revelarle. Luego le digo: "Quiero que usted trate de visualizarse a sí mismo como un niño pequeño, tal vez de cuatro o cinco años de edad, en algún momento de su niñez. Cuando lo haya hecho quiero que me diga en dónde está…"

Le recordamos que no estamos pidiéndole que recuerde alguna cosa o algún lugar, sino simplemente que se ubique en su niñez.

Una vez que se ubica en algún lugar, le pedimos a la persona que mire a su alrededor: "Cuénteme lo que ve" y seguimos pidiéndole más detalles, ayudándole a hacer la escena más clara. [6]

Star Cole, uno de los asociados de los Littauer, en un inserto en el *Promise of Restoration Workshop Manual* [Manual para el Taller de la Promesa de Restauración] de Fred Littauer sugiere que hay cinco maneras en que se experimenta la recuperación de recuerdos:

1. *Recordación gráfica.* Algunas personas descubren que sus recuerdos regresan de manera *gráfica,* "en una imagen clara y cristalina como un diario fotográfico, o como la grabación de un video". Sin embargo, esta es la excepción. La mayoría de la gente recupera sus recuerdos en una de las siguientes maneras:

2. *Impresiones borrosas.* La forma más frecuente de recuperación de recuerdos parece ser a través de *imágenes tenues pero claramente apreciables.* Estas impresiones generalmente son borrosas pero definidas y tienden a aclararse cuando se enfocan bien. Para muchos enfocarse en ellas les produce cuadros bastante claros de personas, lugares y cosas. Incluso olores y sonidos llegan a veces a ser bastante claros.

3. *Impresiones fuertes.* Éstas pueden ser "sensaciones corporales tales como cambios en la respiración, sentirse tieso, tensión, presión o dolor de cabeza, de garganta, de pecho, estómago, genitales, brazos, piernas, o en cualquier otro lugar; mareos o sensaciones de movimientos; respuestas emocionales como ansiedad, temor, pánico, llanto, enojo, etc.; percepción de olores y fragancias, escuchar sonidos o voces, etc. Estas impresiones pueden ser tan fuertes que *es como si* usted "sintiera" lo que está experimentando sin una imagen *visual* real". A muchas personas los recuerdos les llegan de esta manera".

4. *Combinación.* La cuarta es una combinación de las tres primeras maneras, en varias formas y proporciones. [7].

5. *Impresión no visual ni sensorial.* Esta es una quinta forma no mencionada por Star Cole. A veces la persona simplemente sabe qué ocurrió, aún sin imágenes o sentimientos. Tal forma de recordación es a veces adecuada; sin embargo, en ocasiones cuando no hay ausencia de sentimientos es porque la persona está reprimiendo el recuerdo, o no está involucrada en él tan plenamente como es necesario para procurar la sanidad.

Visualización por fe

Por cuanto los recuerdos que buscamos están almacenados en imágenes, las pautas para la recuperación de recuerdos llevan de manera natural a tratar con el lugar que ocupa la visualización o lo que yo prefiero llamar la "visualización por fe" en la sanidad de profundo nivel. Esta es sencillamente la práctica de volver atrás mentalmente para visualizar acontecimientos, personas y lugares y sentir otra vez las emociones asociadas con esos recuerdos. La visualización por fe es para muchos de nosotros que trabajamos en la sanidad de profundo nivel nuestra técnica más útil.

A través de la Biblia, Dios se ha revelado a sí mismo y sus mensajes en cuadros o imágenes, ya sea mediante visiones y sueños, o con palabras, apariciones y analogías. Él habló mediante visiones y sueños casi a todos los héroes de la Biblia, incluidos Jacob, José, Samuel, Isaías, Pedro, Pablo y Juan (ver Génesis 28:10-17; 37:5-11; 1º Samuel 3:1-15; Isaías 6; Hechos 10:10-16; 16:9; Apocalipsis 1:10-22:5). Además, tal como lo señalan Gary Smalley y John Trent:

El método primario de Jesús para enseñar, desafiar y motivar a otros fue la descripción y uso de imágenes. Cuando habló del amor al prójimo, utilizó la escena del buen samaritano. Para describir el corazón perdonador del Padre contó una historia acerca de un hijo pródigo. Es muy interesante el hecho de que los cuadros descriptivos sean también el medio más frecuente para describir quién era Jesús. [8].

La utilización de cuadros e imágenes hace vívidas las Escrituras al contemplar los grandes acontecimientos de la historia de la salvación. Vemos escenas de la creación, la muerte de Abel, el diluvio, la salida de Abraham de su tierra y su parentela, a José en la cisterna, y a Moisés y la zarza ardiente. A Josué tomando posesión de la tierra prometida, el conflicto entre Saúl y David, a Job sentado en medio de ceniza, los acontecimientos del nacimiento, la vida, la muerte y la resurrección de Jesús, los viajes del apóstol Pablo, y todos los demás acontecimientos relacionados con nuestra fe. Además, podemos ver al Señor como nuestro Pastor (ver el Salmo 23), a la persona que confía en el Señor levantándose como con alas de águila (Isaías 40:31), al justo plantado junto a corrientes de aguas (Salmo 1:3), al atleta corriendo para alcanzar el premio (Filipenses 3:12-14), y muchos otros cuadros y descripciones verbales a medida que recibimos mensajes de Dios.

Con todos los cuadros e imágenes que encontramos en las Escrituras, además del conocimiento aportado por la ciencia sobre la manera en que usamos las imágenes para almacenar información personal, no deberíamos extrañarnos que cuando Dios busca liberar a las personas utilice también cuadros e imágenes para revelar los recuerdos que las atan. Así como él se comunica con palabras a las cuales les confiere su poder, de igual manera utiliza cuadros e imágenes vívidas para llevar a la gente a la verdad. *La visualización por fe es, entonces, el uso de cuatro capacidades que Dios da para visualizar las cosas bajo su dirección y su poder.* Esta recordación bajo la dirección y el poder de Dios es una función de nuestro espíritu, no un producto de nuestra imaginación.

Nosotros, los cristianos occidentales racionalistas, a menudo sospechamos de esta técnica porque estamos atrapados por la orientación del hemisferio izquierdo de nuestro cerebro. A diferencia de Jesús y del mundo hebreo del cual formaba parte, sentimos temor ante lo visual o emocional. En su libro *The Seduction of Christianity* [La Seducción del Cristianismo], Dave Hunt señala que la visualización es utilizada en gran medida por los sicólogos (a quienes él considera anticristianos); por los de la Nueva Era y otros grupos ocultistas. Él juzga que, puesto que la técnica es utilizada por tales grupos, cualquier uso de ella por parte de los cristianos nos conduce necesariamente a cometer sus errores. Su conclusión es que el método en sí es malo.

Esta visión del asunto falla al no tener en cuenta el hecho de que ninguna técnica, actividad o cosa creada es intrínsecamente sagrada o profana en sí y por sí misma. Satanás puede utilizar las más sagradas formas religiosas como la oración, la Biblia (ver Lucas 4: 1-13), la adoración, los dones espirituales y la Iglesia misma para llevar a cabo sus propósitos. ¿Son, entonces, malas estas cosas porque Satanás las utiliza? No. Pocas cosas se deben designar como "malas" en sí mismas simplemente porque el Enemigo encuentra una manera de usarlas.

De hecho, enfocar la atención sobresi las formas culturales (por ejemplo las palabras y los rituales) son buenas o malas, desvía la discusión sobre estos tópicos. El aspecto crucial de la discusión no debe ser la naturaleza de las técnicas empleadas sino la manera en que son usadas, la persona que las usa, y la fuente del poder que hay tras ellas. Dentro de la Nueva Era y otras organizaciones ocultistas, el poder tras tales técnicas no es Jesús sino Satanás. Ya sea que lo sepan o no, los practicantes de tales cultos reciben el poder de fuentes demoníacas, y como tal, cualquier beneficio que reciban o prodiguen, en última instancia causará más mal que bien.

Esta visión del asunto falla al no tener en cuenta el hecho de que ninguna técnica, actividad o cosa creada es intrínsecamente sagrada o profana en sí, y por sí misma. Satanás puede utilizar las más sagradas cosas (como la misa satánica), incluyendo la oración, la Biblia (ver Lucas 4: 1-13), la adoración, los dones espirituales y la Iglesia para engañar a los ignorantes. ¿Son, entonces, malas estas cosas porque Satanás las utiliza? No. Pocas cosas se deben rotular como "malas" en sí mismas simplemente porque el demonio encuentra una manera de usarlas.

De hecho, enfocar la atención en sí las formas culturales (por ejemplo las palabras y los rituales) son buenas o malas, oscurece la discusión sobre estos tópicos. El aspecto crucial de la discusión no debe ser la naturaleza sino la forma en que son usadas y la fuente del poder que hay tras ellas. Dentro de la Nueva Era y otras organizaciones ocultistas, el poder tras tales técnicas no es Jesús sino Satanás. Ya sea que lo sepan o no, los practicantes de tales cultos reciben el poder de fuentes demoníacas, y como tal, cualquier beneficio que reciban o prodiguen, en última instancia causará más mal que bien.

Hunt nos advierte con razón que seamos cuidadosos cuando veamos a alguien utilizando las técnicas de visualización. Pero al mismo tiempo nos pone en guardia contra las técnicas en vez de señalar el problema real que es *la fuente de poder*. Nuestra fuente de poder es el Señor Jesús. Cuando comenzamos cada sesión de ministración le pedimos al Espíritu Santo que se haga cargo de todo lo que va a ocurrir, y él honra y responde esa petición. Así que el uso de la visualización por fe es sometido al control del Señor Jesucristo junto con cualquier otra práctica que empleemos como la oración, la unción con aceite y la bendición.

No obstante, cuando usamos la visualización por fe bajo el poder de Dios, yo tengo en cuenta otra precaución. Si estamos tratando con los recuerdos de la niñez tratamos con cosas que realmente ocurrieron, pero que no sucedieron como nosotros hubiéramos deseado que ocurrieran. Algunos ministros tienen el hábito de guiar el ejercicio de visualización en una forma que busca cambiar lo que realmente ocurrió. Creo que tal "recreación" de la historia es en última instancia dañina porque es un tipo de engaño. Dios nunca condona la mentira y la distorsión. A la larga, tal enfoque no ayuda a la persona a manejar su problema. No podemos negar o reescribir el pasado de acuerdo con nuestros deseos. Nuestro objetivo es sanar el daño emocional causado como resultado de unos acontecimientos reales.

La forma en que utilizamos la visualización es pidiéndole al paciente que cierre sus ojos y regrese mentalmente a un evento en el cual fue lastimado emocionalmente. Le pedimos que se permita sentir otra vez las emociones que sintió en ese momento, y le señalamos que *Jesús estaba allí cuando el hecho ocurrió*. Esto es un hecho. David A. Seamands lo dice así: "Recuerde que Cristo está vivo. Él está aquí ahora. Y porque él trasciende el tiempo regresa también a esa dolorosa experiencia. Reconózcalo e invóquelo, entréguele cada experiencia, cada emoción y cada actitud". [9]

No tratamos de sugerir lo que deben ver las personas pero le pedimos al Espíritu Santo que las dirija. Cuando han podido regresar a través de sus recuerdos les pedimos que se permitan experimentar y expresar sus sentimientos. Esto en muchas ocasiones esto es difícil, pues el hecho de haberlos evitado por tanto tiempo ha lastimado su capacidad para sobrellevar la vida, y esta es precisamente la razón por la cual necesitan ayuda. En este momento, preferiblemente sin permitir que el recuerdo se desvanezca, es necesario darles mucho ánimo y aliento e incluso preguntarles cómo se sienten con la situación, con las demás personas involucradas y con Dios.

Este proceso de volver a sentir esas emociones otra vez, además de ser conciente (generalmente mediante la visualización), los convence de que Jesús estaba allí, con ellos, protegiéndoles de un mal mayor. A menudo este ejercicio da como resultado que la herida dolorosa pase a ser una cicatriz indolora. Finalmente se han sentido las verdaderas emociones problemáticas y se ha hecho clara la verdad de la presencia del Señor, allanando así el camino para la sanidad.

Con un poco de experiencia, en muchas ocasiones podemos predecir por lo menos una parte de lo que ocurrirá cuando la persona vea a Jesús en los acontecimientos dolorosos. Hay ocasiones en que Dios también revela parte de lo que está ocurriendo mediante alguna palabra de conocimiento. Sin embargo, muchas veces los resultados son sorprendentes y la sanidad es espectacular, y por lo menos, algunas de las cosas que ocurren son nuevas aún para el líder de más experiencia.

Al guiar a la gente a través de la visualización por fe debemos estar en guardia porque Satanás procurará interferir en el proceso. Él pierde mucho cuando la persona a quien ministramos llega a ser conciente de la presencia del Señor en los eventos dolorosos por los cuales ha pasado y obtiene la sanidad. En ciertas ocasiones los demonios tratan de suplantar a Jesús en la escena. A veces, esto es bastante evidente como me ocurrió cuando una persona a quien estaba aconsejando vio supuestamente a "Jesús" esgrimiendo un cuchillo tras ella, o como cuando una dama informó que "Jesús" la besó de una manera inmoral. Así obra el demonio. Estos comportamientos atípicos nos hicieron concientes de que estábamos tratando con un impostor, no con el Señor Jesús realmente.

En otras ocasiones no es tan clara la presencia del impostor. En las ocasiones en esto ha ocurrido, el Espíritu Santo me ha alertado y entonces he enfrentado al ser que la persona estaba viendo. Lo hice sencillamente ordenándole al falso Jesús que desapareciera o que su imagen se tornara negra. Si el ser es un impostor, generalmente desaparece o su imagen se torna negra inmediatamente. Podemos tomar precauciones contra este tipo de interferencias prohibiéndolas al comienzo de la sesión, aunque ocasionalmente ocurren.

La presencia de pecado en la vida de la persona o una actitud no perdonadora pueden bloquear la visualización por fe, especialmente la visualización del Señor Jesús en el acontecimiento vivido, lo mismo que los sentimientos de vergüenza, culpa, carencia de valor, rechazo, temor, enojo u otras emociones negativas. No es raro que una persona sienta vergüenza de que Jesús la vea en esa situación. El hecho de sentirse rechazada le hace creer que Jesús no es más acogedor de lo que otros han sido. A veces es necesario tratar estas situaciones antes de que la visualización por fe sea eficaz.

Donaldo tenía una actitud así. Se sentía totalmente inelegible para recibir ayuda de alguien, particularmente de alguien tan justo como Jesús. "Tengo que ser muy malo a los ojos de Dios; de otra manera no me hubiera acontecido todo esto", —dijo con tristeza. Estaba enojado, herido, desesperanzado y deseaba morirse. Se negaba a creer lo que le decíamos en cuanto a la disposición de Jesús de liberarlo de todas sus cargas.

Cuando enfáticamente le declaré su derecho a estar enojado, amargado y resentido, comenzó a escuchar de una manera diferente. ¿Estaba yo afirmando que Jesús no lo rechazaría por haber odiado a todos los que lo habían herido? Él admitía que no disfrutaba su enojo. Le sugerí que le diera una oportunidad a Jesús. Si la cosa no funcionaba, podía irse otra vez. Sus palabras salieron de repente: "Quiero perdonar a quienes me hirieron. Jesús, ayúdame por favor". De esta manera le entregó su enojo y su odio a Jesús.

No siempre pedimos una visualización de Jesús. Pero sin ninguna sugerencia de parte nuestra, Dios le permitió a Donaldo que viera una hermosa vista del Señor vistiendo un manto reluciente y con sus brazos abiertos para recibirlo. Le pregunté si aceptaría el abrazo de Jesús y me respondió: "¡Voy corriendo a recibirlo!" El abrazo fue largo y tierno. Y Donaldo es ahora una persona completamente diferente.

Los sobrevivientes de abuso, como Donaldo, muchas veces no pueden ni siquiera mirar a Jesús debido a la vergüenza y el enojo que sienten. Para ellos es importante saber que Jesús jamás culpa a la gente por su condición, ni por lo que les ocurrió. Ciertamente él fue herido por ello también. Por razones que yo no comprendo, en la visualización por fe muchas veces Jesús se aparece detrás de la persona. Cuando el paciente me dice que no puede ver a Jesús en la escena le sugiero que se visualice a sí mismo dándose vuelta, ¡y ahí está él!

A una dama mayor de cincuenta años que estaba enfrentando un doloroso recuerdo de su niñez le era imposible ver el rostro de Jesús aunque ella lo visualizó en el evento. Su culpa y su vergüenza eran demasiado grandes. Sin embargo, cuando al fin pudo darse vuelta, sintió una liberación inmediata de esos sentimientos que la tenían atada.

Cuando las personas ven a Jesús en el acontecimiento que están recordando necesitan entregarle a él todos los sentimientos dolorosos. En este punto quizá les sea difícil acercarse a Jesús, o tal vez renunciar al enojo, la amargura o el deseo de venganza que el hecho provoca. Sentir la emoción, ver a Jesús allí y entregarle esos sentimientos, exige que la persona esté dispuesta a perdonar a los demás por su participación en la escena dolorosa. Luego, generalmente necesitan perdonarse a sí mismos también. En muchos casos necesitan además "perdonar" a Dios (en realidad deben desechar todo enojo hacia él) por haber permitido que los hechos dolorosos ocurrieran.

Perdonar no implica decir que estuvo bien que el hecho ocurriera o que éste ya no cause dolor. Ciertamente, perdonar es muchas veces supremamente difícil. Sin embargo, como no perdonar nos ata al pasado y no permite que la sanidad fluya libremente, tenemos que hacerlo. En determinadas ocasiones, lo más que una persona puede hacer al comienzo es "disponerse desde su corazón" a perdonar. Pero ya eso es suficiente para producir una considerable cantidad de sanidad. Por lo general, la persona siente una gran sensación de alivio. Dada la profundidad de la herida no debemos sorprendernos si no todo se arregla de inmediato. El problema se desarrolló durante muchos años, y aunque en muchas ocasiones los problemas se solucionan o se sanan inmediatamente, a veces la sanidad es un proceso que ocurre durante un largo período de tiempo. Puede tomar meses ó años. Dios acepta cualquier paso que damos hacia la obediencia, y él nos dará la gracia y la fortaleza para avanzar en el proceso de perdonar.

Después de recorrer todo el camino hasta llegar a un evento, es bueno pedirle a la persona que lo recorra de nuevo para ver si algo ha cambiado. Este pedido en ocasiones enfrenta una gran sorpresa y poca disposición a aceptarlo. La persona no desea tener que volver a soportar el dolor otra vez. Sin embargo, este paso es importante para demostrar la diferencia en el sentimiento del recuerdo *ahora que ha sido "desactivado"*. Al regresar, lo más probable es que el paciente encuentre una significativa disminución del dolor, porque lo que una vez fue una herida abierta ahora está sanando y transformándose en una cicatriz que ya no duele.

John y Mark Sandford señalan que:

La sanidad interior no borra un recuerdo ni cambia nuestra historia personal. Más bien nos capacita para valorar aún los peores momentos de nuestra vida, porque a través de ellos Dios ha escrito lecciones eternas en nuestro corazón, y nos ha preparado para ministrar a todos los que han sufrido de la misma manera (Hebreos 2:18). Sabemos que hemos sido sanados y transformados cuando al volver la vista atrás podemos mirarlo todo con gratitud. [10]

Para realizar el ejercicio de visualización por la fe hay un gran número de posibles variantes. Ocurre con frecuencia que cuando nos enfocamos en un recuerdo, el Señor hace que surja en la persona una sucesión de recuerdos relacionados. De esta manera Dios sana varios recuerdos a la vez. En una ocasión Dios llevó a una jovencita a mirar varios acontecimientos traumáticos como cuadros que colgaban de una pared. Al pasar ella y Jesús ante los cuadros, los recuerdos se fueron removiendo. En otra ocasión, cuando las emociones causadas por los recuerdos fueron tan intensas hasta el punto que la mujer me suplicó que no se los hiciera vivir otra vez, Dios le permitió ver el acontecimiento como un cuadro quieto sobre el cual Jesús derramaba su sangre tornándolo blanco mientras sanaba su herida emocional. Una vez que la persona ha tenido la experiencia de este tipo de ministerio, a menudo puede liberarse de otros recuerdos por sí misma, solamente con la ayuda del Señor.

Algunas personas son incapaces de hacer este ejercicio de visualización, u objetan su realización por razones personales. Algunos han sido sometidos a excesiva visualización y han revivido escenas imaginadas como miembros de grupos del ocultismo. No sería prudente utilizar con ellos el método de visualización. Con tales personas, recordar el evento sin hacerlo sentir otra vez puede ser igual. Se pueden utilizar otras técnicas como cubrir el evento con la cruz, plantar la cruz entre la persona y el acontecimiento, o invocar la sangre de Cristo sobre el evento. La sanidad que ocurre mediante estos métodos puede ser tan grande como la que se logra mediante la visualización por fe.

Lecturas complementarias

Neil Anderson, *Victory Over the Darkness* [Victoria Sobre las Tinieblas], (Ventura CA: Regal, 1990), pp. 193 – 207.

Alan Baddeley, *Your Memory: A User's Guide* [Su Memoria: Una Guía del Usuario] (Buffalo, NY: Firefly Books, 2004).

Francis & Judith MacNutt, *Praying for Your Unborn Child* [Orar por su Hijo Antes de Nacer] (New York: Doubleday, 1988), pp. 143-152.

John y Paula Sandford *The Transforming the Inner Man* [La Transformación del Hombre Interior], (Lake Mary, FL: Charisma House, 2007).

David A. Seamands, *Redeeming the Past* [Redimiendo el Pasado] (Wheaton, IL: Victor Books, 1985), pp. 33-42.

Daniel Schacter, *Searching for Memory* [Escudriñando los Recuerdos], (New York: Basic Books, 1997).

Segunda parte

Asuntos específicos en la Sanidad de profundo nivel

5 Cómo sanar las heridas del pasado

Abandonada

Lila, una mujer de aproximadamente 35 años de edad, casada y madre de cuatro hijos, aparentaba tener un buen control de su vida. Sin embargo, cuando hablaba con sus amigas de su vida íntima, la historia era muy diferente. Difícilmente podía recordar un día que le hubiera sido fácil levantarse en la mañana. La depresión era su compañera permanente. Pero alguien le había dicho que una madre joven con cuatro hijos debía esperar sentirse de esa manera.

Una noche, durante un acto social con su familia, me confió su sospecha de que lo que estaba viviendo no era normal. Cuando los niños ya estaban en cama comenzó a discutir su vida temprana para buscar si había algunas raíces que explicaran su actual depresión. Sabiendo que la depresión tiene sus raíces en el enojo, me interesé especialmente en descubrir cualquier evento que hubiera provocado enojo en su vida.

Después de orar sentí que debía hacer con ella el ejercicio llamado "regreso al vientre materno" (ver el capítulo 12) para tratar de descubrir cualquier raíz que pudiera existir como resultado de experiencias prenatales. Lila pronto empezó a llorar presa de un profundo sentimiento de que sus padres no habían deseado tenerla. Interrumpimos el proceso, exploramos la situación de sus padres en el momento de su concepción y la invité a liberarlos de su enojo perdonándolos.

Cuando llegamos a su niñez el Espíritu Santo trajo a su memoria el hecho de que había estado bastante enferma y tuvo que ser hospitalizada por un largo período. Esto significaba que Lila tuvo poco contacto con sus padres durante más de un mes. Intensos sentimientos de abandono acompañaban este recuerdo. Al orar por este tiempo Lila fue conciente de la presencia de Jesús en el hospital, llenando el vacío de la ausencia de sus progenitores. Esta herida también fue sanada mediante la comprensión y el perdón para sus padres.

A medida que repasábamos los años de la vida de Lila, el Espíritu Santo le trajo a la mente una experiencia tras otra. Por ejemplo, ella recordó cuando su padre, y a veces también la madre, estuvieron ausentes en el momento en que ella sentía que más los necesitaba. Pensaba que algunas de estas experiencias hubieran sido agradables si ellos hubieran estado presentes. Muchas habrían sido desagradables de todos modos, pero lo fueron en doble medida porque las tuvo que soportar sola. Sus sentimientos de enojo, abandono y carencia de valía eran tan intensos que aunque podía visualizar a Jesús en sus recuerdos y entregarle a él la mayor parte de sus heridas, no podía liberarse completamente del enojo y la amargura. Sin embargo, pudo empezar a recorrer el camino de perdonar a sus padres, especialmente a su papá.

En una sesión posterior algunos colegas míos pudieron ayudarle a revivir la experiencia de su matrimonio. Esta fue especialmente dolorosa porque sentía que le habían dado oportunidad de decir muy poco en los arreglos del mismo. Eso había dejado una herida profunda en su psiquis, aunque creía que el resultado había sido un buen matrimonio. Para liberarla del dolor de ese recuerdo, Jesús vino a ella en una visualización de fe invitándola a planear y llevar a cabo el tipo de boda que siempre había deseado. Ella lo hizo y encontró una nueva paz y felicidad.

Aunque la sanidad de Lila fue mucho más gradual que la de muchos otros, ella está ahora en un lugar muy diferente del que estaba cuando comenzó a recibir ministración. Su presente había sido gravemente afectado por su pasado. Ella tenía una bodega repleta de heridas en donde se enconaban la ira, el resentimiento, la negativa a perdonar y la amargura, especialmente contra su padre, cubiertas por una gruesa capa de culpabilidad y vergüenza por el hecho de que estaba resentida contra él. También se sentía sola y muy carente de valía, devaluada y abandonada por quienes debían valorarla, animarla y acompañarla. Ella tenía derecho a sentir así, pero esos sentimientos le estaban robando otros derechos como los de tener paz, alegría y libertad. Cuando renunció a su derecho a la ira y a no perdonar, su depresión se desvaneció y comenzó a disfrutar la libertad y el descanso que Jesús promete a quienes le entregan esas pesadas cargas (ver Mateo 11:28).

Heridas infectadas:
Sus síntomas y sus causas

Lila había sido herida gravemente por personas cercanas a ella. Algunas de las heridas no eran culpa de sus padres. Ellos no tenían control sobre su enfermedad y sobre el hecho de que el hospital hubiera restringido las visitas paternas. Pero por desgracia muchas de sus heridas si eran directamente atribuibles al comportamiento de su padre. Aunque tenía excusas razonables para algunos de sus descuidos, ella estaba profundamente herida por ellos y la hicieron sentir como que carecía de valor.

La sanidad que necesitaba no era simplemente un asunto de llegar al dolor y a las heridas en sí mismas. Las heridas que se tratan rápidamente no son tan difíciles de sanar como las que permitimos que se enconen y se infecten. Las de Lila no habían tenido tratamiento durante casi 30 años y se habían infectado gravemente produciendo un problema mucho mayor que el causado por la experiencia original.

Lo que le ocurrió a Lila en el área emocional no fue muy diferente a una experiencia que yo tuve con un problema físico durante mi último año de universidad. Una noche desperté con un dolor agudo en el abdomen y me llevaron al hospital para ser examinado. Los médicos dijeron que tenía estrangulación de una úlcera péptica en el estómago y me operaron. Para su sorpresa encontraron que no había ningún problema en mi estómago, excepto una irritación originada en algún otro lugar. En un examen adicional descubrieron una bolsa que mi cuerpo había formado alrededor de mi apéndice. Mostraba comienzos de gangrena y producía un fluido tóxico que se filtraba y causaba la irritación estomacal.

Las heridas emocionales son como ese apéndice infectado. Si no se tratan se enconan y se tornan gangrenosas. Nuestra reacción natural es producir una bolsa en donde aislar la infección, pero esa bolsa permite filtraciones que afectan nuestra vida presente. *Luego, en el presente, reaccionamos desproporcionadamente a irritaciones menores.* Como bien lo dice David Seamands: Cuando usted reaccione desproporcionadamente a algo, mire bien el asunto. Probablemente tiene relación con una herida emocional más profunda que está bien escondida". [1]

Las heridas que nos preocupan son las que ocurren cuando las personas se relacionan entre sí de manera dañina. Generalmente tales heridas ocurren sin que la persona que las causa tenga la intención de hacerlo. A menudo ocurren sencillamente porque el ofendido es demasiado sensible o por un mal entendido. En la mayoría de la gente muchas de tales heridas ocurren en su período prenatal, en la infancia, la niñez y la adolescencia, cuando la comprensión de la vida y sus reveses no se ha desarrollado bien. El factor importante a recordar es que, aunque seamos muy hábiles para ocultarlas, las heridas no desaparecen. Más bien se enconan bajo los "vendajes" con que las cubrimos, y se "filtran y gotean" en nuestra vida presente como lo hacía el líquido de mi apéndice gangrenoso a la cavidad estomacal. Los siguientes son algunos tipos de esas heridas y la forma en que se producen.

Abandono

Vimos que Lila tenía un profundo sentimiento de que sus padres, especialmente su papá, nunca estuvieron con ella cuando necesitó ayuda. Cuando niña muchas veces se sintió sola, desatendida, sin aprecio, no deseada, y generalmente no tenía a quien acudir aún cuando quería compartir algo bueno. Muchos hijos sienten que fueron abandonados cuando se les obligó a permanecer en un hospital o a pasar mucho tiempo al cuidado de otra persona. Un divorcio en su edad temprana o la muerte de un padre, con frecuencia producen también esos sentimientos; los hijos se culpan a sí mismos por la pérdida de uno de sus progenitores al no comprender la causa real del divorcio o la muerte. Un grave problema surge cuando el "niño interior" (ver capítulo 12) que hace parte de la persona, cree que el padre ausente decidió irse voluntariamente.

Rechazo

Parece que al sentimiento de rechazo se llega por muchos caminos. Quienes han vivido lo que ellos consideran abandono, comúnmente lo interpretan como rechazo. Lo mismo ocurre con los que han sufrido abuso. Los hijos generalmente suponen que sus padres tienen un control total de las situaciones y que no cometen errores. Por eso debes saber que si te sientes rechazado, es por tu culpa, no por la de tus padres. "Debe haber algo mal en mí –piensan los hijos–; de lo contrario mis padres me habrían prestado más atención". Los hijos a veces desarrollan sentimientos de rechazo cuando son corregidos por los padres o si constantemente se les da la impresión de que lo que hacen no está a la altura de las normas establecidas por ellos. Muchas veces el rechazo de otros se interioriza como *auto rechazo* y puede llegar a convertirse en odio a sí mismo.

Sentimientos de carencia de valía, incompetencia y similares

Con mucha frecuencia, el sentimiento de carencia de valía tiene las mismas raíces o es causado por señales de que el hijo no fue deseado cuando estuvo en el vientre de la madre. A veces tal impresión lo deja con el sentimiento de que fue concebido por error y que no tiene derecho a existir. Posteriormente en su vida quizá escuche cosas como "Eres un inútil" o "eres un bueno para nada". Tales expresiones causan o refuerzan sentimientos de falta de valor e incompetencia.

Muchos de ellos desarrollan una *tendencia al protagonismo* como respuesta o reacción a esos sentimientos. Sienten que tienen que ganarse el derecho a recibir atención y respeto, aún el respeto propio. Muchos tienen desde su edad temprana el sentimiento de que no son aceptados por sus padres u otras personas importantes en su vida a menos que realicen lo suficiente para lograrlo. Tales actitudes como el *perfeccionismo* y la *crítica excesiva* son siempre manifestaciones de esos sentimientos. Casi siempre son respuesta a padres, maestros y otras personas que nunca parecían estar satisfechas con el desempeño del hijo.

Culpa y vergüenza

A estos sentimientos con frecuencia los acompaña la impresión de que uno no está viviendo a la altura de las expectativas de los adultos. Dos sentimientos que hacen parte de este problema son el de culpa y el de arrepentimiento por lo que una persona ha *hecho*. El de vergüenza es más serio porque tiene que ver con el *ser*, no simplemente con hacer. La vergüenza consiste en sentirse mal con respecto a lo que uno es, no a lo que ha hecho.

Como ocurre con el rechazo, las expectativas y reacciones de uno de los padres pueden crear en el hijo un sentimiento de culpa, incluso por cosas de las cuales no es responsable. Si existe un marcado sentimiento de culpa o de que la persona no es digna de existir, o de odio hacia sí misma, la persona tiene que excavar mucho si quiere ser sanada. Con frecuencia los hijos tienen que escuchar frases como "qué vergüenza" o "deberías sentirte avergonzado" cuando cometen un error. Tales expresiones son consideradas como referencias a la valía de una persona y arrojan condenación sobre su *ser*, aunque se hayan referido solamente a su *hacer*. Lo que su padre quiso decir fue: "hiciste algo malo" y no "eres una mala persona".

Tales expresiones acompañadas por otras palabras y comportamientos denigrantes por parte de los adultos producen reacciones que hacen que las personas –especialmente los niños– sientan vergüenza o culpa por casi todo lo que hacen o lo que son.

Enojo, resentimiento y amargura

Tales emociones se desarrollan antes o después del nacimiento como respuesta al maltrato por parte de uno mismo, o de uno de los padres sobre el otro. El enojo de muchas mujeres hacia los hombres tuvo su origen mientras estaban en el vientre de la madre o durante la niñez por causa del abuso del padre contra la madre. Si el abuso es sexual, la criatura en el vientre lo experimenta directamente. Los hijos que sufren abuso de sus padres (ya sea en el vientre materno o fuera de él) y se sienten desprotegidos por sus madres, a menudo sienten enojo contra ambos progenitores. Desde luego, el enojo y el resentimiento se pueden desarrollar en cualquier momento y por cualquier causa. Es frecuente que el enojo contra otros involucra el culparse así mismo también, especialmente si los hechos que los causaron ocurrieron en la edad temprana, pues los niños tienden a culparse por cualquier cosa mala que pase a su alrededor.

No debemos ignorar la relación entre enojo y culpabilidad a la hora de perdonar. La renuncia a perdonar es un cáncer emocional, posiblemente el problema emocional y espiritual más grave que debemos tratar. Jesús deja bien en claro que necesitamos perdonar si esperamos ser perdonados. En la oración del "Padrenuestro" y en los versículos siguientes Jesús condiciona nuestro perdón al hecho de que perdonemos a quienes nos ofenden (ver Mateo 6: 12, 14-15). Se nos permite *enojarnos* (ver Efesios 4:26), pero llevar el enojo hasta el punto de negarnos a perdonar le da al diablo la oportunidad que busca para vivir en nosotros (véase Efesios 4:27). Volveremos sobre este importante asunto varias veces en los capítulos siguientes.

Temor, ansiedad y preocupación

Los temores y las preocupaciones son a menudo resultado de experiencias prenatales y de la niñez temprana que no son comprendidas por el niño. Es frecuente que los niños desarrollen un intenso temor a las personas que reaccionan con ira, especialmente si sus reacciones son impredecibles como es el caso de los alcohólicos. Varias experiencias de la vida pueden producir como resultado el temor al abandono, a la oscuridad, a la muerte, al dolor o al fracaso. Estos temores están generalmente acompañados de inmensa preocupación. Es común que los temores de una madre pasen a su hijo antes de nacer. Un hijo concebido tras la pérdida de uno o más embarazos es propenso a ser afectado por el temor y la preocupación de la madre respecto a otro embarazo. Agréguele a eso los temores de la tierna infancia y tendrá una gran cantidad de problemas con los cuales tratar.

Yo he descubierto que a las mujeres las atormentan más los temores que las preocupaciones. Pienso que eso tiene relación con la estructura cerebral femenina. Mientras que el cerebro masculino básicamente maneja una cosa a la vez, el de una mujer está diseñado para tratar con muchas cosas al mismo tiempo. Este hecho tiende a incrementar las preocupaciones por cuanto hay múltiples intereses en un mismo foco. Generalmente el hombre los aísla y separa con el propósito de enfocarse en un asunto a la vez.

Un temor importante que muchas personas han desarrollado es el de no ser capaces de controlar sus circunstancias. El temor de que algo saldrá mal, a menos que exista un férreo control, impulsa a muchos a afirmar su autoridad en maneras negativas.

Rebelión

Esta es una reacción frecuente a una cierta cantidad de maltrato que produce temor, enojo, vergüenza u otras emociones dañinas. Cierto tipo de personas parecen languidecer ante el maltrato; otras reaccionan rebelándose. Una diversidad de dificultades en la relación con personas que detentan autoridad está tras una actitud rebelde. Cuando ciertas personas con autoridad han abusado de un niño de manera verbal, física o sexual, o lo han abandonado, o han mostrado favoritismo hacia uno de sus hermanos, han quedado sembradas las semillas de la rebelión. El legalismo y el control paterno mediante la culpa, empujan a la persona hacia esa reacción.

Confusión e indecisión

Las personas que están muy confusas o no pueden decidirse, a menudo han vivido inconsistencias durante su crianza por parte de sus padres y de otras personas. Esto conduce a un diálogo interno en el que generalmente "una voz" contradice o controvierte a otra, y lleva a una incapacidad de decisión sobre asuntos menores. Sí, como ocurre con frecuencia, también existe algo de perfeccionismo, la persona se encuentra virtualmente paralizada para tomar decisiones importantes.

Inseguridad

Causada por un sin número de razones, la inseguridad es un grave problema para muchos. Cuando crecemos con incertidumbre en cuanto a lo que somos y lo que debemos llegar a ser, frecuentemente nos atormentan pensamientos de duda de que las cosas no nos saldrán bien. Muchos se sienten inseguros en relación con su cuerpo, acerca de su desempeño en los estudios, en los deportes o en las relaciones. Se nos enseña a competir con otros niños y a menudo perdemos o tememos que perderemos. Muchos padres comparan a sus hijos entre sí, o con otros, expresando verbalmente sus expectativas e inculcándolas en ellos. En muchas ocasiones éstas no son realistas y conducen al desaliento o a esperar el fracaso.

Luego, las inseguridades y el temor que las acompaña con frecuencia crean la *necesidad de controlar a los demás.* Los hijos que a una edad temprana han tenido que asumir responsabilidad como —por ejemplo— la hija mayor en el hogar de uno o ambos padres alcohólicos, por supuesto sufren de este problema. Así mismo lo hacen quienes han sufrido continua vergüenza y confusión en relación con lo que se esperaba de ellos cuando niños. El razonamiento de estas personas parece ser que si pueden controlar las circunstancias, incluyendo las conversaciones y sus relaciones, estarán en capacidad de reducir la posibilidad de ser avergonzados.

Deseo de escapar

El sentimiento de que la vida es tan mala e impredecible que sería mejor escapar, en ocasiones conduce a las *adicciones* y al deseo de morir. Algunas de las adicciones más comunes son *comida, alcohol, tabaco, compras, televisión, cine, deportes, pasatiempos, sexo, pornografía, drogas, juego y estudio,* o cualquier cosa. Generalmente hay presente un sentido de compulsión y una incapacidad para controlar la adicción. Es frecuente que las raíces sean relaciones abusivas durante la niñez. A veces el sentimiento de no poder estar a la altura de las expectativas de los padres y otros adultos lleva a una persona a renunciar al esfuerzo de seguir adelante. "¿Para qué esforzarme si nada va a funcionar? Mejor espero lo que venga" —es su razonamiento fatalista.

Los deseos de muerte son sencillamente expresiones del simple deseo de desaparecer. Muchos cristianos lo expresan como el deseo de "ir a estar con Jesús". Una persona que desea la muerte generalmente no es que quiera cometer suicidio sino que necesita Dios lo lleve para poder escapar de los problemas de la vida.

Estos son sólo una cantidad de los muchos síntomas que podemos mencionar. Por favor, tenga en cuenta esta advertencia: por cuanto cierto número de síntomas pueden indicar una variedad de causas, debemos tener sumo cuidado de no diagnosticar un caso particular demasiado aprisa. No todo el que presenta los síntomas que mencioné anteriormente ha sufrido los problemas que he sugerido. Por lo menos en algunos casos, la característica puede estar más relacionada con la personalidad del paciente que con cualquier abuso que haya sufrido. Por ejemplo, algunas personas quizá hayan tenido una crianza normal pero son hipersensibles en sus reacciones ante cierto estímulo. No debemos suponer que cada reacción esconde una anormalidad.

Disposición a colaborar en su mejoría

Es improbable e imposible que las personas que no están dispuestas a colaborar en el proceso de su sanidad reciban mucho beneficio de la ministración de oración. Aunque puede haber excepciones, *por regla general podemos suponer que ni siquiera Dios obrará en contra de la voluntad humana.* Desde el comienzo deben tomar la decisión de colaborar con Dios para obtener su sanidad y continuar haciéndolo durante todo el proceso. Tal decisión y compromiso muchas veces implica un reto considerable a su fortaleza y su determinación.

Ha habido ocasiones cuando el Espíritu Santo me ha mostrado que las personas no están completamente comprometidas a colaborar con él para lograr su sanidad. Cuando eso ocurre, mi primera tarea es ayudarles a comprometerse. Si fracaso en este objetivo primario tengo que decirles que no puedo continuar con ellos hasta que estén dispuestos a trabajar duro en el proceso porque será ciertamente muy difícil.

Para poder ser sanadas, las personas que he mencionado deben tener la determinación de hacer cualquier cosa que sea necesaria para trabajar junto con Dios. Con esa determinación pueden reclamar la promesa de Romanos 8:28: "Y sabemos que a los que aman a Dios, todas las cosas les ayudan a bien, esto es, a los que conforme a su propósito son llamados".

A menudo los cristianos no están muy motivados a colaborar con Dios para lograr mayor crecimiento y libertad espiritual porque han sido mal enseñados con respecto al lugar que ocupa la salvación en la vida cristiana. Suponen que las palabras de 2 Corintios 5:17 prometen libertad casi instantánea y total ("Si alguno está en Cristo, nueva criatura es; las cosas viejas pasaron; he aquí todas son hechas nuevas".) John y Mark Sandford relacionan esta suposición con la forma en que fue presentada la salvación durante y después del *Segundo Gran Despertar* que comenzó al final de la década de 1820 y continuó hasta finales de ese sigo. Aunque la renovación wesleyana había reconocido que "cada creyente nacido de nuevo necesita una disciplinada renovación para ajustarse a los valores, virtudes y fortaleza cristianos", [2] este movimiento fue diferente.

Comenzó a exaltar la experiencia de la conversión por encima de la posición o lugar que la Biblia le otorga. Sus exponentes empezaron a predicar que quien se acercara al altar sería cambiado totalmente de manera instantánea. Desde la doctrina bíblica, eso puede ser cierto: Todos fuimos hechos perfectos en Cristo. Pero la salvación también se debe completar mediante la experiencia de vida en Cristo, "con temor y temblor" (Filipenses 2:12).

La falsa doctrina de la santificación instantánea e "indolora"llegó a ser predicada en un gran sector de la Iglesia. Si la conversión nos convierte en criaturas totalmente transformadas, no es necesario enfrentar el pecado ni morir cada día en la Cruz (Lucas 9:23).

Esa enseñanza hizo de la experiencia de la conversión un ídolo y Satanás vio en ello su oportunidad para desilusionarnos. Si él podía convertir esa herejía en una fortaleza de engaño, podría también desilusionar a un gran número, tanto de cristianos como de no cristianos. [3]

Quienes perseveramos en la vida cristiana descubrimos que nuestra experiencia de conversión es solamente una pequeña parte de ella, la cual provee tan sólo los fundamentos esenciales a partir de los cuales llegamos a ser nuevas criaturas en Cristo. De hecho, la creación de un nuevo ser es obstaculizada cuando a una persona se le causa un grave daño antes de llegar a Cristo. Entonces, el proceso de transformación demanda una gran cantidad de trabajo. Pero es gratificante ver lo fiel que es Dios con quienes pagan el precio, cualquiera que sea, en tiempo, energía y determinación. Quienes trabajan con Dios descubren que Dios trabaja con ellos y les provee el poder que les hace falta. Tal vez por esto abogaba el apóstol Pablo cuando dijo en Filipenses 2:12-13 (GNT): "Continúen trabajando con temor y temblor para completar su salvación, porque

Dios está obrando siempre en ustedes para hacer que estén dispuestos y sean capaces de obedecer su propio propósito".

El uso que la Biblia hace de la palabra "salvación" cubre mucho más de la salvación del alma, de modo que no es improbable que estos versículos incluyan el proceso de liberación de tales obstáculos al crecimiento espiritual como el pecado y los problemas emocionales de profundo nivel. En ambos casos Dios está dispuesto a trabajar con nosotros, si nosotros trabajamos con él. En Efesios 4: 22-32 el apóstol Pablo explica varios aspectos de lo que ello implica, incluyendo lo que nosotros tenemos que hacer para llevar la parte nuestra de la carga:

En cuanto a la pasada manera de vivir, despojaos del viejo hombre, que está viciado conforme a los deseos engañosos, y renovaos en el espíritu de vuestra mente, y vestíos del nuevo hombre, creado según Dios en la justicia y santidad de la verdad.

Por lo cual, desechando la mentira, hablad verdad cada uno con 1su prójimo; porque somos miembros los unos de los otros. Airaos, pero no pequéis; no se ponga el sol sobre vuestro enojo, ni deis lugar al diablo.El que hurtaba, no hurte más, sino trabaje, haciendo con sus manos lo que es bueno, para que tenga qué compartir con el que padece necesidad. Ninguna palabra corrompida salga de vuestra boca, sino la que sea buena para la necesaria edificación, a fin de dar gracia a los oyentes. Y no contristéis al Espíritu Santo de Dios, con el cual fuisteis sellados para el día de la redención.Quítense de vosotros toda amargura, enojo, ira, gritería y maledicencia, y toda malicia. Antes sed benignos unos con otros, misericordiosos, perdonándoos unos a otros, como Dios también os perdonó a vosotros en Cristo.

Quienes tienen dificultad en seguir trabajando para lograr su libertad deben recibir aliento al saber que la presencia del Espíritu Santo *con* nosotros y *en* nosotros es "garantía de que vendrá el día en que Dios nos hará libres". La obra de Dios en nosotros es algo muy emocionante. Pero según este y otros pasajes, hay también una gran cantidad de trabajo que nosotros debemos realizar si hemos de entrar plenamente a la libertad que Dios tiene para nosotros.

Estorbos para la sanidad

Se presentan muchos obstáculos para tener la disposición completa de una persona para trabajar con Dios por la sanidad de heridas infectadas. Grandes temores de varios tipos son comunes. El *temor al pasado* es uno de los principales. Frecuentemente las personas con las cuales trabajamos por sanidad sienten vergüenza de las cosas que hicieron o en las cuales participaron cuando eran jóvenes. Hay pocas cosas que teman más que tener que sacar a la luz los recuerdos de tales cosas. Más adelante en este capítulo encontrarás algunas sugerencias para tratar con los recuerdos dolorosos.

Un segundo obstáculo es la *falta de disposición o incapacidad de enfrentar la verdad*, a menudo acompañada de *temor a la verdad*. El ser humano tiene una gran predisposición para *la negación*. Frecuentemente tal negación está suficientemente cercana a la superficie de la conciencia, de tal forma que una persona fácilmente puede ser conciente de ella. Sin embargo, muchas veces las personas han sido tan seriamente maltratadas que parecen incapaces de admitir la verdad, aún ante sí mismas.

Una dama de 45 años de edad a la cual llamaré Nancy, es un caso típico. Aunque sus padres eran satanistas y habían abusado de ella desde su nacimiento en las formas más monstruosas, sentía obligación de respetarlos y honrarlos. Además, sigue estando atada a ellos como su hija. Al momento de escribir esta página han pasado más de ocho años desde que ella empezó a tratar con los efectos del abuso de sus padres, incluyendo las múltiples personalidades e influencias demoníacas. A pesar de la mucha confirmación independiente y de su propio asentimiento intelectual respecto a lo que sus padres le hicieron, en lo más profundo de su ser ella sigue cuestionando y negando la verdad. Tal vez algún día esté en capacidad de aceptar esa verdad. O quizá alguna parte de su ser haya sido tan dañada al punto que jamás podrá llegar a creerla.

Enfrentar el pasado con Jesús

Regresar a los recuerdos del pasado puede ser doloroso. Los hechos causaron heridas cuando ocurrieron y no es agradable pensar que uno tiene que revivirlos. Pero el dolor implícito en la recordación "sintiendo otra vez" y luego tratando con los recuerdos infectados, equivale al dolor de una cirugía, no al proceso de una simple infección. Tal como ocurre con una cirugía física, duele mientras pasamos por ella, pero hay sanidad al final.

Aunque enfrentar el pasado es un pensamiento aterrador para los sobrevivientes de abuso, la buena noticia es que no hay que tratar en el proceso ningún recuerdo de manera individual. Enfrentar tantos recuerdos como sea posible sería lo ideal, pero muchas veces la sanidad de un recuerdo sirve para aplicar bálsamo sanador a muchos otros recuerdos similares. Comentando una sesión con un paciente, John y Mark Sandford afirman que: "Un recuerdo traumático es como un barril de cerezas agrias... probando sólo unas pocas la gente puede llegar a conocer su textura y su agrio sabor. Con sólo unos pocos recuerdos de muestra herida y sus correspondientes sentimientos, una persona puede salir de la negación y probar todo el barril del consuelo de Dios". [4]

En una ocasión estaba yo ministrando a una dama que llamaré Jennifer, la cual me dijo que había tenido una horrible niñez. Le pregunté cuál año había sido el peor y me respondió que había ocurrido cuando tenía 12 años. Le pregunté si estaría dispuesta a regresar y revivir ese año con la presencia de Jesús. Ante tal sugerencia abrió sus ojos y se mostró aterrorizada. Lo último que Jennifer quería hacer era volver a vivir ese año de su vida.

Después de discutir que Jesús sana, y de establecer qué tan fuerte era su motivación para recibir la sanidad divina, consintió en hacerlo. La instruí en cuanto a cómo permitir que Espíritu Santo la llevara de regreso a los recuerdos de cuando tenía 12 años, a sentir las heridas y a ver a Jesús en cada acontecimiento. Lo hizo gimiendo durante tres cuartos de hora. Finalmente, en medio de sus lágrimas ella sonrió débilmente y soltó un suspiro de alivio, feliz de que todo hubiese terminado. Le permití tomar un respiro y luego le pedí que volviera otra vez atrás a sus 12 años de edad. De nuevo vi su mirada de terror cuando me preguntó:

"¿Tengo que hacerlo?"

"Me gustaría que notara la diferencia" –le dije.

De modo que volvió sobre sus experiencias otra vez, en esta ocasión durante unos cinco minutos y regresó sonriente. Le pregunté si había sentido algo de dolor esta vez.

"Un poco, –me dijo– ¡pero no temor!"

A Dios le agradan la sinceridad y la franqueza. La verdad requiere que admitamos y enfrentemos el pasado tal y como fue, aún si hacerlo causa dolor. Es *nuestra historia* y no importa lo desagradable que sea. Negarla o ignorara no nos va a sanar. De hecho, negar e ignorar las experiencias desagradables del pasado empeora las cosas. Tal enfoque acepta la mentira de que cualquier daño o herida ya recibió atención. Dios sana las heridas y soluciona los problemas, no cuando los esquivamos sino cuando los *enfrentamos y nos ocupamos* de ellos.

Cómo tratar con los recuerdos dolorosos

Aunque el Señor Jesús estaba presente cuando ocurrieron los hechos hirientes, probablemente todavía nos sentimos solos y dependientes totalmente de nuestros propios recursos. Ni lo vimos ni sentimos su presencia en ese momento. Sin embargo, durante las sesiones de ministración, Jesús gentilmente nos permite sentir su presencia y generalmente lo vemos en el acontecimiento. Aunque él no cambia el hecho en sí mismo, estar concientes de su presencia es, por lo general, suficiente para sanar el recuerdo más hiriente y doloroso.

El hecho de que Jesús toma la mayor parte o todo el dolor de tales recuerdos parece cumplir la promesa de Isaías 53:4-5, que dice: "Mas él, (Jesucristo) herido fue por nuestras rebeliones, molido por nuestros pecados; el castigo de nuestra paz fue sobre él, y por su llaga fuimos nosotros curados".

Cuando Jesús toma nuestras heridas, él también sana la reacción que ellas producen. Todo el recuerdo del hecho hiriente es transformado y se enfoca no en el dolor sino en la presencia de Jesús. Los recuerdos que causan dolor no se tornan necesariamente agradables, aunque en algunos casos, incluso esto también ocurre. Pero, generalmente, el recuerdo sigue siendo desagradable aunque la profunda experiencia de la presencia de Jesús traiga paz, libertad, y una tangible impresión de la seguridad que tenemos en él. Para la mayoría de las personas es un hecho sanador el sentirlo cumpliendo su promesa: "No te desampararé, ni te dejaré" (Hebreos 13:5). De esta manera se dan cuenta que esa promesa es tan cierta en el presente y el futuro como lo fue en el pasado.

En este ministerio es importante dar al Espíritu Santo completa libertad para dirigir la sesión. Para nosotros es fácil empezar diciéndole lo que esperamos que Él haga, con cuáles recuerdos empezar, e incluso cómo debe terminar la sanación. Pero cuando le permitimos a Dios trabajar como él elija hacerlo encontramos que, típicamente, Él hace surgir los recuerdos uno por uno. Generalmente empieza con los menos traumáticos y luego va pasando a los más difíciles a medida que la persona gana más fortaleza y confianza.

A veces Dios permite que los recuerdos vengan en una rápida sucesión, como en una película de la vida de la persona. En varias ocasiones he pasado largos períodos de tiempo sentado en silencio mientras los recuerdos vienen a la mente de quien estoy aconsejando. Luego él o ella invitan a Jesús a que entre en cada escena que recuerdan y sienten que el dolor se desvanece. En ciertos casos una persona siente que el Espíritu Santo quiere tratar con eventos que ocurrieron en determinado momento pero tiene dificultad en recordarlos. En tal caso el Espíritu ayuda a que la persona comience a describir el entorno físico en que los eventos ocurrieron. Descripciones detalladas, fotografías de tales lugares como el recinto en el cual ocurrió el hecho, o la casa y la ciudad en las cuales vivió la persona, son suficientes para hacer que la personarecuerde los hechos específicos que Dios quiere sanar.

Es necesario tratar con cada hecho doloroso y tener la experiencia de que Jesús estaba allí. Quienes reciben la consejería necesitan saber sin ninguna duda que Jesús realmente estaba allí. Que no están simplemente imaginando algo que no es cierto o tratando de sugestionarse acerca de algo que no es real. Él estaba allí realmente, pero en ese momento ellos no tenían ojos para verlo. Y en este momento pueden pedirle a Dios que les permita ver donde estaba Jesús y aceptar su ministración.

Con la seguridad de que Jesús estaba allí, la persona puede ahora reinterpretar los hechos (ver Romanos 8:28). Cuando la gente puede ver a Jesús en esos acontecimientos hirientes comienza de manera natural su sanidad, y aparece una nueva visión de Dios y una revitalización de su relación con él. Generalmente las personas pueden sentir que Jesús las toca físicamente, y muchas veces las abraza mientras las libera de su dolor. Una vez que han recibido ayuda a través de unos pocos eventos, es común ver que pueden manejar otros problemas en otras áreas. De hecho, quienes ministran en este campo pueden asignarles como tarea el tratar con otros problemas.

Cómo aconsejar a la persona recién liberada

Al finalizar la sesión de sanidad interior es importante que sigamos tratando a la persona preparada para enfrentar oposición. Con frecuencia Satanás intenta retomar su "territorio". Ayude a esa persona a conocer y a ejercer su autoridad para ordenarle a Satanás que lo deje en paz cuando se sienta tentado a caer en sus viejos hábitos. Enfatice la importancia de pasar tiempo con Dios y de establecer una relación íntima con él.

Es de vital importancia pasar tiempo con Dios en adoración personal y colectiva. Leer y estudiar la Biblia le ayudará a la persona a establecer un buen fundamento y a comprender que ha probado algo que el Enemigo le robó durante años: *libertad*. Cuando experimenta libertad de varias maneras, el Enemigo hace su mejor esfuerzo para sacarlo fuera de curso y para robarle, en lo posible, la sanidad de profundo nivel que Dios le ha dado.

Lecturas complementarias

John y Paula Sandford, *The Transformation of the Inner Man* [La Transformación del Hombre Interior], (South Plainfield, NJ: Bridge, 1982), pp. 41-70.

—*Healing the Wounded Spirit* [Sanando el Espíritu Herido], Tulsa OK: Victory House Publishers, 1985), pp. 163 – 202.

David A. Seamands, *Healing for Damaged Emotions* [Sanidad para las Emociones Lastimadas], Wheaton, IL: Victory Books, 1981) pp. 85-98, 125-148.

6 Las reacciones inesperadas son generalmente el principal problema

Liberado de una
pesada carga

"¡Increíble! ¡Esto es increíble! ¡Me siento con 10 libras menos! ¡Ahora no tendré que ponerme a dieta!" Eimy había acudido a nosotros con un típico montón de problemas. Las experiencias familiares de su temprana edad la habían dejado con un pobre concepto de sí misma. Luchaba por sobrevivir abrumada continuamente por el sentir de que era responsable por muchas de las cosas malas, si no por todas, que le habían acontecido. La acompañaba un constante sentimiento de culpa. Y ahora su matrimonio había fracasado y su esposo le achacaba toda la culpa. Como es típico en una persona con una historia así, ella interiorizaba toda la culpa y el sentimiento de que no valía la pena vivir.

¿Podría Dios ayudarla?, —se preguntaba. Nada de lo que había hecho parecía darle mucha esperanza. Volvimos atrás a su edad temprana para ver dónde estaba Jesús cuando abusaban de ella verbalmente. El Señor se le apareció, la abrazó y le mostró que ciertamente él estaba presente en cada uno de los acontecimientos que trajo a su mente. Esto la ayudó enormemente y sintió un poquito de alivio de la carga de su lamentable pasado.

Pero no todo estaba bien todavía. Eimy todavía se culpaba por causar estos eventos y sentía vergüenza por ellos. Esto no me sorprendió dado que ella se había convertido en un magneto para la culpa, queriendo asumir la responsabilidad por cualquier cosa negativa que sucediera a su alrededor. De modo que razonamos un poco acerca de su parte en las cosas que le habían ocurrido.

"Eimy, ¿de veras cree usted que es totalmente la culpable de su divorcio? –le pregunté–. ¿O de las cosas que salieron mal durante su crianza?"

Admitió que era algo irracional culparse por todo.

En ese punto le pregunté si había confesado todo pecado conocido. Me respondió que lo había hecho. De modo que invoqué la autoridad que Jesús nos dio en Juan 20:23 ("A quienes remitiereis los pecados, les son remitidos"), y le dije: "En el nombre de Jesús yo declaro perdón sobre ti, Eimy". Y la carga cayó; una carga que no tenía razón de ser pero que era una reacción real hacia su pasado.

El Enemigo se esfuerza por hacernos sentir culpables y avergonzados acerca de cualquier cosa en que participemos y que salga mal. Es un hecho que las víctimas tienden a culparse a sí mismas por los delitos cometidos contra ellas. Su razonamiento es que "si me ocurrieron estas cosas es porque de alguna manera las merezco o las permití, por lo tanto la culpa es mía. Esto debe ser porque soy malo (o mala)".

Además, a muchas personas se les hace difícil creer lo que Dios dice acerca del pecado, que si lo confesamos, él nos perdona. Entonces el Enemigo se aprovecha y de manera sistemática crea dudas en nuestra mente con respecto a si en realidad somos perdonados. A él le encanta decir cosas como "después de lo que ha hecho, ¿cree que se podrá librar así de fácil? No, ¡usted tendrá que pagar por eso!" De modo que hay muchos cristianos que han confesado sus pecados pero todavía llevan sobre sí una pesada carga de culpa.

Algunas de esas personas son como Eimy. Parecen aceptar gustosas toda la culpa de los errores y pecados reales propios y también de los demás. Es como si tuvieran el hábito de reclamar como propia cualquier culpa que flote en el ambiente. Están dispuestas a culparse a sí mismas por cualquier cosa, no importa de quién sea la falta.

No son los acontecimientos sino las reacciones las que requieren sanidad

Tal como lo señalamos en el capítulo 3, el pecado es un asunto muy importante en la sanidad de profundo nivel. Somos pecadores, y por lo tanto pecamos. Y cuando pecamos reaccionamos ante lo que hemos hecho y muchas veces esas reacciones no son sanas. Nuestra tendencia es ocultar lo que hicimos, tanto de la vista de los demás como de nosotros mismos. Aunque esta es una tendencia popular en nuestro tiempo, si volvemos al Huerto de Edén veremos que ella es tan dañina hoy como lo fue entonces porque existe una ley en el universo establecida por Dios que dice que si le confesamos nuestros pecados, recibimos su perdón y somos liberados (ver 1 Juan 1:9). Pero si escondemos nuestras faltas nos convertimos en esclavos de ellas y de nuestro Enemigo.

El pecado cometido contra nosotros también es un asunto importante en la sanidad de profundo nivel. Cuando alguien es victimizado, el enojo es una reacción normal a ese maltrato. Así mismo son otras emociones problemáticas como el temor, el resentimiento, la amargura y otras similares. Aunque no constituyen un problema si se tratan de inmediato y se desechan, la mayoría de la gente tiende a aferrarse a ellas.

También, como en el caso de Eimy, las personas se encierran en sí mismas y se sienten víctimas culpables. Quienes han sido victimizados en su niñez o adolescencia tienen la tendencia a culparse a sí mismos por lo que los demás les han hecho. La acción de su ofensor es tratada como si ella fuera una respuesta a su comportamiento y por lo tanto fuera *su* responsabilidad y no la del ofensor. Su enojo al reaccionar contra el maltrato es complicado por el sentimiento de que merecen lo que recibieron por causa de algún defecto o maldad en ellos.

En mi propio caso, jamás pude comprender el rechazo por parte de mi padre hasta que supe que había sido concebido antes del matrimonio y por lo tanto fui rechazado desde antes de nacer. Esos sentimientos de rechazo me llevaron a rechazarme a mí mismo basado en la suposición de que si mis padres me rechazaron tenía que ser porque había algo malo en mí. Yo confiaba en su juicio y supuse que el rechazo que sufrí se debía a algún defecto en mí. No se me ocurrió que el problema era de ellos. Al mirar mi pasado resulta claro que ellos sí me aceptaron. Sin embargo, siendo que las primeras impresiones que recibí estando en el vientre fueron de rechazo, mi reacción fue edificar mi vida sobre esa impresión. No entendía la diferencia entre el rechazo a un embarazo y el rechazo a la criatura, o el hecho de que las personas mayores pueden cometer errores. Cuando estuve en capacidad de comunicar esa comprensión a mi feto interior antes de nacer, tuve una base para colaborar con Jesús y lograr la libertad del sentimiento de rechazo a mí mismo.

Puede haber más de un nivel de reacción que tratar para proveer a la gente sanidad de profundo nivel. Yo tuve que trabajar tanto con el nivel previo al nacimiento, como con el nivel de adulto para descubrir dos verdades: que fui un hijo no deseado por causa del error de mis padres, (no mío); y que ellos cambiaron de actitud antes de que yo naciera. Entonces tuve que perdonar a mis padres por su error y aceptar el hecho de que mi nacimiento fue la voluntad de Jesús (ver Efesios 1:4). También tuve que perdonarme a mí mismo por toda una vida de injustificada reacción a las circunstancias de mi concepción, aunque fue sólo cuando tuve 50 años que descubrí que mis padres no estaban casados cuando fui concebido.

De este y de otros centenares de casos en donde una mala interpretación ha causado una reacción aprendemos que *en la sanidad de profundo nivel, es más con las reacciones que con los hechos en sí mismos que se debe tratar.* Los hechos no se pueden cambiar ni sanar. Pero las respuestas provocadas por ellos y la actitud permanente hacia otros, hacia sí mismos y hacia Dios, sí puede ser redimida. La culpa y la vergüenza por los pecados cometidos pueden reemplazarse por perdón para sí mismo sobre la base de reclamar y aceptar el perdón de Dios. El enojo, el resentimiento y la amargura pueden ser reemplazados por libertad. Tanto las heridas causadas por los hechos hirientes como las reacciones hacia esas heridas pueden ser sanadas.

Esta sanidad ocurre a pesar del hecho de que rara vez comprendemos por qué ocurrieron los acontecimientos que nos lastimaron, o el costo de nuestras reacciones. Tenemos poca capacidad para descubrir tales cosas y Dios no nos las explica. Él sencillamente nos dice: "Confía en mí". Luego nos recuerda que "a los que aman a Dios, todas las cosas les ayudan a bien" (Romanos 8:28).

Reacciones anteriores al nacimiento

Cuando mencionamos los malos recuerdos generalmente pensamos en cosas que nos han ocurrido desde que nacimos, pero frecuentemente las experiencias ante las cuales la gente más reacciona tuvieron lugar mientras estaba en el vientre materno. Al trabajar con las personas para que logren sanidad interior, con frecuencia descubro que se ha hecho mucho daño antes del nacimiento. Oren por esas experiencias negativas previas al nacimiento. Esto es especialmente útil para personas que (como yo) fueron concebidas antes del matrimonio, o cuyos padres deseaban un hijo del otro sexo, y para aquellos cuyos padres tenían discordias u otras dificultades durante el tiempo del embarazo.

Algunos objetarán esta idea diciendo que no pueden recordar esos hechos tan tempranos pues los recuerdos no tienen influencia sobre ellos. Esta actitud es errónea y peligrosa. Existe amplia evidencia que demuestra que esos hechos sí ejercen influencia, sea que podamos recordarlos o no. Nuestro problema no es que no podamos recordar los eventos de nuestra vida temprana sino que no podamos *traerlos* a la mente. No somos concientes de ellos pero ahí están, y a menudo afectan nuestra vida mucho después de ocurridos.

Quienes estudian la vida antes del nacimiento tienen muchas cosas interesantes que decir acerca de nuestras actividades y el nivel de conciencia mientras estamos en el vientre materno. John T. Noonan, profesor de la Universidad de California, afirma lo siguiente respecto a la décima semana de gestación:

> Las glándulas tiroides y suprarrenal ya están funcionando. El bebé se chupa su dedito gordo y responde al dolor. Puede patear, torcer y voltear sus pies. Su cerebro ya tiene la forma que tendrá cuando adulto, y sus huellas ya llevan el patrón que las hará únicas. Su corazón ha estado latiendo por siete semanas, bombeando la sangre elaborada. [1]

Para el momento en que el proceso de gestación ha alcanzado dos meses y medio (y probablemente mucho antes), los bebés ya experimentan la vida y están grabando esas experiencias en su cerebro. Aunque el mundo exterior todavía es un misterio, se ha comprobado que ya reconocen ciertas voces y otros sonidos frecuentes (por ejemplo la música) y conocen un poco las actitudes de los padres y de otras personas hacia ellos. Supe de un estudio que demostró que virtualmente la única manera de calmar a un niño llorón era haciéndolo escuchar una canción que la madre repetía mientras él estaba en el vientre. Un estudio realizado por el médico Thomas Verny titulado *The Secret Life of the Unborn Chile* [La Vida Secreta del Bebé Antes de Nacer] contiene informes de estudios clínicos realizados en todo el mundo en relación con las experiencias en el vientre materno. El doctor Verny dice que:

> El vientre es el primer mundo del bebé. Lo que experimenta en él –libertad u hostilidad– crea predisposiciones de la personalidad y el carácter. En un sentido bastante real, el vientre establece las expectativas del niño. Si es para él un ambiente cálido y amoroso, esperará que el mundo exterior sea igual. [2]

En el vientre los bebés probablemente están concientes de cualquier discordia entre la madre y los más cercanos a ella. Es probable que la criatura sea conciente de la situación marital de sus padres y de otros hechos acerca de la familia *con* la cual interactuará, incluyendo la actitud del padre hacia ella. Si la madre sufre violencia, especialmente violencia sexual, el bebé será conciente de ella y será para él una experiencia personal.

Antes de nacer, los bebés son especialmente sensibles a las emociones y actitudes de la madre. En su libro *Redeeming the Past* [Redimiendo el Pasado], David A. Seamands nos dice que "la actitud de la madre hacia su bebé produce el más grande efecto individual sobre lo que llegará a ser... y la calidad de la relación de una mujer con su esposo se ubica en segundo lugar y ejerce una decisiva influencia en el niño antes de nacer". [3]

Por lo tanto, los niños asimilan en el vientre materno cualquier rechazo, temor, insatisfacción o resentimiento de la madre, einterpretarán esas emociones como dirigidas hacia ellos, aunque esa no haya sido la intención de la madre. Aunque el disgusto de la madre sea contra su esposo, el bebé lo interpretará como si fuera dirigido hacia él. De igual manera, si el enojo es contra el embarazo y no contra el bebé, de todos modos sentirá que no es deseado o deseada.

Hay varias situaciones en las cuales los padres hacen que su hijo aún sin nacer se sienta rechazado. Un bebé siente rechazo en el vientre de su madre cuando ésta y su padre deseaban que fuera de otro sexo o cuando es concebido fuera del matrimonio. Tambiéncuando no se deseaba el embarazo, aunque sus padres estuvieran casados. Quizá ocurrió por sorpresa o en un tiempo poco conveniente. Además un bebé, hijo de una madre rechazada, se siente también rechazado.

Al ministrar a las personas que quizá han sido lastimadas emocionalmente en el vientre de la madre, pronto se hace evidente que orar por tales experiencias produce una gran liberación. Un hombre de 35 años de edad, al que llamaré Bob, fue liberado de un sentimiento de culpa que había tenido durante toda su vida por haber nacido varón. El hecho es que la madre había dado a luz antes un hijo y una hija, pero luego perdió a la hija. Parece que el fuerte deseo de la madre de tener otra hija le fue comunicado a él en el vientre materno, dejándolo con un intenso sentimiento de haber decepcionado a sus padres al nacer varón.

En su valioso libro *Healing the Wounded Spirit* [Cómo Sanar el Espíritu Lastimado], John y Paula Sandford han elaborado una útil lista de ciertas raíces y de los frutos que son resultado de experiencias prenatales. Este conocimiento es producto de sus propias observaciones personales y de las del doctor Verny. Enumero a continuación unas cuantas de estas observaciones que considero las más importantes:

Raíces y frutos de condiciones prenatales	
Raíz de la condición:	**Fruto producido después del nacimiento:**
1. Hijo no deseado	Inclinación o necesidad de actuar y destacarse, excesivo deseo de complacer o de rechazar, aún antes de ser rechazado, inclinación a disculparse, deseos de muerte, frecuente enfermedad, rechazo del afecto o un insaciable deseo de él.
2. Concebido fuera del matrimonio o antes de que los padres estuvieran listos.	Profundo sentimiento de vergüenza, de falta de pertenencia, de creer que es una "carga" o un "intruso".
3. Los padres querían un niño pero nació una niña o viceversa	Esfuerzo por ser de otro sexo; por complacer a los demás; muestras de una actitud derrotista ("Empecé mal desde el comienzo"); a veces todo esto contribuye al homosexualismo.
4. Ser el hijo siguiente después de un aborto o un embarazo involuntariamente interrumpido.	Conflictos por el enojo producido y por el hecho de ser un "reemplazo" y no ser "él o ella misma".
5. Temor de la madre al parto.	Temor, inseguridad, temor a los partos.
6. La madre perdió un ser querido durante el embarazo.	Profunda tristeza, depresión, deseo de la muerte, soledad, temor a perder un ser querido, sentimiento de que no se tiene de quien depender, solamente de sí mismo.
7. La madre consumía en exceso tabaco, alcohol o café.	Predisposición a ansiedad aguda, a lesiones por químicos, el bebé absorbe las actitudes negativas que causaban alcoholismo en la madre, y un bajo nivel de actividad.

Raíces y frutos de condiciones prenatales

Raíz de la condición:	Fruto producido después del nacimiento:
8. Peleas en el hogar.	Nerviosismo, verticalidad, temor, argumentación, belicosidad, sentimiento de culpa en los conflictos, asumir responsabilidad emocional por los padres.
9. El padre muere o abandona la familia.	Culpa, auto acusación, enojo, expectativa de abandono, dese4o excesivo de encontrar un sustituto, deseo de muerte, depresión.
10. Relación sexual violenta o enfermiza durante el embarazo; tener más de un compañero o compañera sexual.	Aversión al sexo, temor al órgano masculino, actitudes sexuales no saludables.
11. Parto inducido o sección C.	Ataduras; intenso deseo de contacto físico; perversión sexual.
12. Parto doloroso fuera de lo normal.	Inaceptable expresión de ira; depresión.
13. Cordón umbilical enredado en el cuello.	Problemas de la garganta; problemas para tragar; impedimentos de dicción; comportamiento antisocial. [4]

Para ilustrar una selección de estas condiciones, John y Paula Sandford han expuesto algunas de las relaciones entre las experiencias prenatales y los problemas actuales de su propia vida y la de sus hijos. Paula descubrió la raíz de su propia actitud defensiva en el hecho de que la madre soportó una operación inmediatamente antes de su embarazo y le fue necesario tener su abdomen fajado para sostenerlo. La madre de Paula temía que ese embarazo abriera la incisión que le habían practicado o que perdiera su bebé. Por lo tanto,Paula se sintió culpable de estar en el vientre de su madre. Estas son sus palabras textuales sobre el efecto de estas impresiones:

El resultado de lo anterior fue que yo tratara de actuar para ganarme el derecho a existir, y que asumiera una responsabilidad emocional por poner en riesgo a mi madre. En consecuencia, desarrollé una excesiva sensación de la necesidad de controlar, de mantener las situaciones dentro de un orden manejable. El tipo de timidez con el cual había luchado durante toda mi vida fue identificado por la persona que oró por mí, como un sentimiento que estaba arraigado en lo profundo de mi ser interior en cuanto a que sí yo crecía iba a llenar un espacio por el cual otra persona se sentiría amenazada. Así vivía aprisionada por el temor, y con una ira oculta (de mí misma). [5]

Loren, el hijo de John y Paula Sandford vivió con un perturbador temor a la muerte. Desde que nació se negaba a ir a dormir sin importar lo cansado que estuviera. Cuando él nació Paula tuvo un parto difícil y a nadie se le permitió estar con ella en ese momento. Al respecto ella cuenta:

Recuerdo mi lucha contra el temor y la soledad mientras oraba: "¡Dios, no me dejes morir!" Sin consultarme a mí o a mi familia, el médico me suministró una fuerte dosis de éter, sin saber que años antes me habían advertido que nunca me deberían aplicar tal medicamento. Cuando vi por primera vez a Loren estaba pálido, con rostro azuloso y soñoliento, y así permaneció por largo tiempo, el suficiente para preocuparnos a todos. Tuvimos que esforzarnos por mantenerlo despierto para alimentarlo. Investigaciones recientes nos han revelado que el feto experimenta de inmediato los efectos de alcohol, drogas o anestésicos suministrados a la madre. Con razón este pequeño espíritu estaba temeroso de dormir. Había recibido el mensaje: "Tengo que permanecer despierto porque si me duermo podría morir" [6]

Eimy, hija también de los Sandford, ha sufrido un letargo que ellos describen así:

Una ambivalencia en los padres puede producir letargo en el hijo. Eimy comenzó la vida como un embarazo ectópico, es decir, fuera del útero. Pasé diez días en el hospital con mis pies elevados. La oración, un pequeño movimiento realizado por el Señor y una buena atención médica obraron en conjunto para salvar esa preciosa vida. Pero la bebita estaba tan soñolienta que a duras penas comía. Durante su infancia parecía ir dormida por la vida, carente de estabilidad. Pero la oración posterior pidiendo a Dios la sanidad de su espíritu la hizo florecer y asumir el control de su vida de una manera dinámica. La oración también la liberó del temor a los recintos cerrados. [7]

Su hijo Mark también sufría del sentimiento de no haber sido deseado, acerca del cual Paula dice:

Mark fue el siguiente en ser concebido mientras yo estaba todavía en el seminario y tuvimos que luchar contra la amenaza de otro embarazo perdido. También tuvimos que orar por él para que asumiera el control de su vida. El Señor nos mostró que la dislexia con la cual luchó en sus primeros años fue una manifestación física de su lucha espiritual por la vida. Sintiéndose no deseado –era el tercer hijo cuando dos ya eran una carga financiera– no quería nacer. Su expectativa de que iba a ser rechazado causó lesiones en otras partes de su ser. [8]

Los hijos que han sido adoptados a menudo sufren graves problemas de auto estima. Estos problemas casi siempre tienen sus raíces en la reacción del individuo hacia las circunstancias que rodearon su concepción, gestación y nacimiento. Esto es predecible cuando la concepción generalmente ocurre fuera del matrimonio, con una madre muy joven a quien dejan sola enfrentando su embarazo. Ella sufre gran temor y vergüenza acompañados de sentimientos de auto condenación y relaciones tirantes con sus padres y amigos. Quiere esconderse o morir, y el remordimiento la atormenta. El bebé en su vientre experimenta todos estos sentimientos y nace con tales emociones como rechazo, vergüenza, temor al abandono, y el sentimiento de que nadie deseaba que él viviera. Estos sentimientos causan profundas heridas con las cuales muchas personas viven durante toda la vida sin saber que tuvieron su origen en la disyuntiva de sus padres en cuanto a lo que debían hacer con ellos.

En uno de mis seminarios, uno de los asistentes, un joven a quien llamaré Larry, levantó la mano después que habíamos hecho el ejercicio de "regreso al vientre materno". Se quejó de que todo se había tornado oscuro para él tan pronto empezamos el ejercicio. Siguiendo nuestra costumbre, cuando dicho ejercicio en público produjo tal bloqueo arreglamos con él una cita en privado para una sesión de ministración en oración. Larry había sido adoptado a una edad muy tierna por una pareja sin hijos que, según él y otras personas con quienes hablamos, eran padres modelo. No obstante, toda su vida vivió con un profundo enojo hacia ellos y hacia sí mismo. Mientras le ministrábamos descubrimos que las raíces y la causa de su enojo eran el sentimiento de que había sido abandonado por sus padres biológicos y se había sentido frustrado ante su fracaso en descubrir quiénes eran y la razón por la cual lo habían abandonado.

Al orar y tratar de oír de Dios las circunstancias bajo las cuales fue concebido decidimos que tal vez sus padres no estuvieron casados. Un punto muy importante era saber si él podía o no perdonarlos por traerlo al mundo sin una familia y por haberlo entregado luego a quienes finalmente lo criaron. Él necesitaba ver en el hecho de *darlo en adopción* un acto responsable de amor y preocupación por proveer para él una familia, y no como un abandono irresponsable. Aunque fue difícil, finalmente Larry pudo ver la presencia de Jesús en los hechos que condujeron a su adopción y tuvo la capacidad de perdonar a sus padres biológicos y agradecerles a ellos y a Dios por proveerle una buena familia. También tuvimos que enfrentar algunos demonios pero fueron expulsados fácilmente cuando tratamos su problema principal: su enojo, su renuencia a perdonar y el rechazo de sí mismo.

Reacciones a experiencias de la niñez

Además de los recuerdos de hechos y situaciones previos al nacimiento, los niños pueden sentir también después si no son deseados. Ya sea cierto o no, pueden sentirse rechazados cuando piensan que son una carga financiera, una molestia, o la causa de problemas familiares. Pueden tener la sensación de no ser bien parecidos o de que carecen de ciertas habilidades; quizá tienen un problema de comportamiento (por ejemplo llorar demasiado o ser excesivamente tímidos); tal vez sienten que son del sexo equivocado, o menos favorecidos que sus hermanos.

Yuli tenía esa impresión. Ella nació después de un hijo varón. Esto debió haberle asegurado la aceptación sobre la base de sus propios méritos pues sabemos que generalmente los padres desean una niña después de un varón. Sin embargo su hermano tenía muchas habilidades fuera de lo común, y a ella constantemente la comparaban con él resultando perdedora. Por ejemplo, desde sus primeros días ella fue una niña complaciente que rara vez lloraba o exigía atención y se mostraba contenta en donde la ponían. A menudo permanecía ignorada, según opinión de sus propios padres. Cuando creció, frecuentemente recordaban en su presencia que ella había aprendido a usar la cuchara, a caminar, a hablar y a no mojar la cama mucho después que su hermano. El hecho de que ella hubiera aprendido a usar el orinal antes que él, escasamente se mencionaba.

Las cosas empeoraron cuando poco después de cumplir dos años nació su hermanita menor. Esta bebita demandaba atención y la lograba.

Y otra vez Yuli fue ignorada. Ese patrón se repitió durante sus años escolares. Ella era silenciosa y demasiado tímida para levantar la mano aún cuando supiera la respuesta. Era muy poco notada por los profesores y por sus compañeros de clases. Tuvo un buen amigo durante el primero y segundo grados pero su familia se mudó antes de empezar el tercer grado y jamás volvió a tener un amigo como ese compañero de la escuela. El resto de la historia no fue mejor, aunque se convirtió a Cristo cuando era adolescente.

Cuando Yuli acudió a nosotros en procura de ministración sufría de una auto estima increíblemente baja. Durante la ministración recibió un buen grado de libertad al mirar la presencia de Jesús en muchos de esos acontecimientos. No obstante, todavía sigue tratando de cambiar su manera de verse a sí misma. Necesita hacer el esfuerzo de no descuidarse a sí misma, tal como sus padres lo hicieron, y para no compararse desventajosamente con otras personas y para no hablar consigo misma en forma negativa. Me encanta recomendarles a las personas como Yuli que pasen algún tiempo diariamente frente a un espejo hablándose cariñosamente y *repitiendo que se aman* a sí mismas, aún antes de que desarrollen sentimientos de amor hacia otros.

Los patrones con los que tratamos en la vida de Yuli estaban entretejidos en su ser desde la niñez. Aunque las heridas no eran culpa suya, ella fue responsable de sus reacciones y de la manera como las manejaba. No parece que ella haya sido una niña indeseada pero interpretó la falta de atención que sufrió como un indicativo de que no tenía mucho valor.

Las reacciones a las percepciones que se tienen de las experiencias escolares son otra importante causa de lesiones emocionales. Incluso si uno no ha sufrido ese daño en el hogar, los compañeros de escuela son bastante crueles en muchas ocasiones. Además, los profesores a menudo se equivocan en cuanto a lo que necesitamos, aunque intenten tratarnos bien. Y algunos de ellos, agobiados por sus propios problemas, no están en capacidad de tratarnos de la manera adecuada. Ese es el caso de Yila. Aunque era una buena estudiante, por alguna razón fue ridiculizada por su profesor después de obtener una nota baja en un examen en el quinto grado. Esto nunca le había ocurrido a ella antes y estaba tan mortificada que no pudo volver a sentirse cómoda en la clase. Pero durante la sesión de ministración tuvo la experiencia de ver a Jesús a su lado durante el bochornoso incidente, diciéndole: "Todo está bien, yo estoy contigo".

Reacciones durante la pubertad
y la edad adulta

Aunque las personas no sufran este tipo de daño emocional durante su niñez, muchos son gravemente lesionados durante la adolescencia y en los años siguientes. La pubertad puede ser particularmente difícil para la imagen de uno mismo. El período de nuestro desarrollo en muchos casos no está sincronizado con el de los demás. Probablemente nos acomplejaba el hecho de ir adelante o atrás de otros, de ser más bajos o más altos, y de que el resto del grupo se riera de nosotros.

Bárbara Rainey cuenta la lesión emocional que sufrió cuando en su adolescencia le preguntaron: "¿Estás segura de que eres una chica?" Ella estaba retardada en su desarrollo —según los estándares de otras personas— y fue tratada cruelmente por las otras jóvenes. Los chicos pueden ser muy crueles como se puede notar cuando entras en el cuarto de vestuario (*vestier*) de una escuela secundaria. El muchacho cuyo pene es pequeño y que tiene poco o ningún vello púbico es ridiculizado por parte de sus compañeros más desarrollados. Muchos chicos quedan aterrorizados para siempre por tales experiencias.

Los rechazos y las traiciones también producen un impacto traumático en el camino de la vida. Estos pueden ocurrir por parte de personas que se creían amigos o compañeros fieles en el campo sentimental, por ejemplo los cónyuges. Las experiencias profesionales o de trabajo como la incertidumbre o la frustración por la posición que se ocupa, o ser despedido de un empleo o fracasar en un negocio, también pueden ser dañinas —en muchas ocasiones en gran medida— para las emociones. El hombre a quien en el capítulo 7 llamaremos John, fue presionado para que dejara su primer empleo y cambiara de carrera. Un profundo sentimiento de fracaso y vergüenza ante su familia y amigos, combinado con su propio hábito de culparse y condenarse a sí mismo por cualquier cosa que resultara mal en su vida, produjo las heridas que él sufrió por mucho tiempo.

Podemos imaginarnos que viajamos como turistas en un viaje de placer a través de la vida. En cada parada del camino compramos más y más cosas. Pero esas cosas que adquirimos se convierten en un equipaje cada vez más pesado para llevar, y en mayor dificultad para entrar y salir de coches, buses, trenes y aviones. De igual modo, al avanzar en nuestra jornada personal por la vida, el equipaje de rechazos se torna cada vez más pesado, más voluminoso y más difícil de manejar. Al movernos de un lugar a otro perdemos equilibrio y corremos el riesgo de caer. Nos esforzamos por parecer tranquilos, calmados y serenos, pero lo cierto es que libramos un gran conflicto interior por ocultar lo que cargamos. Tal equipaje nos hace candidatos de primer orden para la sanidad de profundo nivel.

Tal como le ocurrió a Larry, a quien mencionamos previamente en este mismo capítulo, el daño emocional sufrido puede abrir la puerta para que demonios entren y se queden. Como lo dijimos antes, los demonios son como ratas, y las ratas van tras la basura. La basura del enojo, la vergüenza, el auto rechazo, el temor, y una legión de emociones negativas proveen un terreno fértil para que las ratas diabólicas entren y vivan en una persona. Aunque los demonios son siempre un problema colateral al de la "basura" con la cual se alimentan, si la persona quiere ser libre es necesario expulsarlos después de tratar con la basura. Para mayor información sobre cómo tratar con las "ratas", vea el capítulo 10, y mi libro *Defeating Dark Angels*[Cómo Derrotar a los Ángeles de las Tinieblas].

Ni siquiera la conversión resuelve el problema

¡Qué frustrante es la conversión cristiana para las personas que acarrean tales cargas! Se les ha prometido que todas las cosas serán hechas nuevas (ver 2 Corintios 5:17) cuando acepten a Jesús como su Salvador y Señor, pero eso no siempre ocurre en todas las áreas de su vida. Más bien parece que continúan los mismos problemas, tanto externos como internos. Yo recuerdo con claridad mi propia lucha con esos hábitos y pensamientos que creí habrían desaparecido cuando le entregué mi vida a Cristo.

El conflicto del apóstol Pablo, registrado en Romanos 7:15-19, fue bien real para mí: ni podía hacer lo que yo quería, ni lograba entender qué andaba mal en mí. Este conflicto me llevó al punto de cuestionar muchas veces la validez de mi conversión a Cristo.

Todavía hoy no puedo entender a cabalidad cómo pudo Pablo prometer de manera tan simple la vida renovada en 2 Corintios 5:17, cuando él sabía que habría mucho más trabajo. Sin embargo, lo que ahora sé es que mediante el ministerio de la oración, el poder de Dios puede ser aplicado a las reacciones con las cuales batallamos, de manera que nos haga libres. No solamente podemos ser liberados de cargas enormes sino que también podemos perdonar a quienes erróneamente nos llevaron a pensar que las cosas serían así de fáciles.

Asumamos la responsabilidad por nuestras reacciones

Aunque parece que como seres humanos estamos jugando en lo que algunos llamarían *un campo desnivelado e irregular,* no podemos culpar a los demás o a la interferencia demoníaca por los problemas causados por nuestras reacciones. Es cierto que tenemos una naturaleza pecaminosa que nos empuja en dirección al pecado y que muchos tenemos un historial que se extiende en el pasado hasta la concepción que muestra suficientes heridas emocionales enconadas. Y además de todo esto, tenemos que batallar con la presión que sobre nosotros ejercen los siempre activos ángeles de las tinieblas cuyo trabajo es hostigarnos. Pero a pesar de todo, *la Biblia no nos da derecho de culpar a otros por nuestras reacciones, no importa bajo cuanta presión estemos.*

La clave para asumir responsabilidad por nuestras reacciones está en descubrir las raíces de los problemas y tratar con ellas. Por eso invertimos tanto tiempo en conocer las experiencias de la vida temprana. Tal como David A. Seamands lo señala:

Si nos detenemos a mirar con franqueza nuestro comportamiento descubriremos que en realidad no hemos reaccionado a la situación presente tal como ella es. Más bien ese niño del pasado que está oculto en nuestro interior emergió a la superficie para responder a algún hecho o relación del pasado. No hemos actuado con madurez sino que hemos respondido a unas circunstancias totalmente diferentes de las que son reales.

Podemos descubrir las raíces de nuestras reacciones con la ayuda de Dios y de otras personas, pero solamente nosotros debemos asumir responsabilidad por ellas. Si queremos ser sanados tenemos que estar decididos a enfrentar y modificar nuestras experiencias y actitudes hacia ellas. Aunque esto lo hacemos en colaboración con Jesús, él no hace el trabajo por nosotros. Es necesario que hagamos la obra con él. Debemos reconocer y entregar a Dios todas las actitudes como vergüenza, temor, enojo, amargura, resentimiento y similares, así hayan sido identificadas o no como pecados.

Satanás procura impedir que asumamos esta responsabilidad tentándonos a culpar a otros por nuestros problemas. Aunque muchas cosas con las cuales batallamos son causadas por las acciones de otros, aún así no tenemos derecho de culparlos por nuestras reacciones. Tal vez podemos aplicar aquí las palabras de Jesús cuando dijo que no es lo que entra en una persona lo que la contamina, sino lo que sale de ella (ver Mateo 15:11). *No podemos culpar por nuestras actitudes a los demás, ni al "sistema", ni aún a Satanás.*

Aunque Dios juzgará a quienes nos hieren por lo que hayan hecho (ver Romanos 12:19), él nos hace responsables de nuestras reacciones. Esto es cierto, aun cuando lo que nos hicieron los ofensores les traiga un fuerte castigo. Ellos son responsables ante Dios por sus acciones; nosotros por las nuestras. No importa la causa de la herida, si deseamos profunda sanidad interior debemos asumir responsabilidad por las actitudes y acciones que hemos interiorizado. La renuencia a hacerlo solamente demora el proceso de sanidad, si es que no lo impide completamente.

Las normas de Dios demandan que cuando somos victimizados renunciemos a cualquier derecho de venganza contra quienes nos hieren. Esta norma es dura pero tenemos que obedecerla si queremos tener libertad y disfrutar la capacidad de ministrarla a otros. Jesús dejó en claro que debemos perdonar a nuestros enemigos si esperamos que Dios nos perdone a nosotros (ver Mateo 6: 12-15). Yo creo que si nos han herido tenemos derecho a la venganza, pero precisamente esto es lo que Jesús quiere que le entreguemos: el derecho a vengarnos. Si queremos ser libres y permanecer así, debemos vivir una vida de perdón.

El problema de la culpa

Una de las principales estrategias del Enemigo es hacernos sentir culpables y mantener en nosotros ese sentimiento de amargura. Él enfoca su atención especialmente en tres áreas: 1) en la confesión de pecado (si puede impedir que practiquemos la confesión, lo hará); 2) hacer que sigamos sintiendo culpa por pecados confesados y perdonados; y 3) crear en nosotros un sentimiento de culpa por lo que otros nos han hecho. Si lo permitimos y lo alimentamos, el sentimiento de culpa le provee a Satanás una fortaleza espiritual y emocional en nosotros, lo cual puede llevarnos a ver la realidad en una forma completamente torcida.

David A Seamands enfatiza la capacidad destructora del sentimiento de culpa en la vida humana:

Si es cierto que perdonar es la más terapéutica acción de una vida, entonces la culpa también debe ser la más destructiva. Sencillamente no hemos sido diseñados para soportarla, de modo que automáticamente tratamos de expiarla y de deshacernos de ella de alguna manera. Pero muchas veces la llevamos con nosotros en nuestro cuerpo y nuestra mente, y afecta toda nuestra personalidad. O la ponemos en una bolsa y la descargamos en otra persona. [10]

Lo mismo podemos decir de la vergüenza. El complejo de culpa consiste en sentirnos mal acerca de algo que hemos *hecho*; *vergüenza es sentirnos mal por lo que somos*. Los dos sentimientos obran juntos. Lo que hemos hecho, que nos hace sentir mal, puede afectar profundamente nuestra actitud hacia nosotros mismos al punto de vivir avergonzados, con sentimientos de auto condenación, incluso de odio hacia nosotros. A continuación mencionaré algunas causas de culpa y vergüenza.

1. Pecado no confesado

El Enemigo quiere a menudo que guardemos pecados sin confesar, especialmente cuando nos asedia el desaliento y sentimos que no podemos hacer nada bien. Cuando cometemos pecado y no lo confesamos, le damos al Enemigo una oportunidad para cargarnos innecesariamente con un sentimiento de culpa. Lo que Dios desea es que cuando eso ocurra sintamos la *convicción de pecado* que es una respuesta en nuestro espíritu generada por el Espíritu Santo, el cual nos guía a confesarlo y a recibir el perdón.

Por el contrario, el Enemigo intenta esclavizarnos mediante el ocultamiento del pecado y el desarrollo del sentimiento de culpabilidad. La sanidad de profundo nivel es necesaria en muchas ocasiones para enseñarle a la gente a distinguir entre la tierna represión (o convicción) del Espíritu Santo, y la culpa (la reacción emocional al pecado no confesado).

En la esfera espiritual, la culpa y la convicción de pecado son polos opuestos. El apóstol Pablo lo señala en 2 Corintios 7:10 al hacer un contraste entre la tristeza o aflicción que produce la convicción de Dios, con la que es de origen humano: "Porque la tristeza que es según Dios produce arrepentimiento para salvación, de que no hay que arrepentirse; pero la tristeza del mundo produce muerte".

2. Pecado ya confesado

Si el Enemigo no puede impedir que confesemos nuestro pecado, procura evitar que sintamos el perdón que Dios nos concede. Aún si lo hemos confesado y hemos sido limpiados de toda maldad (según 1 Juan 1:9), muchas veces es fácil para Satanás convencernos de que el pecado fue demasiado grande como para deshacernos de él tan fácilmente. Ciertamente estamos libres pero no nos *sentimos* perdonados.

David A Seamands dice que "la anécdota más útil respecto a este asunto la escuchó de un joven quien dijo que cada vez que empezaba a orar le recordaba a Dios cierta falta que cometió en el pasado. Un día, cuando lo hizo, fue como si Dios le hubiera susurrado: `Hijo, suficiente con eso. Deja ya de recordarme ese pecado. ¡Vagamente recuerdo haberlo olvidado hace mucho tiempo!'" [11]

Tanto la falta de confesión como retener el sentimiento de culpabilidad después de la confesión incapacita para perdonarse a uno mismo. Como David, sentimos que "siempre estamos concientes de nuestro pecado" (Salmo 51:3). El sentimiento de culpa es una de las causas principales para no perdonarnos. Esa incapacidad de perdonarnos también debe ser confesada porque Dios quiere que perdonemos a todo el que él ha perdonado.

3. Culparse a sí mismo por ser la víctima

Quienes han sido víctimas de algo, generalmente se culpan a sí mismos por lo que les hicieron. Suponen que quienes los hirieron sabían lo que hacían, y lo hicieron porque ellos (las víctimas) lo merecían. Con frecuencia he escuchado a algunas "víctimas" que dicen esta frase: "Si yo no fuera malo (o mala), no me habrían hecho eso". Es difícil convencer a las víctimas de que el mal que les causaron fue resultado de la maldad de alguien más. Insisten en sentirse culpables, aún si no pueden descubrir qué han hecho para merecer tal tratamiento.

En su valioso libro *Pain and Pretending* [Dolor y Simulación], Rich Buhler llama a este hábito de culparnos por lo que otros nos han hecho "la doctrina de la elegibilidad". Al respecto dice:

¿Por qué los niños se culpan a sí mismos? Creo que es por causa de lo que yo llamo "la doctrina de la elegibilidad" que existe en forma fascinante aún en el corazón del niño más pequeño. Esta doctrina la traemos con nosotros hasta la edad adulta y afecta a muchos individuos en maneras de las que no somos plenamente concientes. Esta doctrina lleva al niño a la conclusión de que "Soy culpable de mi dolor".

¿Qué es la doctrina de la elegibilidad? Muy sencillo. Es la creencia de que a la gente buena "le ocurren cosas buenas"; y a la gente mala "le suceden cosas malas". Al crecer y desarrollarnos síquicamente aprendemos que en el mundo hay gente "buena" y gente "mala". Y creemos que el éxito y la victoria están asociados con la gente buena, y que el fracaso y la derrota están ligados a la gente mala. Dicho de otra manera simple, aprendemos que para que nos ocurran cosas buenas tenemos que ser "elegibles" para ellas. Y que si somos malos siempre nos ocurrirán cosas malas. [12]

Un hombre, a quien llamaré Terry y quien era asediado por el complejo de culpa, sufría de dolor intenso en varias de sus articulaciones. Aunque no fue conciente de ello hasta que entramos en nuestra sesión de ministración, el dolor y la culpa estaban íntimamente relacionados. Él estaba bien conciente de sus sentimientos de culpabilidad. Lo asediaban donde quiera que iba. Al describir su situación dijo que se sentía culpable por casi todo lo que hacía, o por cualquier cosa que otros hicieran que tuviera relación con él.

Encontramos la causa del problema de Terry en el hecho de que, en opinión de sus padres, él no debía haber nacido. De este modo se sentía culpable por el sólo hecho de existir. Interpretaba como culpa suya el menor maltrato por parte de sus padres, compañeros de juego, maestros u otras personas. De igual manera se sentía culpable por cualquier cosa que en su entorno saliera mal, incluso si él no tenía nada que ver con la causa. Toda la visión que Terry tenía de la realidad estaba distorsionada por sus sentimientos de culpa.

Al comentar una visión así como la de Terry, David A. Seamands, dice: "algunas personas no sabrían cómo vivir si no se sintieran culpables; la ansiedad espiritual los haría trizas. Ese *ego* culpable llega a ser la base de una `buena conciencia´, mientras que una buena conciencia crea de alguna manera un sentimiento de culpa" [13]

Realmente Terry estaba enfrentando las tres estratagemas del Enemigo: pecado no confesado, incapacidad de recibir perdón por el pecado confesado, y culparse a sí mismo por lo que otros le hicieron. Aunque la culpa por los pecados que él había cometido no era su mayor problema, había dejado sin confesar varios de sus pecados debido al desánimo que lo agobiaba. Además de la culpa que ya sentía por ellos, el Enemigo tuvo éxito en mantenerlo atado con un sentimiento de culpa mucho mayor por los pecados que ya había confesado pero los cuales parecía no poder olvidar, y por culparse por las heridas que otros le habían infligido.

Personas como Terry, lo que menos necesitan oír es la palabra "pecado" relacionada con sus problemas de culpa. Eso sólo las hace sentir más culpables. Por eso yo prefiero decirles que el problema consiste en "adherirse a la culpa", "incapacidad de perdonarse uno mismo" y "culparse uno mismo por las faltas de otros". Las personas que sobrellevan estos problemas no necesitan que pongamos sobre ellas una culpa más al rotularlas como pecadoras.

Cómo tratar con la renuencia a perdonar

El obstáculo más grande para recibir sanidad al más profundo nivel es la negativa a perdonar. Parece ser una regla: negarse a perdonar crea tal trastorno en nuestro ser físico y emocional que las consecuencias pueden ser bastante graves. La renuencia a perdonar es la reacción que parece causar el mayor daño a las emociones de de una persona.

Cuando alguien es herido, el enojo es una reacción normal. Pero cuando la persona retiene su enojo éste se convierte fácilmente en actitudes tales como resentimiento, amargura y falta de perdón. Y estas actitudes proveen un terreno fértil para las actividades del Enemigo.

No puedo calcular el gran número de personas por las cuales he orado y que han recibido sanidad física, emocional o espiritual casi inmediatamente después de haber tratado el problema de su negativa a perdonar. En varias ocasiones algunas personas han acudido a mí con extrema rigidez y dolor en sus hombros. Pero cuando perdonaron a la persona con la cual estaban enojadas, los síntomas desaparecieron inmediatamente. Toda la personalidad y apariencia de cierta mujer cambió cuando desechó su negativa a perdonar a numerosas personas contra las que estaba resentida.

El perdón es un factor fundamental que debemos buscary sanar al comienzo de la ministración. La primera regla en la sanidad de profundo nivel es *busque la negativa a perdonar.* Cuando el individuo perdona, libera de su enojo, amargura, resentimiento y deseo de venganza frente a la persona contra la cual tiene algo. Cuando perdonamos no estamos declarando a la persona perdonada como "no culpable". Más bien reconocemos su culpa y le damos a Dios el derecho a juzgarla. El perdón no es para los inocentes sino para los culpables.

Cuando se niega el perdón, ambos, el que no perdona y el no perdonado permanecen esclavizados. En cambio, cuando perdonamos dejando en las manos de Dios el derecho a la venganza, ambos son liberados.

Cuando ministramos a otros y buscamos en su vida para ver si hay renuencia a perdonar, no debemos dejar ni una piedra sin remover. Esto es mejor hacerlo desde el principio buscando con cuidado el enojo, la amargura y el resentimiento. Tal como pudimos observarlo en el esquema suministrado en este mismo capítulo, muchas experiencias prenatales deben ser limpiadas de tales reacciones para que la persona pueda ser libre. De igual manera debemos tomar seriamente las experiencias de la niñez y la adolescencia y limpiarlas mediante el cambio de actitud que ocurre cuando uno perdona.

La Biblia nos muestra que el perdón fue un tema importante en la enseñanza de Jesús. Nuestro Señor enseñó a sus discípulos (y a nosotros) que no debe haber límite en la acción de perdonar a otros (ver Mateo 18:21-35). Luego él mismo proveyó el ejemplo perdonando a quienes lo crucificaron (ver Lucas 23:34). Siguiendo este mismo patrón, el apóstol Pablo nos dice que "de la manera que Cristo nos perdonó, así también lo hagamos nosotros" (Colosenses 3:13). También es parte de la oración del Señor o el "Padrenuestro" pedirle a Dios que perdone nuestras ofensas como nosotros perdonamos a quienes nos han ofendido (ver Mateo 6:12). Jesús agrega después que sólo si perdonamos a los demás nos perdona Dios a nosotros (ver Mateo 6:14-15).

Rich Buhler dice que para muchas víctimas la idea de perdonar a quienes causaron su dolor les parece absurda, incluso imposible. Ciertamente el perdón es contrario a la forma de "arreglar las cosas" de nuestra sociedad. No obstante es un paso vital hacia una sanidad completa, que es una de las razones por la que el perdón es tan importante en las enseñanzas de Jesucristo. [14]

El perdón es algo así como un "sistema de excreción" espiritual. Para entender esta analogía, piense en nuestra estructura biológica. Si no evacuamos el estómago cada día, o si por alguna razón los conductos excretorios se bloquean, la ley biológica establece que nos intoxicamos todo nuestro organismo. Lo mismo ocurre en nuestro espíritu con la renuencia a perdonar. Si nos negamos a hacerlo, existe una ley en el universo –tan firme e inflexible como la ley de gravedad– que establece que tal negativa produce intoxicación interior. Las consecuencias de ignorar este principio producen serios problemas espirituales, emocionales y físicos. De hecho, la renuencia a perdonar es como un cáncer emocional y espiritual. A medida que se esparce bloquea las emociones y la sanidad espiritual, y puede llevar a una muerte espiritual. Incluso puede ser una de las raíces que causa serias enfermedades físicas.

Al ministrar tengo por costumbre afirmar *el derecho* de la persona herida a estar enojada y aún a negarse a perdonar. La mayoría de quienes luchan con la negativa a perdonar han sido severamente lastimados por otros y necesitan saber que tienen este derecho a sentir enojo. Afirmar el hecho de que sus sentimientos son normales y que tienen el derecho a sentir así es un paso importante hacia la libertad. Pero para ser libres necesitan entregar al Señor Jesús su derecho al enojo, a la amargura y a la venganza.

En muchas ocasiones, a las personas heridas se les ha hecho sentir que su enojo en sí mismo es pecado. Pero no es ese el caso según lo aprendemos de Efesios 4:26. David Seamands, dice:

Es tiempo de que algunos superemos estas ideas infantiles respecto a este asunto. El enojo no es una emoción pecaminosa. De hecho no existen emociones pecaminosas… el Enojo es una emoción divinamente diseñada. Unida estrechamente con nuestro instinto por lo que es justo, ha sido diseñada −como todas nuestras emociones−, para que la utilicemos con propósitos constructivos. [15]

Dios no nos niega el derecho de elegir una reacción que él sabe que es dañina. Sencillamente nos invita a liberarnos de ella diciendo: "Dame tu carga. Conservar esas cargas como el enojo, la amargura y la falta de perdón te esclaviza y te destruye". Él Señor Jesús tiene cargas como estas en mente cuando dice vengan a mí con sus pesadas cargas que yo les daré descanso (ver Mateo 11:28); 1 Pedro 5:7). Cuando él dice que debemos renunciar a nuestro derecho a vengarnos (ver Romanos 12:19), sabe que es por nuestro propio bien. Él conoce las leyes del universo y lo que es mejor para nosotros cuando desarraiga de nuestra vida el cáncer espiritual del enojo, la negativa a perdonar y la amargura.

Entregar a Dios el enojo, la amargura, el resentimiento y la renuencia a perdonar no es una forma de negación. Exige enfrentarlos con franqueza y reconocerlos. Dios demanda de nosotros total veracidad. Él solamente sana a quienes enfrentan los hechos y le entregan a él la pesada carga de tales sentimientos.

A menudo, entregar esos sentimientos tan intensos a Dios es un proceso más que un acto que se realiza una sola vez para siempre. Quienes ministramos sanidad espiritual necesitamos reconocerlo así y no ser impacientes si las personas no pueden derramar todo su enojo y falta de perdón de manera inmediata. Dios lo comprende y con frecuencia concede gran libertad a quienes apenas han dado el primer paso de su jornada hacia el perdón completo de las personas que los han herido.

La honestidad nos obliga a reconocer que ha habido una herida real y que quienes la han causado son responsables ante Dios por su comportamiento. Él les dará su paga. A nosotros sencillamente nos dice que no tratemos de hacer su trabajo. Él vengará nuestras heridas en su tiempo y a su manera (ver Romanos 12:19). Jesús perdonó a quienes lo clavaron en la Cruz. Eran culpables y tendrían que pagar por ello, pero él no iba a permitir que el enojo, la amargura y el resentimiento los esclavizaran; no importaba lo que le habían hecho.

Cuando ministramos a quienes se les hace difícil perdonar, a menudo es útil llevarlos a mirar la vida pasada del ofensor. *Puesto que las víctimas causan más víctimas,* en muchas ocasiones quienes lastiman a otros también han sufrido graves maltratos. Muchas veces una sencilla pregunta como "¿qué tal fue la niñez de su papá o su mamá?" es suficiente para cambiar la actitud de un hijo o una hija herida hacia sus padres.

Cuando vemos a nuestros padres o a otros que nos lastimado como víctimas en sus primeros años de vida, generalmente es más fácil perdonarlos. A veces el ejercicio llamado "buen padre, mal padre" descrito en el capítulo 12, es útil en este proceso. A menudo le hago notar al paciente que quienes lo lastimaron nunca tuvieron la ventaja que él tiene ahora de recibir ministración para que sus heridas sean sanadas. Obviamente, el hecho de haber tenido tales problemas en su edad temprana no excusa a los abusadores por haber hecho lo que hicieron. Pero comprender su dolor nos hace más fácil perdonarlos.

Más allá del perdón yace lo que para muchos es un reto aún mayor: el reto de bendecir y amar a las personas que han perdonado. De acuerdo con la Biblia, *el amor es una elección, no una emoción.* Debemos elegir amar a las personas, nos gusten o no. Es nuestro deber elegir amar aún a nuestros enemigos (ver Mateo 5: 44; Lucas 6:27-35) y bendecir a quienes nos maldicen (Mateo 5:44; Lucas 6:28; Romanos 12:14). La capacidad de amar y bendecir a quienes nos han hecho mal es una irrefutable demostración de la libertad que Cristo nos otorga cuando perdonamos.

El perdonarse uno mismo y a Dios

En este punto donde hemos llegado, perdonar a otros debe ser ya algo obvio. Pero no tan obvio es el hecho de que las personas heridas generalmente también necesitan perdonarse a sí mismas y a Dios.

El enojo contra uno mismo

Por cuanto las víctimas tienden a culparse a sí mismas por sus problemas, especialmente cuando han sido maltratadas en su tierna edad, con frecuencia encontramos que tales personas sienten enojo contra sí mismas como si hubieran sido las ofensoras. Junto con esa actitud viene la auto condenación, el rechazo y el rencor contra ellas mismas, reforzados en muchos casos por presencia de demonios.

Sally es un ejemplo de persona en quien se encontraban todas esas dañinas actitudes hacia sí misma. Se sintió descuidada por la madre y por los distintos esposos que su progenitora llevó a casa mientras ella crecía. Respondió a estos sentimientos de abandono y carencia de responsabilidad haciendo cosas que la metían en problemas con las autoridades escolares y más tarde con la policía. Aunque reconocía la parte que su madre tenía en sus heridas, persistentemente argumentaba que sus reacciones demostraban que ella era mala hasta los tuétanos y no merecía perdón.

Durante la ministración fue relativamente fácil para Sally perdonar a la madre. Para ella era obvio que su madre había sido victimizada en su tierna edad y nunca había logrado tener control sobre sus reacciones hacia tal maltrato. También podía aceptar mentalmente que sus propias reacciones eran susceptibles de ser perdonadas. Sin embargo, parece que no podía renunciar al sentimiento de que algo malo y defectuoso debía tener ella. "De otro modo —decía Sally— ¿por qué reaccionaba yo de tan inaceptable manera?" Fue necesario orar mucho tiempo para que lograra entregarle a Jesús el rencor hacía sí misma y su renuncia a perdonarse.

Un paso importante en el proceso ocurrió cuando pasó de saber que Jesús la había perdonado, a reconocer que él esperaba que ella perdonara a quienes él perdonó primero. Otro importante paso fue ejercitar consigo misma el don de compasión ó misericordia, un don que Dios usó a través de ella de manera maravillosa trabajando con personas discapacitadas. Finalmente fue capaz de perdonarse a sí misma.

Todos nos hemos enojado alguna vez con nosotros mismos por ciertas cosas que hicimos. Es fácil aferrarse a esos sentimientos permitiéndoles enconarse y transformarse en amargura y negativa a perdonar. El yo se ha convertido entonces en el enemigo al que necesitamos aprender a amar (ver Mateo 5:43-45). Quienes tienen una pobre auto estima (ver el capítulo 7) son especialmente vulnerables y proclives a permitir que tales sentimientos se intensifiquen y les causen daño emocional. Como Sally, tenemos que dar por terminada la guerra contra nosotros mismos y perdonar "este yo" que Jesús ha perdonado, aceptado y elegido para ser su hijo o su hija (ver 1 Juan 3:1-3).

Debemos aceptarnos tal como Jesús aceptó a Pedro después de su doloroso fracaso de negar a su Señor. Aunque culpable de un enorme pecado, Pedro fue objeto de perdón como un hijo que sencillamente cometió un error.

Enojo contra Dios

Para muchos creyentes, un problema mayor que el enojo contra sí mismos es el enojo que sienten contra Dios. Los que reciben consejería a menudo preguntan: "Si Dios me ama tanto, ¿por qué permitió que me ocurrieran cosa tan horribles? ¿Dónde estaba Dios cuando yo sufría abuso? ¿Por qué no lo detuvo?" Es bien doloroso tener que tratar con ambas cosas: por un lado las preguntas que no tienen respuesta, y por el otro, el inmutable requerimiento de que debemos perdonar.

Yo no sé por qué Dios permite que a la gente le sucedan cosas terribles. Pero sí sé lo que el Enemigo tenía en mente: quería destruir a esas personas. Y el hecho de que no haya podido hacerlo significa que Dios le impidió que hiciera lo peor (ver 1 Corintios 10:13). Yo puedo decir con certeza que Dios estaba allí. Satanás hizo todo lo que tenía permitido, pero no todo lo que quería hacer. En ese proceso la persona fue herida pero no destruida.

Quizá en esta vida nunca entenderemos "por qué", necesitamos reconocer que en muchas ocasiones Dios no hace su voluntad en el universo. Por eso debemos aceptar lo que Dios permite que ocurra, y agradecerle que no permita que sea peor. Por encima de todo, sabemos que él tiene la disposición y es suficientemente poderoso para sanar aún a las personas más lastimadas.

Además, él permite que nos enojemos con él. Sabe que no comprendemos lo que él sí comprende. Debido a nuestras limitaciones humanas probablemente no entenderíamos aún si él nos explicara las cosas. No lo hace. No le explicó nada a Job. Pero le permitió estar muy enojado con él sin castigarlo por eso. Y cuando Job se arrepintió, liberó a Dios de su enojo, amargura y resentimiento (ver Job 42: 2-6). Esto es lo que yo llamo "perdonar a Dios". Aunque no entendamos los hechos y algunas situaciones, podemos renunciar al derecho de enojarnos con él, asintiendo de hecho, como Job lo hizo, que Dios puede gobernar las cosas, incluso nuestra vida, a su manera (ver capítulos 40:3-5; 42:2-6). Es difícil estar de acuerdo con ello pero es el único camino hacia la libertad.

Sin embargo, a muchos creyentes se les hace difícil admitir que están enojados con Dios. Es algo que no se considera apropiado aunque conocemos la historia de Job, David y otros personajes bíblicos que le expresaron su enojo a Dios. Pero muchos temen que Dios los repudie o castigue por ello, así que, como Adán, tratan de esconder su secreto aún de Dios mismo. Pero otra vez lo digo: la libertad radica en admitir el enojo y la frustración que sentimos y entregarlos a Jesús. Ocultar esos sentimientos le da una ventaja al Enemigo. Enfrentarlos y tratarlos renunciando a ellos produce libertad.

Establezcamos los límites

Uno de los aspectos más difíciles al tratar con las reacciones de las personas hacia quienes las lastiman ocurre cuando éstas están todavía en contacto con sus victimarios. Una cosa es llevar a una persona a perdonar a quienes la hirieron en el pasado y otra muy diferente es ayudarla a que perdone a los que todavía le están causando mal. Con frecuencia tengo que tratar con esposas que son maltratadas por sus esposos y tienen que ir directamente a ellos después de terminar la sesión. Este tipo de situación está entre las más difíciles de manejar.

Muchas personas piensan que perdonar a alguien es renunciar al derecho de protegerse. Pero eso no es cierto. Perdonar es liberar a la otra persona y a uno mismo de la esclavitud del enojo, la amargura y el resentimiento. No significa que uno renuncie al sentido común, a la razón, y a todos los medios disponibles para la propia protección. Estos medios incluyen: 1) establecer límites claros, 2) asumir autoridad sobre los espíritus, y 3) contactar a las autoridades civiles o a otros servicios profesionales.

1. Límites claros

Establecer límites no es fácil. Exige considerar con mucho cuidado los derechos de uno y los del abusador. Es aconsejable que la persona trabaje con un consejero profesional o alguien más que haya tenido experiencia con situaciones de abuso para establecer una estrategia o un curso de acción. Generalmente esto exige establecer condiciones claras y firmes del tipo de "hasta aquí, pero no más". Estas condiciones deben ser comunicadas al abusador (a menudo por otra persona), y acompañadas por una amenaza en el sentido que si traspasa otra vez los límites, la víctima empaca y se va por su bien, o hasta que ciertas condiciones adicionales se cumplan. Es muy importante que la víctima esté preparada para cumplir con la amenaza, y cumplirla si el abuso continúa.

Una dama, a quien llamaré Émily tenía un esposo que quería que su matrimonio marchara bien, pero saboteaba los esfuerzos para que así fuera. Ellos habían regresado de prestar servicio cristiano en el exterior, principalmente porque sus abusivos arrebatos de ira le hicieron a ella la vida insufrible. Lo amenazó con abandonarlo y al fin lo hizo buscando refugio en un lugar para mujeres abusadas. También hizo arreglos con una amiga para que viviera con ella si se hacía necesario. Mientras ella estuvo en este lugar el esposo buscó ayuda. Ya lo había hecho antes pero sólo cambió por poco tiempo. Sin embargo, en esta ocasión él acudió a alguien que ministra sanidad de profundo nivel y el cambio operado en él parece ser permanente. Como resultado, ahora Émily y su esposo viven su relación dentro de límites de mutuo respeto y amor.

2. Asumir autoridad sobre los espíritus

En muchas ocasiones quienes abusan físicamente de otros lo hacen bajo la influencia de espíritus demoníacos. Ya sea que estos espíritus estén obrando desde el interior o el exterior de la persona, ellos dan el empujón que provoca el ataque físico.

Cuando el ataque ocurre, es una buena práctica hablar directamente al espíritu que está detrás del ataque y no con el abusador humano. Las palabras pueden ser de este tenor: "Cualquier espíritu que sea, en el nombre de Jesús te prohíbo lastimarme" o "espíritu maligno, detente en el nombre de Jesús".

He escuchado relatos de varias mujeres que de esta manera pudieron detener con éxito los ataques contra ellas. Una mujer me contó que en una ocasión fue atacada por un hombre que tenía un arma de fuego. Cuando ella le prohibió al espíritu atacarla, la mano en que el hombre esgrimía el arma cayó hacia su costado y éste se alejó mansamente. Lo que ella dijo fue algo así: "Este cuerpo pertenece a Jesucristo. The prohíbo que lo hieras".

Ya sea un abuso físico o verbal, podemos suponer que probablemente hay un espíritu involucrado. Generalmente me gusta decir, a veces como un simple murmullo: "Si esto es obra del Enemigo, ¡deténgase!" Si es un espíritu, él escucha la orden y a menudo obedece. He visto un gran número de situaciones que cambian radicalmente cuando se expresa esta orden. Cuando empieza una discusión, o una reunión muestra signos de salirse de control, este mandato es bastante eficaz.

3. Contactar a las autoridades civiles y otros servicios profesionales

En algunas comunidades las mujeres tienen la oportunidad de entrar por un tiempo a un hogar para mujeres que son maltratadas y escapar así del abuso de su esposo. Algunas han tenido que pedir la ayuda de la policía. Aunque tales medidas son de corto plazo, con frecuencia le comunican al abusador que la víctima habla en serio en cuanto a establecer ciertos límites. A veces esto lleva al abusador (o abusadora) a hacer algo permanente respecto a su problema.

Ahora pasamos al tópico lleno de carga emocional de sanar las heridas causadas a nuestra propia imagen.

Lecturas complementarias

Rich Buhler, *Pain and Pretending* [Dolor y Simulación], Nashville, TN: Thomas Nelson, Publishers 1991), pp. 65 - 84.

Henry Cloud and John Townsend, *Boundaries* [Límites], (Grand Rapids, MI: Zondervan, 2001).

John y Paula Sandford, *The Transformation of the Inner Man*, [La Transformación del Hombre Interior], (South Plainfield, NJ: Bridge, 1982), pp.95-106.

David A. Seamands, *Healing for Damaged Emotions* [Sanidad para las Emociones Lastimadas], (Wheaton, IL: Victor Books, 1981), pp. 25-38.

— *Putting Away Childish Things* [Dejemos las Cosas de Niños], (Wheaton, IL: Victor Books, 1982), pp. 112-119; 125-166.

7 La sanidad de una auto imagen dañada

Maryi y John

Cuando le pregunté a Maryi por qué había acudido a mí, y cómo podía ayudarla, me respondió: "Yo me odio a mí misma".

La historia que me contó es muy común y es la de muchas personas. Ella era la primogénita de la familia y no estaba muy segura de que sus padres hubieran deseado una hija en ese momento de su matrimonio. Tenía la certeza de que si así hubiera sido, habrían deseado un hijo varón. Me dijo que al mirar su pasado recuerda que se esforzaba por ser como un muchacho en un vano intento por ganar la aprobación de su padre. Sin embargo, cuando llegó a la pubertad tuvo que dejar de lado el esfuerzo y contentarse con ser una chica. Pero eso también fue frustrante.

Para Maryi, su cabello nunca parecía lucir bien. Pensaba que sus caderas eran demasiado grandes; sus senos se habían desarrollado tardíamente y eran pequeños. La menstruación le llegó de sorpresa y fue tratada por la madre como algo que se debía ocultar. Su madre parecía enojada y avergonzada por esta faceta de la feminidad, y del sexo en general. Maryi se esforzó mucho durante sus estudios y obtuvo buenas notas. Esto le granjeó la aprobación de sus padres. Pero las buenas notas le agregaron algo a su sentimiento de que no era atractiva físicamente, saboteando así cualquier esperanza que tuviera de llegar a ser popular entre los muchachos.

Al llegar a la edad adulta tuvo un par de relaciones breves con dos hombres las cuales incluyeron intimidad sexual, lo que la dejó con el sentimiento de haber sido explotada, de no ser deseada y carecer de valor. Aunque hizo un compromiso con Cristo en su edad temprana, su relación con él no creció lo suficiente como para llegar a ser un antídoto contra su depresión general y su pobre auto estima. De modo que aquí estaba bordeando los 35 años de edad, soltera, sintiéndose poco atractiva, solitaria y odiándose a sí misma.

John, un hombre de unos 55 años, contó una historia similar. Fue concebido antes que sus padres se casaran. Felizmente se casaron después y le ofrecieron un hogar bastante típico de los Estados Unidos en su generación, en donde el padre casi siempre estaba ausente pero la madre pasaba la mayor parte del tiempo en casa o con sus hijos. Cuando John creció se desempeñó bien en los estudios pero nunca pudo descollar en el atletismo a pesar de su considerable esfuerzo para demostrarse a sí mismo exitoso y ganar la aprobación del padre. Fue un muchacho de baja estatura hasta bien avanzada la secundaria. Esto lo hizo blanco de las molestias de los otros muchachos, y además tenía pocos amigos. Aunque esto era resultado de la falta de confianza en sí mismo, el hecho también contribuía a volverlo más desconfiado.

También se sintió como un hijo no deseado. Se resentía por la ausencia del padre y su aparente poca disposición a pasar tiempo con él. Lo amargaba el hecho de no haber crecido más rápido y no ser más maduro. No gustaba de sí mismo y suponía que otros, incluyendo sus padres, tampoco gustaban de él. Aunque continuó con un buen record en los estudios, este hecho parecía no atraer la atención de su padre en la forma en que John esperaba que ocurriera.

Yo creo que las raíces del rechazo tanto de Maryi como de John radican en el conocimiento que tenían de que antes de nacer sus padres no los deseaban. Como lo dijimos en el capítulo previo, cuando los sentimientos de rechazo llegan a los bebés en el vientre materno no pueden entender que es el embarazo –no ellos– el objeto de rechazo. El mensaje de rechazo se personaliza y nacen sintiéndose no deseados. Siendo que confían en el juicio de sus padres, suponen que si los han rechazado es por alguna razón. De modo que coinciden con lo que perciben como la opinión paterna, y sienten que a ella llegaron racionalmente sobre la base de una buena evidencia. Entonces se rechazan a sí mismos.

Tanto Maryi como John llegaron a Cristo en su edad temprana y oyeron la promesa de 2 Corintios 5:17 en el sentido de que si estaban adecuadamente "en Cristo" serían "nuevas criaturas". No obstante, sus experiencias no demostraron la novedad de vida que esperaban y esto los llevó a preguntarse si en realidad vivían "en Cristo" o su caso era otra falsedad. Además, los frecuentes sermones que escuchaban sobre la pecaminosidad humana fueron tomados de manera personal reforzando así sus actitudes negativas.

Especialmente, John siempre tuvo un profundo sentimiento de fracaso en el área sexual. Le habían enseñado que la masturbación es pecado, de modo que se sentía culpable cada vez que sucumbía ante la tentación. Aunque oraba con sinceridad y a menudo se esforzaba lo más que podía para superar este hábito, nada pareció funcionar por más de un par de días. Esta sensación de fracaso en su vida cristiana agravó los efectos de la auto-imagen negativa a tal punto que, aunque tuvo éxito en sus actividades atléticas y en otras áreas de la vida, se le hizo imposible cambiar la actitud hacia sí mismo. Todavía se consideraba un perdedor, a pesar de tener bastante evidencia de que era un ganador.

La estrategia de Satanás

Aunque no podemos culpar a Satanás por nuestras debilidades y fracasos tenemos que reconocer que él nos acecha *tras bambalinas* a la espera de aprovechar cualquier oportunidad de hostigarnos y si es posible, destruirnos. Él odia a Dios y cualquier cosa que Dios haya hecho. Es estéril y no puede crear nada por sí mismo. Solamente puede perturbar y destruir lo que ya existe. Odia especialmente a las criaturas que Dios ha hecho a su imagen y semejanza, o sea a nosotros.

Este odio lo impulsa a atacarnos en donde somos más débiles: en nuestro sentido de identidad como valiosas criaturas de Dios. "El arma sicológica más letal de Satanás es un sentimiento visceral de inferioridad, incompetencia y carencia de valía". [1]

Él siente envidia de la posición que Dios nos ha otorgado: tan sólo un poco inferiores a él mismo. Como lo dice el Salmo 8:5 GNT: "Lo has hecho (al hombre) inferior sólo a ti mismo; lo coronaste de gloria y de honra".

Solamente nosotros fuimos creados a la imagen de Dios. Sólo a nosotros nos dio el privilegio de procrear otros a su imagen. Cuando Dios nos creó nos colocó por encima de los ángeles. Por lo tanto, somos el número dos en el universo. Esto causa el enojo y la envidia de Satanás. Incluso algunos han sugerido que el plan de Dios de crear a un ser superior a los ángeles fue lo que condujo a la rebelión y caída de Satanás.

Entonces, como producto de los celos, Satanás nos ataca en cualquier forma que puede. Y nos ataca particularmente en las cosas que él no puede tener, tales como nuestra creatividad y nuestra capacidad de procrear. También concentra su atención en nuestra capacidad de relacionarnos con Dios, con los demás y con nosotros mismos. Además, él y sus seguidores envidian nuestros cuerpos y procuran causarles todo el daño posible.

Satanás no solamente siente celos de las cosas que Dios nos regaló en la creación, sino que se siente frustrado por nuestra redención. Solamente nosotros y no los ángeles hemos sido redimidos. *Sólo la humanidad fue adecuada para la Encarnación, la unión de Dios con su criatura máxima.* A través de Jesús, Dios abrió un camino para redimir a los seres humanos.

Entonces, por envidia, Satanás ataca al ser humano por lo menos de cuatro maneras: (1) tienta a las personas incitándolas a obedecerle y hace todo lo que puede para impedirles que respondan al plan de salvación de Dios cegando su entendimiento (ver 2 Corintios 4: 4); (2) sigue incitando al pecado, aún a los creyentes; (3) procura hacernos sentir que no somos perdonados; (4) planta continuamente mentiras en nuestra mente y nuestras emociones, especialmente en cuanto a nuestra identidad, o lo que somos en Dios. Satanás es el autor de lo que algunos denominan la "teología del gusano", una teología que continuamente enfoca su atención en nuestra pecaminosidad e incompetencia. Infortunadamente esta teología es reforzada por la liturgia de muchas iglesias en las cuales se le suplica reiteradamente a Dios por un perdón que él da gratuitamente a quienes confiesan sus pecados (ver 1 Juan 1:9).

Satanás enfoca su actividad especialmente en lograr el objetivo de desestabilizarnos emocional y espiritualmente. No importa lo fuertes que estemos mental y físicamente, el enemigo sabe que sin salud emocional y espiritual nuestra eficacia en el Reino de Dios se paraliza.

Los ataques de Satanás a la imagen que tenemos de nosotros mismos vienen en forma de acusaciones y contrastan radicalmente con el cuadro que Dios pinta de nosotros:

Raíces espirituales de la auto imagen		
	Cuadro acusatorio de Satanás	**Cuadro de aceptación de Dios**	
Mentiras que nos paralizan	Auto rechazo	Auto aceptación	**Verdad que nos hace libres**
	Cargar con la culpa	Aceptar el perdón	
	Carencia de valía	Certeza de la propia valía	
	Incompetencia	Somos competentes	
	Dios nos ha abandonado	*Dios está con nosotros*	
	Necesidad de preocuparnos	Damos la preocupación a Dios	
	Necesidad de temer	No necesitamos temer	

Síntomas del problema

A continuación enumero nueve síntomas que muestran quiénes tienen una percepción de sí mismos que no está sincronizada con la visión de Dios, y que es necesario tratar. Estos individuos rara vez se manifiestan separadamente y no es raro que una persona muestre los nueve síntomas al tiempo.

1. Disgusto con "el yo", ó con alguna parte de él

Muchas personas crecen con sentimientos negativos hacia sus cuerpos o hacia una parte de ellos. Por cuanto los estándares que la cultura fija para el tamaño y forma del cuerpo rara vez se pueden lograr, muchas personas, especialmente mujeres, viven con una permanente conciencia culpable. Muchas mujeres sienten un profundo desagrado por su rostro, sus caderas, su estómago, sus senos, su altura, sus cabellos, o por todo su cuerpo. Además, a muchas les desagrada su forma de pensar, sus emociones o su personalidad, y constantemente dirigen pensamientos y palabras negativas contra sí mismas.

Muchas han heredado o desarrollado desde antes de nacer un sentimiento de vergüenza por existir. En el caso de una persona concebida antes del matrimonio, este sentimiento quizá proviene de la madre que se sintió avergonzada de estar embarazada. John Bradshaw habla de la necesidad de integrar las partes nuestras "atadas por la vergüenza" para lograr la aceptación personal. Dice el señor Bradshaw: "Como persona previamente influenciada por la vergüenza tengo que hacer un gran esfuerzo para lograr una total aceptación... La mayoría de las personas que tienen este sentimiento de vergüenza se sienten avergonzadas cuando necesitan ayuda, cuando sienten enojo, tristeza, temor o alegría, cuando expresan su sexualidad o cuando muestran firmeza". [2] Estos son síntomas seguros de un problema de auto imagen.

2. Disgusto por su nombre de pila

A muchas personas les desagrada el nombre que recibieron. Por ejemplo a John lo llamaban "Johnny" cuando niño y él detestaba ese nombre. Algunos consideran su nombre como una especie de maldición. Yo he trabajado con personas de otras sociedades cuyo nombre realmente es una maldición. Por ejemplo, en el mundo hispano conozco niñas que se llaman *Dolores* ó *Soledad*. Las personas que llevan esos nombres pueden sentirse maldecidas o quizá lo sean.

3. Deseo de ser otra persona

En vez de enfrentar el dolor en nuestra vida, a veces se nos hace más fácil imaginarnos que somos alguien diferente. En algunas personas este deseo llega a ser una obsesión. El deseo de ser otra persona puede erosionar la auto estima si no solucionamos el problema.

4. Obsesión con la propia pecaminosidad

Los cristianos que tienen problemas de auto imagen frecuentemente están obsesionados con su propia pecaminosidad. Ciertamente somos pecadores; eso es algo innegable. Pero basados en la verdad expresada en 1 Juan 1:9, cuando confesamos nuestros pecados, Dios los perdona y desaparecen. Además, siendo que no es natural que pequemos (ver 1 Juan 3:9), no tenemos que fijar nuestra atención continuamente en nuestra condición pecaminosa. Es suficiente entregar a Dios cualquier cosa que hayamos hecho conscientemente y reconocer que él la perdona tan pronto como se la mencionamos.

5. Uso de técnicas modificadoras del estado de ánimo

Muchas personas recurren a técnicas modificadoras del estado de ánimo para escapar de los sentimientos de carencia de valor. Algunas de esas técnicas incluyen el abuso de sustancias estimulantes. Otros ocultan el dolor mediante adicciones como el trabajo, los ejercicios físicos, los deportes, comer, ver televisión e incluso con la religión. Como lo dice John Bradshaw:

Se ha dicho que el tóxico de la vergüenza es la esencia y el combustible de todas las adicciones. La adicción religiosa está arraigada en la vergüenza tóxica, la cual puede alterar con facilidad el estado de ánimo mediante varios comportamientos religiosos. Uno puede lograr sentimientos de justicia mediante cualquier forma de adoración. Podemos ayunar, orar, meditar, servir a otros, participar de rituales sacramentales, hablar en lenguas, ser abrumados por el Espíritu Santo, citar la Biblia, leer pasajes bíblicos, y pronunciar el nombre de Yahvé o de Jesús. Cualquiera de estas acciones puede ser una experiencia modificadora del estado de ánimo. [3]

6. Maldecir "el yo" o una parte de él

Muchas personas se maldicen a sí mismas, o alguna parte de ellas. En una ocasión una dama me pidió que orara por la sanidad de una protuberancia en uno de sus senos. Esta mujer había sufrido abuso sexual siendo adolescente y sus senos habían sido el punto focal del abuso. Esto la llevó a maldecir esa parte de su cuerpo. Cuando renunció a la maldición que había pronunciado sobre sus senos, el quiste desapareció. Muchas personas dicen cosas odiosas contra sí mismas o contra alguna parte de ellas. En uno de mis seminarios, una dama levantó la mano y me dijo: "Creo que yo he maldecido mi cabello". Todos nos reímos, pero maldecir el cabello es probablemente algo muy común y resultado frecuente de tener un mal día con él.

Algunas palabras negativas que se dicen frecuentemente como "yo detesto mi_____" reciben fuerza del Enemigo y se convierten en maldiciones. Estas se deben anular diciendo algo como: "En el nombre de Jesús renuncio a cualquier maldición que yo haya pronunciado sobre mi cuerpo (o sobre alguna parte de él)".

7. Adicción a recibir aprobación o "cumplidos"

Muchas personas son adictas a estar recibiendo expresiones de aprobación o cumplidos por lo que son, o lo que hacen. Si no podemos aceptarnos nosotros mismos, creemos que los demás tampoco pueden hacerlo a menos que hagamos algo para ganar su aprobación. Así somos los latinos. En muchos casos los adictos a la aprobación son personas que siempre están tratando de lograr algo y nunca se sienten satisfechas, no importa que tan grandes sean sus realizaciones. Ciertamente muchos de los que parecen haber logrado lo máximo a través de su vida lo han hecho motivados por profundos sentimientos de incompetencia y carencia de valía.

Tales personas se crían con el sentimiento de que sus padres nunca se preocuparán por ellos a menos que hagan algo importante. Y aunque sus padres los elogiaron, quizá con generosidad, el elogio fue solamente por algo que realizaron, nunca por lo que ellos eran. Sienten que jamás han disfrutado del amor paterno por lo que son, solamente por lo que hacen. El resultado es la tendencia a vivir en función de "realizar algo", y lo que otros piensan es el patrón con que se mide tal realización.

Una dama, a quien llamaré Yin, cuenta que su madre consideraba las libretas de notas escolares de ella y de sus hermanos como *indicadores de su propio desempeño materno*, es decir, si estaba haciendo un buen trabajo como madre. Esto causaba mucho nerviosismo en Yin y sus hermanos durante el tiempo de los reportes pues no querían desanimar a su progenitora. De modo que se esforzaban por lograr buenas notas y tener así la aprobación materna. Ahora Yin está casada y ha vivido separada de su madre por dos décadas. Sin embargo, las cartas que le escribe todavía revelan que tiene necesidad de comprobar sus habilidades maternas.

En su libro *Released From Shame* [Liberado de la Vergüenza], Sandra Wilson relata la historia de un hombre a quien ella llama Walter, que fue criado en una familia de clase media alta y tuvo mucho éxito, tanto en los estudios como en los deportes. En reconocimiento por sus logros recibió generosos elogios de sus padres. Sin embargo, al mirar hacia atrás él no recuerda haber recibido afirmación por lo que era en sí mismo sino por lo que hacía. Como adulto con tendencia al protagonismo, inseguro, crítico y alcohólico, Walter exclama: "Esto no tiene sentido para mí. Mis padres eran maravillosos comparados con algunos de los que yo he escuchado hablar. De modo que, ¿por qué me siento tan identificado con todo este asunto del rencor contra mí mismo y de las relaciones de dependencia? Realmente estoy confundido". [4] Al discutir este caso, la señora Wilson continúa diciendo:

El elogio sin afirmación se enfoca en el desempeño, no en la personalidad. Si usted recibió un abuso con esta técnica quizá se sienta vacío debido a que el énfasis de sus padres fue en su comportamiento exterior, descuidando el desarrollo interior. Tal vez siente que es no un *ser*, sino un *hacer* humano. En algunas familias que practican el elogio sin afirmación usted escucha frases como, "Mamita ama a Susie cuando limpia todos sus juguetes" o, "jamás me he sentido más orgullosa de ti, Dan, como cuando jugabas en el equipo del estado". Quizá también ha escuchado variantes en el eslogan de la familia, como "el segundo lugar carece de valor"... o, "debemos estar siempre en el primer lugar".[5]

Muchos ni podemos imaginar a nuestros padres diciéndonos cuando pequeños "Te amo por lo que eres" ó, "Me alegro mucho de que Dios nos hubiera dado como regalo a un chico como tú". La única forma que conocíamos de recibir aprobación era "ganándonosla con una obra buena". Tal trasfondo nos deja con profundas heridas que Dios está deseoso de sanar.

Estas heridas tienen que ver tanto con la actitud hacia nosotros mismos, como con la actitud hacia Dios. Porque es en el hogar donde "tenemos las primeras `vivencias de Dios´ a través de la relación con nuestros padres. Una gran cantidad de sus características se entretejen con nuestra idea del carácter de Dios, y las asimilamos tanto por lo que nos enseñan como por lo que vemos en ellos. [6].

Tales influencias hogareñas nos impulsan entonces a desarrollar lo que algunos han llamado un "complejo mesiánico", un enfoque de servicio a Dios que nos empuja a realizar increíble cantidad de actividad en el servicio a él. Tal actividad, lejos de ser la apropiada expresión de total dedicación, a menudo surge de la misma raíz que genera el síndrome según el cual "tengo que desempeñarme bien para ganar la aceptación de mis padres".

"Cuando usted desperdicia tiempo y energía tratando de convertirse en el súper yo, afecta su crecimiento y su relación con Dios. Y nunca le permite a Dios aceptar y amar su verdadero yo por quien Cristo murió. Esta es la única persona a la que Dios conoce y ve" [7]. En el ciento por ciento de los casos Dios nos acepta sobre la base de lo que somos (no de lo que hacemos).

La adicción a la aprobación y la inclinación al protagonismo no vienen de Dios. Él desea sanarnos de estos defectos.

8. Buscar desaprobación como un esfuerzo desesperado por lograr atención

Hay quienes parecen haber desarrollado el hábito de ser malos. Es decir, les gusta ser malos. Tienen una manera de hacer las cosas que provoca el enojo de los demás. La atención que logran parece ser –en alguna perversa manera– una recompensa aceptable para su necesidad de ser notados por alguien a cualquier precio. Por cuanto su baja auto estima les impide buscar atención positiva, se transan por la negativa, creyendo que entre nada de atención, y algo de atención, así sea negativa, es mejor esta última.

9. Renunciación personal

Algunos individuos están tan convencidos de que no valen nada, que sencillamente renuncian a buscar cualquier éxito personal. Envidian a otros pero no pueden imitar a nadie que haya tenido éxito. Son bastante negativos y críticos de cualquiera que hayan realizado algo, tal vez pensando que al rebajar a personas exitosas se ganan el derecho a no tener éxito ellos mismos.

La mejor defensa es una buena ofensiva

Como ocurre con los demás problemas con los cuales batallamos en la vida, al tratar con los problemas de auto imagen debemos reconocer que estamos en guerra. Existe un enemigo que tiene sus propios planes para dañar nuestra vida y que trabaja tiempo completo implementándolos. El nuestro no es un camino llano y fácil hacia la madurez cristiana sino una batalla "contra huestes espirituales de maldad en las regiones celestes"(Efesios 6:12). Aunque se espera que conozcamos las intrigas y estrategias del Enemigo (ver 2 Corintios 2:11), es común que nosotros, en el mundo Occidental, seamos como ciegos ante ellas.

Entonces, conocer la estrategia satánica es el primer paso. Es importante reconocer su presencia y la manera en que él obra en contra nuestra. Tanto en la guerra como en los deportes, la gente dedica aunque sea un poco de tiempo y energía en analizar y valorar las fortalezas y debilidades del adversario. Ningún buen general o entrenador va a la próxima batalla o competencia sin antes haber analizado concienzudamente al oponente y haberle dado instrucciones a su ejército o equipo sobre cómo enfrentar la lucha. Nosotros debemos hacer lo mismo de modo que podamos establecer una buena defensa y desarrollar una buena ofensiva.

Cuando estemos a la defensiva debemos invocar constantemente la protección que es nuestra en Cristo. Podemos vestirnos diariamente con la armadura descrita en Efesios 6:13-18. Podemos dejar de frecuentar lugares en donde nuestra auto imagen es lastimada y dejar de asociarnos, más de lo necesario, con personas que nos hieran. Podemos rehuir la lucha interior y los pensamientos negativos. Podemos también escuchar constantemente música de alabanza y adoración. Una de nuestras mejores defensas es conocer mejor a Dios. Mientras más cerca de él llegamos a estar, estaremos en mejor capacidad de reconocer y rechazar la voz del Enemigo.

También podemos tomar la ofensiva atacándolo en oración y evitando la reflexión interior negativa. Nuestro interés básico en la oración debe ser tener intimidad con nuestro Dios. Somos aceptados y amados por él. Por lo tanto, debemos actuar de acuerdo con su amor y pasar tanto tiempo con él como sea posible. Teniendo una estrecha relación con Dios como fundamento podemos ejercer autoridad y ordenarle al Enemigo que cese sus ataques con mentiras sobre nosotros.

He descubierto que una de las estrategias más útiles es prohibirle que utilice nuestro nombre en nuestra reflexión interior. A Satanás le encanta dominar nuestras reflexiones y poner en nuestros oídos frases tales como "no soy bueno" o "jamás lo voy a lograr". Si le prohibimos "usar nuestro nombre" será más fácil identificar que el comentario viene de otro ser y no de nosotros mismos. En una ocasión durante una sesión de sanidad interior le prohibí al diablo utilizar el pronombre "yo" al hablarle a un miembro de la clase y descubrí que tanto el demonio que había en la dama a la cual estaba ministrando, como el que había en otro miembro del grupo, me obedecieron.

Un factor importante al tratar con las mentiras del diablo es decidir que nosotros siempre nos diremos *la verdad* y sólo la Verdad. Nuestra reflexión interior debe llenar la mente con "todo lo que es verdadero, todo lo honesto, todo lo justo, todo lo puro, todo lo amable, todo lo que es de buen nombre" (Filipenses 4:8). Es difícil actuar en contraste con nuestros sentimientos, pero la decisión de rechazar las cosas negativas y acoger las verdaderas es una parte necesaria para lograr la libertad que deseamos.

Nuestras reflexiones interiores deben estar marcadas por una perspectiva bíblica de nuestra identidad. Tal como lo dice Neil Anderson en su excelente libro *Victory Over the Darkness* [Victoria Sobre las Tinieblas]:

Ninguna persona puede comportarse consistentemente de una manera que no corresponda a la imagen que tiene de sí misma. Si usted piensa que es una persona sin valor, probablemente actuará como tal. Pero si se ve a sí mismo como un hijo o hija de Dios, vivo o viva espiritualmente en Cristo, empezará a vivir en victoria y libertad así como él vivió. Junto al conocimiento de lo que Dios es, el conocimiento de quién es usted será la verdad más importante que pueda poseer. [8]

Démosle una mirada más detallada a la perspectiva bíblica.

La perspectiva bíblica de la auto-imagen

Necesitamos una sólida dosis de instrucción acerca de la actitud de Dios hacia nosotros como parte del esfuerzo por alcanzar una auto imagen saludable. Cuando estudiamos lo que Dios piensa de nosotros encontramos un montón de pertrecho para contrarrestar las mentiras del diablo y nuestras reflexiones negativas. Descubrimos, por ejemplo, que Dios nos planeó y nos eligió desde antes de la fundación del mundo (ver Efesios 1:4; Jeremías 1:5). Él nos creó a su imagen y semejanza (ver Génesis 1:26). Nos formó y cuidó de nosotros mientras estábamos en el vientre de nuestra madre (Salmo 139:13,15). Después, cuando pecamos y le dimos la espalda, nos redimió estando todavía en nuestra pecaminosa situación (Romanos 5:8). Más aún, nos escogió y nos llamó para que fuéramos sus amigos (Juan 15: 15-16). Nos llamó sus hijos (1 Juan 3:1-2; Juan 1:12), nos escogió y nos rescató de la esclavitud (Gálatas 4: 4-7), para heredar el Reino con Jesús, tal como hacía el hijo mayor en la sociedad judía (ver romanos 8: 14-17). Además de todo esto, el Nuevo Testamento continuamente se refiere a nosotros como santos (ver Romanos 1:7; 1 Corintios 1:2; Efesios 1:1), incluso como un reino de sacerdotes (ver Apocalipsis 1:6; 5:10). Como hijos del Rey, *somos príncipes y princesas,* justamente lo contrario de lo que muchos cristianos piensan de sí mismos. Ese es nuestro estatus social, no porque lo hayamos logrado sino porque Dios nos lo regaló gratuitamente.

Es obvio que el Enemigo ha sido bastante efectivo en su estrategia de crear el caos en el área de nuestra auto-imagen. Pero podemos contar con el hecho seguro de que nuestro Señor quiere y puede reversar lo que Satanás ha hecho al concepto que la gente tiene de sí misma. El profundo compromiso de Jesús con los oprimidos de su tiempo fue una parte importante de su campaña para destruir lo que el Enemigo había hecho. Como él mismo lo dijo al anunciar la razón de su venida: "El Señor me ha ungido para dar buenas nuevas a los pobres" (Lucas 4:18).

El término "pobre" tal como Jesús lo utilizó tiene una aplicación más amplia que simplemente la pobreza material. Generalmente es más afín al significado utilizado en el Antiguo Testamento que se refiere a personas oprimidas.

Donde no hay mención específica de un opresor, la palabra generalmente se refiere a los socialmente pobres, y los que no tienen tierras. *Que tal pobreza ha sido causada por acción de desheredar, o lastimar ilícitamente y no por falta de la propia persona se muestra en el hecho de que es contrastada con violencia, no con riquezas...El hombre pobre es el que sufre injusticias; él es pobre porque otros han menospreciado la ley de Dios.* [9]

Por lo tanto, cuando en el Nuevo Testamento leemos la palabra "pobre", su significado se acerca más al de la palabra "víctima". Esta es una de las razones por las cuales Jesús jamás condenó a quienes ayudó.

Ciertamente Jesús conoce la diferencia entre errores y rebelión. Él también conoce nuestras debilidades y la presión que Satanás ejerce sobre nosotros para hacernos caer en la tentación. Tomemos por ejemplo el caso de la mujer sorprendida en adulterio (ver Juan 8: 1-11), y el de Pedro en la playa (ver Juan 21:15-19. Aunque ambos casos parecen rebelión, Jesús los trató como si fueran errores. Jesús vino a este mundo no a condenarlo sino a rescatarlo (ver Juan 3:17). Él extendió su mano amiga, los levantó y los envió con su respaldo y su confianza. *Hay una increíble sanidad en tal aceptación y confianza.*

Es significativo que es precisamente Pedro quien más tarde nos insta a "echar toda nuestra ansiedad sobre él, porque él tiene cuidado de nosotros" (1 Pedro 5:7). Pedro aprendió ese día en la playa algo de la liberadora aceptación de su amigo a quien él había traicionado. Fueron la aceptación y la confianza inmerecidas las que transformaron la vida de Pedro. Después de eso pudo decir (incluyéndose a sí mismo) que somos "linaje escogido, real sacerdocio, nación santa, pueblo adquirido por Dios, para que anunciemos las virtudes de aquel que nos llamó de las tinieblas a su luz admirable" (1 Pedro 2:9).

Él aprendió que un hijo de Dios es *especial*. Una amiga mía, Bárbara Sturgis, nos suministra un buen cúmulo de pasajes bíblicos que hablan de lo que somos como hijos de Dios:

Somos:

Santos:1 Corintios 1:2; Efesios 1:1; Filipenses 1:1; Colosenses 1:2.

Sacerdotes, Príncipes/Princesas:Gálatas 4: 6,7; 1 Pedro 2: 9-10

Enemigos de Satanás:1 Pedro 5: 8

Hijos de Dios, Ciudadanos de los cielos:Juan 1:12; Gálatas 3: 26-28; Efesios 2:6; Filipenses 3:20.

Muertos que están escondidos en Dios:Colosenses 3:3.

Hijos e hijas adoptados, Extranjeros y peregrinos en este mundo: Efesios 1:5; 1 Pedro 2:11.

Luz del mundo: Mateo 5:14.

Cómo ministrar a quienes se rechazan a sí mismos

Lo que somos como hijos de Dios es la verdadera perspectiva bíblica que debe permear nuestro ministerio hacia quienes tienen problemas con la imagen de sí mismos. Neil Anderson ha escrito su libro *Victoria Sobre las Tinieblas* para ayudarnos a comunicar esta perspectiva. Yo recomiendo enfáticamente este libro a todos los cristianos que tienen problemas de auto aceptación. La posición de Neil es: "El valor de uno como persona no es un asunto de tener muchos dones, talento, inteligencia o belleza. La valía personal es un asunto de identidad. Su sentido de valor personal se basa en lo que usted es: un hijo o hija de Dios" [10]

No importa lo que nuestros padres hayan planeado. Según Efesios 1:4 fuimos planeados y llegamos a existir por un acto de Dios. La concepción no es simplemente un acto físico humano. Sólo Dios nos da la vida a través de un acto físico de los cuerpos de nuestros padres, y nuestra concepción no lo tomó por sorpresa. Más bien la confirmó dándonos vida. Desde la perspectiva divina, ningún nacimiento es un accidente. Aunque para nuestros padres hayamos sido una sorpresa, un "error" cometido en un momento inoportuno, aún con los hijos no deseados, para Jesús no fuimos un error ni fuimos "no deseados." Nuestra concepción fue una parte de su plan desde antes que hiciera el mundo. De modo que, como alguien lo dijo: "No permita que nadie le diga que usted es un error".

Al ministrar a quienes luchan con un pobre concepto de sí mismos es útil realizar con ellos el ejercicio de regresar al vientre materno (ver el capítulo 13), deteniéndonos en los hechos antes mencionados del papel que Dios desempeñó en nuestra concepción. Luego es bueno enfocar la atención en la satisfacción que Jesús sintió por ellos cuando nacieron. Después, generalmente es una buena idea repasar las experiencias vitales con Jesús, desde la niñez hasta el presente.

Conceptualmente a veces ayuda hacer que se vean a sí mismos como niños, tal como Jesús lo recomendó (ver Marcos 10:15; Lucas 18:17). Los niños son receptivos y vulnerables, capaces de recostarse en su regazo y descansar con él recibiendo su amor paterno. A mí me gusta guiar a la persona para que se vea a sí misma en los brazos de Jesús, y luego que camine con él a través de los recuerdos desde la infancia hasta la edad adulta. Note que así como los padres sirven a sus hijos, así Jesús sirvió a sus discípulos y procura servirnos a nosotros (ver Mateo 20:28), aún lavar nuestros pies (Juan 13:1-20). Durante la ministración procuramos ayudar a las personas a que permitan que Jesús les exprese su amor servicial por ellas.

¿Ha observado usted cómo los niños saludables, que no han sido lastimados, no sienten vergüenza respecto a lo que son ni por ser exigentes con sus padres? Sencillamente les llevan sus problemas a los padres sin ninguna vergüenza. *Pero son muy vulnerables a las heridas, especialmente en el área emocional.* Cuando nos hieren de esta manera en nuestra niñez, aprendemos a reprimir las heridas. Así es como recibimos y acumulamos estas heridas emocionales. Las tapamos con vendajes pero se enconan bajo las vendas y comienzan a supurar. Además, a Satanás le encanta golpear a la gente cuando está herida.

Jesús quiere que volvamos al punto de ser como un niño pequeño y reconocer sencillamente nuestros problemas cuando pecamos (ver 1 Juan 1:9), y luego, sin acumular vergüenza entregárselos a él (ver Mateo 11:28 y 1 Pedro 5:7). Ser los niños de Dios significa sanidad, auto-aceptación, amarse y perdonarse a sí mismo. También nos da el derecho de acudir a Dios confiadamente y sin ninguna vergüenza (ver Hebreos 4:16), y la capacidad de recibir el amor y perdón de Dios. Él nos escogió y nos invitó a que fuéramos a él y no debemos rehusar el derecho que nos ha conferido.

Bendición y consejo

Las personas que batallan con problemas relacionados con una baja auto-estima necesitan ayuda especial, primero para liberarse, y luego para continuar procurando cambiar sus hábitos; porque son los hábitos los que mantienen en pie nuestras actitudes disfuncionales. Para quienes somos consejeros cristianos laicos, obrar en asocio de Jesús para liberar a las víctimas es el primer paso. Trabajamos con la autoridad que Jesús nos da para que esto ocurra. La totalidad de este libro apunta al objetivo de ayudarle a usted a comprender cómo hacerlo. Otro de mis libros *I Give You Authority* [Os Doy Autoridad] provee información más detallada sobre el tópico de la autoridad.

Tratar con los hábitos relacionados con la baja auto-estima es para algunas personas mucho más difícil que romper la esclavitud causada por los recuerdos. Al final de una sesión de ministración bendecimos a quienes ministramos proclamándoles libertad de algunas cosas como la raíz de los problemas y las maldiciones. Además, los bendecimos con la capacidad de aceptarse y perdonarse a sí mismos como lo hace Dios y amarse a sí mismos y a otras personas en maneras que nunca antes habían sido posibles. También los bendecimos con la capacidad de romper viejos hábitos de auto-rechazo y cualquier patrón de envidia, amargura y falta de perdón que proyectan a otros.

También les advertimos que los viejos hábitos se resisten a morir de modo que van a tener que unirse permanentemente a Jesús y afirmar su voluntad para conquistarlos. Trabajar con el espejo es una técnica que me ha sido útil en mi propia vida. Esta técnica consiste en mirar al espejo y decirme: "Te amo". Al principio fue muy difícilpero ahora, después de varios años, puedo hacerlo riéndome. Incluso recientemente me oí diciéndome: "*¡Megustas!*" "Gustar" es una palabra que está varios peldaños más arriba de "amar" en este ejercicio del espejo.

Hace unos años me trajeron una dama cercana a los cuarenta años de edad quien dijo que era la cuarta hija en una familia china. Rechazada por sus padres, se odiaba a sí misma por ser mujer y había maldecido muchas veces su cuerpo femenino. Además, siempre procuraba demostrar que podía superar a los hombres. Una de las consecuencias fue que se le desarrolló un cáncer en sus órganos femeninos. Por eso había acudido en busca de sanación. De una manera maravillosa Jesús se manifestó a su vida, le ayudó a verse desde su perspectiva divina a imagen de Dios, y a estar agradecida por su cuerpo de mujer. Pero el cáncer no desapareció hasta que ella hizo algo más difícil que aceptarse a sí misma como mujer. Le sugerí que se parara desnuda frente a su espejo de cuerpo entero y bendijera su cuerpo. Lo hizo, y en una carta que me escribió unos dos años después de nuestra sesión de oración me informó que estaba sana del cáncer.

Esta dama logró su libertad emocional estableciendo nuevos hábitos de auto-estima. El odio contra sí mismos es un hábito malsano y superarlo implica desarrollar un hábito contrario. Esto demanda un trabajo posterior a las sesiones de oración. Jesús continúa ayudándonos pero necesitamos afirmar nuestra voluntad en obrar con él para establecer el hábito de amarnos a nosotros mismos y a cualquier parte de nuestro cuerpo con la cual no estemos satisfechos.

Otro reto es revisar la *forma negativa* de hablar. Debemos ejercer control de lo que hablamos y establecer la práctica de hablar la verdad de que somos aceptados por Dios y de lo que somos en Cristo. Desarrollar nuevos hábitos en esta área no es menos difícil que el ejercicio del espejo, pero es igualmente necesario.

En su útil libro *Healing the Shame that Binds You* [Cómo Sanar la Vergüenza que lo Ata], John Bradshaws enumera siete cosas que podemos hacer para que la forma de hablar positiva funcione a nuestro favor:

1. Repita la misma afirmación todos los días. Las mejores horas son inmediatamente antes de dormir, al comenzar el día, y especialmente cuando se sienta "ocioso".

2. Escriba dicha afirmación de 10 a 20 veces.

3. Dígase a sí mismo y escriba esta afirmación en primera, segunda y tercera personas, tal como sigue:

   "Mientras más me amo a mí mismo, más me aman los demás".

   "Mientras más se ama usted a sí mismo, más lo aman los demás".

   "Mientras más se ama él (o ella), a sí mismo, más lo (la) aman los demás".

Recuerde siempre incluir su propio nombre en la afirmación. Escribir en segunda y tercera personas es muy importante pues el condicionamiento de otras personas le llegó a usted de esta manera.

4. Continúe trabajando con estas afirmaciones diariamente hasta que se fijen totalmente en su subconsciente.

5. Grabe sus afirmaciones en algún medio de audio y repáselas cada vez que pueda. Yo lo hago con frecuencia mientras voy conduciendo en la autopista o al acostarme.

6. Es efectivo mirarse en el espejo y repetir estas afirmaciones en voz alta. Repítalas hasta que esté en capacidad de verse a sí mismo, o a sí misma con una expresión relajada. Siga repitiéndolas hasta que elimine cualquier gesto y toda tensión facial.

7. Use la técnica de la visualización junto con sus afirmaciones. [11]

Aparte de estas sugerencias, es importante bendecirnos a nosotros mismos incluyendo nuestras actitudes. El acto de bendecir libera el poder de Dios para realizar la bendición. Yo puedo bendecir en términos generales –"bendigo mi cuerpo"– o hacerlo específicamente –"Bendigo mi hombro lastimado porque necesito libertad del dolor"; "bendigo mi forma de hablar para que sea positiva y veraz hoy".

Lecturas complementarias

Neil Anderson, *Victory over the Darkness* [Victoria Sobre las Tinieblas], (Ventura, California: Regal, 1990) pp. 17-67.

Charles H. Kraft, *Defeating Dark Angels*[Cómo Derrotar a los Ángeles de las Tinieblas], (Ventura, California: Regal, 1992) pp. 79-98.

John y Paula Sandford, *Healing the Wounded Spirit* [Cómo Sanar el Espíritu Lastimado], Tulsa OK: Victory House, 1985), pp. 53-73.

David A. Seamands, *Healing for Damaged Emotions* [Sanidad para las Emociones Lastimadas], (Wheaton, IL: Victor Books, 1981), pp. 63-84.

— *Putting Away Childish Things* [Dejemos las Cosas de Niños], (Wheaton, IL: Victor Books, 1982), pp. 112-119.

— *Healing Grace* [Gracia Sanadora], (Wheaton, IL: Victor Books, 1988), pp. 151-165.

8 Sanidad de una pérdida

Nos gustaría tener otro niño

Jim y Penny tenían una niña adorable y ahora deseaban otro hijo pero su deseo se había visto frustrado por dos abortos involuntarios. Cuando los conocí estaban desanimados y temerosos. Me pidieron que orara por su situación.

Lo que Dios me guió a hacer fue tratar con los abortos utilizando el ejercicio de visualización descrito más adelante en este capítulo. Mientras se veían a sí mismos teniendo en sus brazos los bebés que habían perdido y dándoles un nombre a cada uno, Jim y Penny experimentaron una tremenda liberación del temor de que no podrían volver a tener otro hijo.

Mientras Penny visualizaba a Jesús cuidando de ella durante los abortos, también sintió alivio del sentimiento de culpa, vago pero real, que había tenido respecto a la posibilidad de haber hecho algo que causara los abortos. Sin que esta pareja lo supiera, el Enemigo había jugado con su mente y su cuerpo para bloquear la posibilidad de otra concepción.

Una vez tratado el daño emocional relacionado con los abortos, sólo un mes o dos después, Penny quedó embarazada otra vez. Ahora tienen otros dos hermosos hijos y ella no ha vuelto a sufrir abortos.

Problemas al enfrentar muerte o separación

La muerte o la separación de un ser querido es algo que todos tenemos que sufrir alguna vez. El saberlo no disminuye el dolor que sentimos cuando ocurre. Hay entre esposos, miembros de la familia y amigos, un lazo espiritual cuya ruptura deja truncos muchos asuntos de la vida. David Seamands comenta que: "Algunos estudios demuestran que los dos factores generadores de mayor estrés para el cuerpo, la mente y las emociones son:*la muerte del cónyuge o el divorcio"*. [1]

Hay muchos tipos de muertes y cada uno conlleva sus propias características. Abortos provocados, abortos involuntarios, muerte infantil, muerte por accidentes trágicos, muerte por enfermedad grave y la muerte de una persona mayor, todas requieren algún grado de sanidad interior en los parientes y allegados para seguir viviendo. Igual ocurre con la separación por causa de divorcio y la ruptura de las relaciones románticas y otras relaciones íntimas.

Entre los asuntos que debe resolver la sanidad de profundo nivel para sanar las heridas causadas por este tipo de separación están: 1) estar de acuerdo con Dios en que está bien que la persona se haya ido; 2) tratar con el sentimiento de culpa por hechos o asuntos no concluidos con la persona que ha partido; 3) liberación de cualquier lazo existente con la persona que partió; 4) adaptación al dolor de la separación; y 5) dar la oportunidad de llorar la pérdida del ser querido.

Como ocurre en toda ministración de sanidad de profundo nivel, es importante ayudar a la persona a reconocer la verdad de lo que ocurrió, permitirle sentir su dolor, tener la experiencia de ver a Jesús presente en el hecho de la separación, y entregarle a él el dolor y las emociones lastimadas. Al comenzar la sesión de ministración a la persona que se aconseja, le pido al Espíritu Santo que nos guíe para sanar el daño hecho, y él generalmente permite a la persona ver un cuadro del evento de la separación donde está Jesús presente. Quien recibe la ministración tiene entonces libertad de hablar con la persona que ha partido y con Jesús para sanar cualquier asunto no terminado. Después el paciente está casi siempre dispuesto a "entregar" a la otra persona a Jesús, lo que significa estar de acuerdo con la decisión del Señor de llevarse a la persona que partió.

Al finalizar una sesión de un seminario de sanidad de profundo nivel, noté que un individuo a quien llamaré Randy, lloraba en silencio en la parte trasera del salón. Me acerqué y le pregunté qué lo había conmovido tanto. Su historia fue la de un padre profundamente herido que había observado la pérdida y muerte de su hija de 14 años de edad.

Randy me dijo que mientras yo hablaba sobre cómo tratar con la separación causada por la muerte, Dios usó un cuadro de visualización por fe para llevarlo de regreso a un cuarto del hospital donde su hija estaba muriendo. Se vio a sí mismo al lado de su hijita contando sus últimos suspiros, y vio también al otro lado de la cama a Jesús inclinado sobre ella, esperándola amorosamente. Cuando ella exhaló su último suspiro, Randy vio que Jesús la tomó tiernamente en sus brazos y la llevó al cielo para que estuviera con él. En ese momento sintió que todo el dolor, la frustración, el enojo y el desaliento que llevaba desde la muerte de su hija, desaparecieron. Sus lágrimas se convirtieron en lágrimas de alegría y gratitud hacia Jesús que había sanado sus emociones lastimadas.

Randy retuvo el sentimiento de tristeza porque él y su hija ya no estarían juntos otra vez en esta vida, pero el dolor desapareció. Es claro que la tristeza no paraliza como sí lo hacen el enojo y la amargura. De repente fue cautivado por la ternura de Jesús y por la emoción de saber que su hijita estaba con el Señor, libre de todo dolor y esperando reunirse con su padre por la eternidad.

La pérdida de un ser querido

Existe un lazo místico que une a los seres humanos miembros de una misma familia. Cuando ese lazo se rompe por la muerte, la herida resultante puede ser muy profunda. Ya sea la muerte de un ser querido adulto, o la muerte de un bebé sin nacer por causa de un aborto involuntario, hay una perturbación espiritual y emocional en cada persona involucrada, y también entre los miembros de la familia. Quienes han perdido padres, hijos o alguien muy cercano, necesitan ministración para sus heridas. Yo he ministrado a numerosos padres y madres que como Jim y Penny sufrieron heridas de las cuales no fueron concientes cuando el aborto ocurrió. (A propósito, los hermanos sobrevivientes de bebés abortados también necesitan ministración para tratar con sus heridas.)

Yo creo que cuando Dios creó a Adán y a Eva su plan era que vivieran para siempre. La muerte es una intrusa en el plan de Dios. Sabemos que Dios nos creó como él mismo (ver Génesis 1:26-27), superiores a los ángeles y un poco menores que él (ver Salmo 8:5). Pero Satanás, celoso de la alta posición que Dios había conferido a Adán y Eva, procuró frustrar el plan de Dios destruyendo a sus más perfectas criaturas. Y su plan tuvo un éxito parcial. Porque cuando comieron el fruto prohibido, la maldición de la muerte física cayó sobre ellos y caería sobre toda la humanidad desde entonces. También hubo maldiciones sobre la tierra, sobre el trabajo de parto y en el nacimiento. Pero ninguno de estos problemas ha sido tan perturbador como la partida causada por la muerte.

La muerte nuestra es, y ha sido desde el principio, el objetivo máximo de Satanás. Su intención ha sido "hurtar y matar y destruir" (Juan 10:10). Él no puede llevar a cabo su propósito sin el permiso de Dios, y sin embargo sus actividades están estrictamente circunscritas por el plan y poder de Dios (ver Job 1:9-12). No obstante, en Hebreos 2:14 se nos dice que Satanás tiene poder sobre la muerte. Tal vez dentro de la soberanía de Dios es posible que una parte de la responsabilidad del Enemigo sea la de llevar la muerte cuando Dios permite que ella ocurra.

Pero mediante la vida, muerte y resurrección de Jesucristo, Dios vino a nosotros e hizo posible que nos reconectáramos con él espiritualmente, derrotando al Enemigo quien quería hacer que nuestra muerte espiritual fuera permanente. Aunque la muerte física sigue siendo una realidad, la resurrección de Jesús la despojó de su terror y podemos mirar hacia un futuro cuando Jesús regresará para abolirla totalmente. En una completa antítesis de la maldición de la muerte, Jesús afirma: "Yo soy la resurrección y la vida; el que cree en mí, aunque esté muerto, vivirá" (Juan 11:25-26).

Para los que creen en Dios, Jesús quebrantó mediante su muerte para siempre el terror de la muerte humana. Tal como nos lo recuerda el apóstol Pablo, "Jesucristo… quitó la muerte y sacó a luz la vida y la inmortalidad por el evangelio" (2 Timoteo 1:10).

Sin embargo, muchos cristianos no disfrutan todavía la libertad del poder de la muerte, la cual es su herencia en Cristo Jesús. Y aún entre los cristianos la muerte y el temor a ella figuran entre las armas que Satanás utiliza con mayor éxito para oprimirlos. Aunque la mayoría de cristianos no se aflige como los que no tienen esperanza (ver 1 Tesalonicenses 4:13), el dolor que sentimos por la pérdida de un ser querido puede crear profundas heridas que sólo Dios puede sanar mediante la sanidad de profundo nivel.

También hay gran diferencia entre muerte y agonía. Puede que hayamos superado el temor a la muerte, pero el proceso de morir todavía puede aterrorizarnos. Entregarle ese temor a Jesús puede ser un reto importante. No sabemos por qué a unos la muerte se los lleva tan rápidamente mientras que en otros la agonía y el sufrimiento se prolongan. Pero con la confianza de que Jesús cumplirá su promesa de no dejarnos ni abandonarnos nunca, podemos como Randy tener la seguridad de que en ese momento Jesús estará allí, al otro lado de la cama, para llevarnos a una de las moradas que él fue a preparar en los cielos (ver Juan 14:1-3).

El propósito de Dios con los lazos humanos

Como humanos tenemos una gran capacidad para desarrollar lazos afectivos entre nosotros. Yo creo que un lazo afectivo es una relación entre dos espíritus, la cual se establece por nacimiento o por compromiso. El compromiso del matrimonio y nuestro compromiso con Dios son ejemplos del segundo caso. Tal como lo señalamos en el capítulo tres, cuando las personas entran en una relación sexual se unen íntimamente entre sí. Las amistades íntimas también crean un lazo afectivo como también las relaciones en que una persona está bajo el dominio de otra. Nosotros a veces nos referimos a esos lazos como "lazos del alma". Existen lazos del alma buenos y normales que Dios fortalece; y lazos malos y pecaminosos, fortalecidos por Satanás.

Yo creo que los lazos normales (los buenos lazos) entre padres e hijos, entre hermanos y entre esposos, son fortalecidos por Dios. Sin embargo, los aspectos anormales y pecaminosos de estas relaciones le dan la oportunidad al Enemigo de influenciar una parte de la relación o toda ella, creando así los lazos pecaminosos.

Las relaciones sexuales adúlteras, por ejemplo, abren espacio a los lazos satánicos. Lo mismo las relaciones en que una persona es dominada, incluso controlada, por otra. Estos lazos se pueden desarrollar entre amigos o familiares. No es raro que la dominación de un padre o de ambos produzca lazos influenciados por Satanás entre ellos y sus hijos.

Cuando la muerte, el divorcio u otra circunstancia causan separación, interrumpen un lazo que Dios había fortalecido y la herida puede ser muy severa. Cuando una persona muere o se ausenta, el tejido de la relación se rompe abruptamente. La tela una vez unida en muchas partes se desata y desintegra por la separación. La severidad de las heridas que acompañan la ruptura de una relación varía de acuerdo con la intimidad que existía entre las personas. Mientras más estrecha haya sido la relación, mayor es el efecto doloroso de la muerte, el divorcio o cualquier otra herida sobre la persona. Por causa de la pérdida algo muere en el interior de la persona y necesita ahora sanidad de profundo nivel.

Aunque los lazos aprobados por Dios necesitan ser bendecidos y fortalecidos por él mientras están vigentes, puede ser muy difícil manejar el dolor producido cuando se cortan. Un gran número de quienes necesitan ministración de sanidad llegan con heridas sufridas por la ruptura de esas relaciones que Dios ya había bendecido. En este tipo de situación la técnica ministerial que más usamos es la que describimos en el caso de Elsie en la sección de muerte de adultos, más adelante en este capítulo. Si la pérdida es un aborto voluntario o involuntario, utilizamos la técnica descrita en el caso que sigue al ya mencionado.

En el capítulo 3 he detallado cómo se puede romper este tipo de relación influenciada por Satanás, usando el ejemplo de pecado sexual, debido a la participación satánica en esta clase de pecado. Los lazos del alma también se pueden romper de la misma manera.

Abortos voluntarios e involuntarios y muerte infantil

Rara vez nuestra sociedad ve el aborto involuntario como una forma de muerte infantil. Debido a que el bebé todavía no se ha desarrollado lo suficiente para vivir fuera del vientre, muchos no ven razón para hacer duelo o para buscar sanidad tras un aborto de este tipo. No obstante, cada criatura desde su concepción es un ser humano destinado a vivir para siempre. Desde el principio la madre tiene una relación con su criaturita en desarrollo. Generalmente a partir del quinto mes la madre puede sentir la criatura moviéndose y creciendo en su vientre. Debido a su cambiante fisiología y al crecimiento del bebé, tanto el apetito como el peso de la madre comienzan a sufrir ajustes. Ya es visible que hay otro ser creciendo en su interior. Todos estos y otros factores contribuyen al sentido de relación de la madre con el niño.

Aunque gran parte de esta relación entre madre y criatura es conciente, es probable también que mucha parte sea inconsciente. Cuando ocurre un aborto no voluntario, tanto la parte conciente como la inconsciente de la relación se rompen. En lo profundo de la madre hay una ruptura de la estrecha relación con el bebé y un gran sentido de pérdida. Un embarazo involuntariamente interrumpido no es sencillamente la perdida de tejido biológico, sino la presencia de la muerte. Es cortar un lazo que deja a la madre quebrantada y necesitada de sanidad de profundo nivel.

En contraste con la interrupción involuntaria de un embarazo, el aborto provocado es un asesinato. Cada uno de los dos millones de bebés abortados cada año en los Estados Unidos implica cortar una vida y padecer la dolorosa ruptura del lazo establecido entre la madre y la criatura. Es interesante que cada estado de la Unión Americana considera la muerte intencional de un bebé antes de nacer como un asesinato... a menos que se haga en la forma de un aborto. Si, por ejemplo, un criminal dispara al abdomen de una mujer embarazada y mata al bebé, pero no a la madre, ¡el criminal es juzgado por asesinato! Algunos llaman a esto la "distorsión del aborto". La inconsistencia de nuestras leyes en este asunto es asombrosa.

La ruptura del lazo entre la madre y el bebé es un trauma que no desaparece simplemente, a pesar de la racionalización "políticamente correcta" que ignora la realidad espiritual del lazo entre la madre (y a menudo también el padre) y la criatura que aún no ha nacido. La aflicción y el duelo por la separación causada por muerte están ahí, aunque no sean reconocidos abiertamente, y a menudo emergen más tarde en la vida de maneras muy problemáticas. Tal como lo señala Jack Hayford:

A veces sentimos que si presionamos efectivamente nuestras emociones hacia algún tipo de sumisión, ya hemos tratado con el problema.

La superación del dolor o la negación de la realidad del profundo duelo mediante una negación estoica de las emociones humanas genuinas pueden dejarnos emocionalmente desolados, o peor. Y el enojo que no se trata puede transformarse rápidamente en amargura. [2]

Aunque uno confiese el pecado de aborto y reciba el perdón de Dios, esto rara vez es suficiente. El dolor emocional generalmente requiere sanidad de profundo nivel. La doctora Susan Stanford, consejera profesional quien tuvo la experiencia del aborto y ha escrito al respecto, dice:

Uno de los efectos más comunes posteriores al aborto es el sentimiento de culpa y de pérdida. En mi propia práctica algunas mujeres niegan el sentimiento de culpa y en consecuencia evitan el tópico de sus abortos desde el comienzo de las sesiones de consejería. Sin embargo, invariablemente el asunto surge quizá cerca de la fecha del aniversario del hecho o de la muerte. Cuando les he preguntado cómo se sienten al respecto en retrospectiva, más del 90 por ciento dice que siente algún grado de culpabilidad. Otras mujeres para quienes quizá el problema radica en los efectos posteriores al aborto, afirman que sus sentimientos fluctúan entre un abrumador embotamiento o depresión, y un opresivo remordimiento. [3]

La pérdida de una criatura ya sea por la interrupción involuntaria de un embarazo, por enfermedad, o por accidente, o por un aborto voluntario, es siempre traumática. Comúnmente genera una cantidad de interrogantes, confusión y enojo. La muerte en el vientre materno o en las primeras etapas de la vida de un niño fuera del vientre puede causar profundas heridas en los padres que luego necesitan cuidado y sanidad de profundo nivel. La muerte de un niño a cualquier edad es algo duro, pero la muerte de un infante es especialmente dolorosa.

Cuando interrumpimos la relación entre el niño y los padres en la tierna niñez, causamos un conjunto importante de dificultades. Esta es una época en que el niño está aprendiendo y haciendo cosas por primera vez. Ningún otro tiempo en la relación padre-hijo es más dinámico en la formación de lazos que este de la edad temprana. Desde la concepción, y a través de la niñez, estos son los años más formativos de la personalidad. Los padres están dedicados intensamente a este desarrollo. Por lo tanto, es de esperar que la muerte de un infante cause un una gran herida tanto en el padre como en la madre, pero especialmente en la madre.

Algo que no reconoce ordinariamente nuestra sociedad individualista es el hecho de que los hermanos también son afectados por la interrupción involuntaria de un embarazo, por un aborto o por muerte infantil en la familia. Existe un lazo espiritual entre los miembros de la familia que se rompe cuando hay muerte o separación. Y esto es válido aun cuando el miembro que se separa de la familia es una criatura que no ha nacido, o un infante. Además, cualquier otro bebé concebido después del aborto voluntario o involuntario, siente las emociones de la madre, especialmente el temor de que puede perder otro hijo.

En el capítulo 6 mencioné a Bob, un hombre de 35 años de edad quien me describió un intenso sentimiento de culpa aún por el solo hecho de existir. Como ya lo dije, al examinar su pasado descubrimos la raíz de su culpa en el hecho de que la madre había perdido el embarazo de una niña meses antes de la concepción de Bob. Ella ya tenía un niño y deseaba intensamente una niña cuando él nació. De modo que parece que en el vientre la madre le transmitió una profunda frustración por el hecho de que era un niño y no la niña que esperaba reemplazara la bebita que había perdido. Desde entonces Bob vivió con la culpa de la pérdida de una hermanita mayor que murió antes de que él fuera concebido. Aunque él nunca conoció a esa hermana, estaba conectado con ella igual que con su madre cuyas reacciones ante la pérdida compartió.

Con Bob seguimos el procedimiento detallado a continuación ministrando a los padres que tuvieron la experiencia de un embarazo interrumpido involuntariamente o un aborto. Es bueno ministrar también a los hermanos de un niño abortado o que murió en su infancia, igual que a los padres.

Cómo ministrar a quienes lloran la pérdida de un hijo

Hay todo un rango de emociones con las cuales debemos tratar al ministrar a los padres que han perdido sus hijos. La gente procura encontrar razones para tales tragedias y a menudo creen encontrar culpas donde no existe ninguna. Las madres piensan: "...Si hubiera sido más cuidadosa en mis actividades, no hubiera perdido mi embarazo". "...Si hubiera atendido a mis sentimientos en vez de escuchar a mi novio no hubiera abortado". "...Si hubiera revisado una vez más al bebé antes de irme a dormir...". A veces los padres se culpan a sí mismos por no haber estado en la escena a tiempo para hacer algo por salvar a su hijo.

Cuando ministramos a personas que han sufrido una pérdida, mucha de la dificultad proviene de comprender que generalmente no recibimos una explicación por lo que ha ocurrido. Y la mayoría de las veces, por más culpa que se sienta la situación no mejora. Sin embargo es importante que la gente se sienta libre de expresar sus emociones, junto con su enojo hacia Dios o hacia otras personas.

En nuestra práctica hemos encontrado que una vez que se ha dado salida a esas emociones, se produce sanidad al hacer que los padres le pidan a Jesús que les permita visualizarse a sí mismos alzando en sus brazos a su criatura. Francis MacNutt nos da una razón para hacerlo:

Siendo que la madre no tiene una imagen concreta del bebé a la cual decirle adiós, se siente incompleta y con un gran vacío. Le está diciendo adiós a un bebé que nunca tuvo en sus brazos. Por esta razón es de utilidad para los padres, (si ello es posible), ver y tocar a la criatura que perdieron, darle un nombre... y quizás realizar un sencillo funeral. [4]

Cuando les pedimos que lo hagan, generalmente Jesús les permite ver un cuadro del bebé y les muestra si era niño o niña. Los padres pueden entonces darle un nombre. Después pueden imaginarse a sí mismos hablando con Jesús respecto a algo que les gustaría que el bebé sepa, o pueden hablar directamente a la imagen del niño, sabiendo que aunque no debemos intentar hablar con los muertos, Jesús puede pasar este mensaje al bebé en los cielos.

Para algunas personas es incómoda la idea de verse hablando con alguien que ha fallecido. Para estas personas es mejor visualizarse a sí mismas hablando con Jesús y no con el bebé. Ya sea que se vean hablando directamente con el niño, o con Jesús, es mi costumbre pedirle a Jesús que a su manera transmita los mensajes a la persona fallecida. Aunque la prohibición de hablar a los muertos, que encontramos en Deuteronomio 18:11, no se refiere a este tipo de práctica, yo he decidido ser precavido. La prohibición allí es consultar a los muertos mediante adivinación para pedir información respecto al futuro. Pero yo no quiero alentar a alguien a hablar regularmente a los muertos con ningún propósito. Ni quiero que ningún mensaje que no sea específicamente aprobado por Jesús cruce esa línea divisoria.

Al hablar al cuadro en que ven al niño, los padres pueden expresar su amor por el niño y su tristeza al no poder criarlo. También pueden comunicar otras cosas como el hecho de que el niño estará en buenas manos al estar con Jesús. En el caso de un aborto es bueno si los padres se disculpan con el niño. Cuando estén listos, los padres pueden entregar el bebé a Jesús, encomendándolo a él y asintiendo con él en su elección de permitir su muerte.

En quienes han practicado un aborto hay siempre un inmenso peso de culpa, por lo cual es necesario tratarlos espiritualmente. Rara vez necesitan oír que han pecado. Generalmente lo saben tan bien que a veces no creen que puedan ser perdonados. Quienes ministramos a tales personas podemos ayudarles a confesar este pecado al Señor, y luego señalar la actitud del Señor hacia ese pecado que ha sido confesado y perdonado: ese pecado es removido y alejado de nosotros a una distancia tan grande como está el oriente del occidente (ver Salmo 103:12). En ciertas ocasiones, la parte más difícil es lograr que los padres se perdonen a sí mismos. Hablarle al bebé o a Jesús de la manera que he descrito generalmente produce esa libertad.

Cómo ministrar a quienes lloran la pérdida de un adulto

Dos tipos de muerte de adultos hacen necesaria la sanidad de profundo nivel: la muerte causada por una tragedia (incluyendo enfermedad repentina o por accidente), y la muerte de una persona anciana y "llena de años". Cada caso de muerte es único y se debe enfocar con su cúmulo particular de circunstancias. Pero incluso cuando la persona que muere es de bastante edad, parece que no estamos listos para su partida. ¡Cuánto menos preparados estamos para una muerte trágica!

La muerte repentina e inesperada produce conmoción a quienes quedan atrás. También abre la puerta a mucho dolor y culpa, y produce lamentos como "...Ni siquiera tuve la oportunidad de decirle adiós". "...Estuvimos peleando todo el día. Pensé que nos veríamos otra vez para arreglar las cosas". "...Si tan solo le hubiera dicho que lo amo antes de que saliera esta mañana". Generalmente hay muchos interrogantes sin respuesta sobre la muerte repentina, entre ellos: "¿Por qué permitió Dios que esto pasara?" Al no recibir respuesta a esa pregunta surge el enojo que ahora se mezcla con el dolor y la culpa, haciendo que la persona experimente arrebatos de intensa e inexplicable emoción.

Cuando ministramos a quienes están así de cargados es muy importante tomar muy en serio tanto su pérdida como sus emociones. Con frecuencia los cristianos interiorizan la idea de que no se les permite estar tristes o afligirse. Si bien es cierto que no debemos llorar como los que no tienen esperanza (ver 1 Tesalonicenses 4:13), ciertamente podemos llorar por la herida profunda que nos deja la pérdida de un ser amado. Quienes no dan expresión adecuada al sentimiento de tristeza por una pérdida así, se exponen a ataques satánicos en sus lastimadas emociones. Necesitamos estimular la sincera expresión de las emociones afirmando la necesidad y el derecho de la gente a afligirse y llorar. Solamente cuando las personas enfrentan y expresan su dolor con sinceridad están listas para recibir libremente la sanidad de Dios.

Al ministrar a quienes están agobiados es bueno hacer que vuelvan atrás y visualicen la situación en la cual murió el amigo o ser querido. Esto puede ser algo muy difícil de hacer, pero se les debe hacer ver su importancia en el proceso de sanidad. Se les puede ayudar a comprender la necesidad de cerrar la relación. Aunque "revivir" esta experiencia cause dolor, los beneficios futuros sobrepasan el dolor de la dificultad presente. El objetivo es romper con el dolor y dejar de "retener" al ser querido. Una vez que hacemos esto quedan en libertad para vivir sanos y saludables.

Una vez que la persona afligida recuerda el acontecimiento de la separación, pídale al Espíritu Santo que guíe la experiencia de la sanación incluyendo cualquier visualización de los hechos. No manipule la experiencia sugiriendo lo que la persona que recibe ministración debe ver o experimentar. Lo que ocurre generalmente en este ejercicio es que la persona ve por sí misma a su ser querido y a Jesús, y se siente animada a hablarle al ser amado, arreglando cualquier cosa que quedó sin resolver. Entonces se siente en libertad de decirle adiós a la persona fallecida. En ese punto haga que la persona renuncie a cualquier lazo insano que haya existido con quien falleció. Al mismo tiempo se debe asumir autoridad sobre ese lazo y romper su poder. La persona ministrada debe entonces entregar a Jesús a su ser querido fallecido, diciéndole al Señor que aunque no comprenda completamente por qué fue llevado, está de acuerdo con su voluntad al permitir que así ocurriera.

La muerte de un adulto mayor

Cuando una persona mayor muere, generalmente no existe el dolor intenso y la conmoción que causa una muerte trágica. Comúnmente el adulto ha estado enfermo durante meses o quizá por años. El obvio deterioro en la salud de la persona ha hecho el proceso de muerte más gradual y fácil de esperar. Aunque no se puede evitar totalmente el factor impacto, en muchos casos es menor. De todos modos la muerte de un adulto maduro puede causar heridas dolorosas que requieren tratamiento de profundo nivel, especialmente si existe algún aspecto sin resolver en la relación con tal persona.

Usted debe tratar esta clase de muertes como acabamos de sugerir. Asegúrese, sin embargo, de descubrir y tratar todo trauma que la persona haya experimentado al ver a su amigo o familiar en sus últimos días, agonizante. Este proceso es de suma importancia si el deceso ocurrió luego de una enfermedad prolongada.

Algo que también es importante, y que suele ser muy sanador para los deudos, es agradecer a Dios por los años que pasaron con la persona antes que la muerte los separase. Me gusta preguntar a las personas afligidas cómo era la vida con él o ella y, por lo general, mencionan cosas muy positivas de aquellos años. Entonces les invito a que se enfoquen en las experiencias agradables que vivieron, en lugar de pensar en el fin de la relación.

Elsie acudió a mí con una serie de problemas. El asunto más grande era que el tío que más amaba había fallecido de manera inesperada y ella no pudo despedirse de él como hubiera querido. Su tío ni siquiera estaba enfermo. Elsie lo visitó la mañana de su muerte pero jamás hubiera pensado que no volvería a verlo con vida. Además, ellos tenían un asunto pendiente, y el Enemigo utilizó la culpa para dominarla.

Cuando encomendamos la muerte repentina de su tío al Espíritu Santo, él llevó a Elsie al momento de aquella última visita que le hizo. En esa visualización por fe pudo hablar con él sobre el problema que tenían y perdonarlo, y perdonarse a sí misma. Entonces pudo encomendar a Jesús tanto el asunto pendiente como a su tío. Al ver que Jesús se llevaba a su tío para estar con él, hubo dos cosas sobre las que recibió seguridad: el problema entre ellos estaba resuelto y la muerte de su tío fue aceptada. Ella pudo ponerse de acuerdo con Jesús. También pudo agradecer a Jesús por el regalo de la vida de su tío durante tantos años juntos.

Orar por los deudos

La cultura de nuestra sociedad occidental ha hecho que el ministerio a los afligidos sea una tarea difícil. La creencia de que no debemos mostrar debilidad frente a la adversidad mantiene a muchos individuos atados a las heridas y dolores que sufrieron al perder a un amigo cercano o un familiar. Incluso en nuestras iglesias está mal visto cuando alguien dice: "No me siento bien. Necesito ayuda". Es más, queremos mantener nuestro dolor y tristeza encerrados, y pensamos que la mejor opción es reprimirlos. Este hábito es muy dañino porque sabemos que el dolor y la tristeza son emociones poderosas que si se reprimen pueden causar mucho daño. Quienes reprimen sus emociones no dejarán de sufrir de forma profunda y continua hasta que el dolor sea sanado.

Al ministrar a personas que están pasando por un proceso doloroso o que reprimen el dolor, es importante reconocer la legitimidad de ese dolor. Quienes tienen un dolor oculto necesitan sentir la libertad de abrir las puertas de aquellas habitaciones que han mantenido cerradas por años. Necesitan sentir que son libres de expresar el dolor sin temor a ser condenados. Ya sea que el dolor se encuentre oculto o a la vista, puede resultar útil distinguir entre dolor y tristeza. John y Paula Sandford afirman:

La fe puede sanar el dolor y hacerlo desaparecer en poco tiempo, mientras que la tristeza puede regresar muchas veces. La tristeza y las lágrimas no son muestras de falta de fe. La tristeza es una liberación saludable de la pena y de la pérdida. Incluso varios meses después de que el dolor se haya aliviado, las lágrimas pueden brotar, principalmente en fechas especiales o cuando algún hecho trae a memoria un recuerdo feliz. Ese tipo de tristeza no es algo de lo que uno deba deshacerse o que deba desterrar como si echara a un demonio. Tampoco es algo que deba sanarse pronto. No es algo malo ni diabólico. Es algo que debe soportarse y que se suavizará con el tiempo. Es una señal del amor que reconoce la pérdida. Desaparecerá con el tiempo, una vez que haya concluido su obra en el corazón. [5]

Por lo tanto, el dolor es una sensación de pérdida muy fuerte. La tristeza implica padecer la nostalgia y la soledad aún presentes, las cuales desaparecerán del corazón de las personas en forma natural. Con respecto al dolor profundo de una persona, debemos responder con *una compasión profunda, pero firme.* Es posible que la persona no haya superado el fallecimiento de su ser querido o que haya reprimido sus sentimientos a tal punto que surgen formas de expresión muy dañinas. El dolor reprimido suele expresarse con ira.

A veces, un dolor profundo puede llegar a convertirse en una fortaleza espiritual defendida por demonios. El dolor puede arraigarse tanto que se convierte en una parte natural de la personalidad. La herida inicial que produce la muerte de un ser querido puede ser la puerta para una fortaleza, y la renuencia a soltar el dolor puede hacer que la fortaleza eche raíces y crezca.

En este punto, es muy importante guiar a la persona a volver a sentir aquellas primeras emociones. Si las emociones llegan a estar reprimidas, esto le permitirá ponerse en contacto con ese dolor una vez más. Si la persona continúa revolcándose en el dolor, el ejercicio de recrear el evento en su mente y regresar a aquella situación dolorosa puede darle la oportunidad de enfrentarla. Esta vez, sin embargo, lo hará de una forma diferente porque establecemos ciertos límites saludables para expresarse.

En este punto es importante romper la fortaleza del dolor desde sus bases y permitir que la persona comience de nuevo el camino de tratar con la pérdida de su ser querido. También es necesario romper todo lazo afectivo que produzca ataduras con la persona fallecida. Además, es importante que la persona renuncie a las ligaduras con el dolor y que pida perdón a Dios por haberse aferrado tanto tiempo al dolor, en lugar de darle su carga a Jesús. Es probable que también necesiten perdonarse a sí mismos por haberse aferrado al dolor.

Luego de sanar el dolor se puede hacer frente a la pena y a la tristeza. La pena no es una emoción que debilite tanto como el dolor, pero también puede causar efectos muy profundos si la persona se revuelca en ella. Como se menciona en la cita anterior de Sandford, la pena puede prolongarse durante más tiempo que el dolor, sin dejar de ser legítima y apropiada. El hecho de extrañar a alguien o sentirse triste de vez en cuando no es indicio alguno de disfunción o de falta de sanidad profunda; es más bien un testimonio del amor por el fallecido. De todas maneras, es bueno tratar con la pena y llevar a las personas, junto con Jesús, al momento del fallecimiento o de la reacción que tuvieron cuando recibieron la noticia para poder así volver a sentir sus emociones y recibir sanidad.

Una forma efectiva de abordar la sanidad es ayudar a que las personas practiquen el hábito de dar gracias por el ser querido. En lugar de revolcarse en la culpa y en los sentimientos negativos que pueden dominar los recuerdos, deberían pensar y hablar con gratitud por la vida de aquella persona que ahora no está. El recuerdo de una persona que falleció a los 43 años, por ejemplo, puede llegar a ser tan doloroso como para opacar la vida del resto o puede convertirse en una oportunidad para agradecer a Dios por cada uno de esos 43 años. Este último enfoque no implica la negación de la muerte ni del dolor, pero cambia la perspectiva. En lugar de concentrarse en la manera como terminó todo, se enfoca en cómo fueron todas aquellas décadas antes del fin.

Perdón para el difunto

Muchas personas quedan desconcertadas por no saber qué hacer cuando, al momento del fallecimiento, tienen algo contra el difunto. Quizás esperaban un momento de reconciliación que jamás llegó, y ahora es demasiado tarde. Se sienten culpables por el hecho de que no lograron arreglar las cosas. Pero el perdón y la reconciliación son dos cosas diferentes. Para uno reconciliarse con otro, esa persona debe convenir y estar presente. Pero para perdonarla no es necesaria su presencia. Este es un acto individual de quien fue herido y desea ser liberado.

Por cuanto el mandato bíblico de perdonar es absoluto, el primer paso a dar es ayudar a la persona a perdonar al fallecido. Se nos pide que liberemos a la persona otorgándole nuestro perdón, aún si ya no está con vida. En las sesiones de ministración podemos hacerlo de la manera normal discutida previamente.

Un problema más grave de tratar es la dificultad en perdonarse a sí mismo por no haber arreglado el asunto pendiente antes que la persona implicada falleciera. Para resolver dicha situación, primero se debe confesar como pecado la negligencia que causó la demora. Después de aceptar el perdón de Dios, la persona debe perdonarse a sí misma. El acto de presentar a Jesús el pecado y la culpa, de manera visual, y de recibir su toque divino, puede producir una extraordinaria liberación.

Divorcio, suicidio y otras formas de separación de miembros de la familia

En su sabiduría, nuestro Dios estableció la familia como un grupo de personas unidas por sangre y matrimonio. Además de las familias tradicionales unidas por el vínculo de sangre, las familias de hoy pueden incluir relaciones adoptivas de toda clase, especialmente con los padrastros y hermanastros. La relación por sangre o por matrimonio entre miembros de la misma familia es un nexo místico entre uno y otro espíritu que produce una cohesión social planeada para proveer mucho del significado que experimentamos al caminar por la vida.

Los nexos relacionales son tan importantes para Dios que él utiliza la familia como modelo para la Iglesia (ver Efesios 5:22-23). Cristo es la cabeza de la Iglesia, con muchos miembros en su cuerpo. Como ocurre con el cuerpo humano, todos los miembros encajan al realizar funciones complementarias. Existe una fuerte conexión relacional. Cuando un miembro padece, todos los miembros se duelen con él (ver 1ª Corintios 12:12-31).

En la familia, tanto como en la Iglesia, el propósito de Dios es que él sea la cabeza bajo cuyo señorío vivan y actúen el esposo, la esposa y los hijos. Todos están unidos espiritualmente uno a otro y lo ideal es que cada uno cumpla un papel en particular, en sujeción y obediencia mutuas el uno con el otro y con Dios. La familia fue planeada por Dios como la unidad básica de la sociedad, un microcosmos de cómo debería ser la vida en la tierra. Es por eso que la familia ha llegado a ser uno de los principales blancos del Enemigo en sus intentos de trastornar y destruir la humanidad.

La familia y el matrimonio son tan importantes para Dios que nos dio muchas enseñanzas al respecto en las Escrituras (por ejemplo Efesios 5:21-6: 4, Colosenses 3:18-21, 1ª Pedro 3:1-7). Entre las enseñanzas de Jesús se encuentran las siguientes palabras respecto al matrimonio:

Él, respondiendo, les dijo: ¿No habéis leído que el que los hizo al principio, varón y hembra los hizo, y dijo: Por esto el hombre dejará padre y madre, y se unirá a su mujer, y los dos serán una sola carne? Así que no son ya más dos, sino una sola carne; por tanto, lo que Dios juntó, no lo separe el hombre (Mateo 19:4-6).

Cuando se produce una separación en la familia, ya sea un divorcio, un suicidio, o cuando un joven furioso decide abandonar la familia, hay tres cosas dolorosas que suceden y que agravan las heridas profundas de las personas. Primero, el lazo espiritual que mantenía a la familia unida y sólida se corta. Cuando se rompen estos lazos, cada miembro de la familia sufre heridas muy similares a las que se producen cuando alguien fallece.

Segundo, el divorcio, el suicidio y la separación por rebeldía pueden herir más aún que la muerte física de un ser amado porque este tipo de separación implica la *elección* de abandonar la familia. "La muerte de un cónyuge, si bien es dolorosa, puede ser una herida limpia. El divorcio suele dejar una herida sucia e infectada que causa un profundo dolor". [6]

Además del dolor de la pérdida, se suma el dolor del rechazo. Los que fueron abandonados están conscientes, en todo momento, de que la persona escogió dejarlos. Entonces, por lo general, a las heridas de la separación y del rechazo se suma el peso de la culpa por pensar que las cosas podrían haber sido diferentes.

Tercero, y a diferencia de la muerte natural, en este tipo de separaciones subyacen principios espirituales o leyes del universo que se quebrantan. Ya sea la muerte de una relación, o un familiar que se quitó la vida, las consecuencias del pecado de ese hecho y de los pecados que condujeron al hecho deben enfrentarse por completo. El hombre arrebató de las manos de Dios algo que él tiene bajo su señorío de forma muy específica, ya sea que esté relacionado a la unión matrimonial, a la relación padre-hijo, o a una vida que él creó. En estos casos, el perdón puede resultar particularmente difícil.

Al ver la intensidad de las heridas que deja el divorcio, la rebeldía o el suicidio, se hace claro que sólo la gracia del perdón de Dios a través de Jesucristo puede traer sanidad, junto con el uso de las técnicas que se utilizan para la sanidad de las heridas profundas. Sanar puede tomar un tiempo; sin embargo, Jesús suele obrar mucho más rápido de lo que se espera a través de estas técnicas. Aun así, necesitamos tener mucha paciencia cuando ministramos a esas personas que sufren este tipo de problemas. Debemos otorgarles mucha libertad y espacio mientras trabajan en los diferentes aspectos de la situación en la que están.

Con respecto al divorcio, si queremos ser realistas no podemos darle a la persona herida la esperanza de que la otra persona volverá. Por lo general, la esperanza es mayor en el caso de los jóvenes que se vuelven contra sus padres debido a la rebeldía. Es correcto orar por el regreso de un joven rebelde, pero no sin dar consejos como: "No cante victoria antes de tiempo", para así estimular la paciencia. Para los casos de divorcio y de rebeldía, la cuestión más urgente es entregar a Jesús esa persona, sabiendo que es posible que la persona nunca regrese. La pérdida de una relación por el divorcio o por la rebelión es una carga muy pesada de llevar, y Jesús quiere que se la demos a él (véase 1ª de Pedro 5:7; Mateo 11:28).

El suicidio suele traer aun más dolor. Es terminal. La decisión de partir es irreversible. Es un hecho inherentemente opuesto a las relaciones y puede producir grandes heridas personales.

"¿Por qué papá nos dejó así?" o "¿Acaso Mamá no nos amaba más?". Luego de un suicidio abundan las preguntas sin respuesta. Cuando ayudamos a quienes pasan por situaciones de este tipo nos enfrentamos a la angustia, la ira y las heridas más intensas.

Cuando ministramos este tipo de circunstancias suele ser muy útil, al igual que con otros problemas profundos, permitirle al Espíritu Santo que traiga a nuestra mente algunas imágenes de diferentes sucesos. El objetivo es ayudar a que la persona vuelva a sentir y sufrir la pérdida en la presencia de Jesús, que le entregue esa persona que ahora no está y el dolor de los recuerdos al Señor. A pesar de que es difícil y doloroso, ayudamos a que la persona acepte lo que Jesús permitió que sucediera. Y, por último, le ayudamos a enfocarse en ser agradecida por las experiencias vividas con quien se ha ido.

Tanto sufrir como perdonar requieren de más tiempo en este tipo de separaciones. Sobre todo, puede resultar muy difícil aceptar el perdón de Dios y perdonarse a sí mismo por haber permitido que algo así sucediera. Las personas pueden necesitar varias sesiones para abarcar por completo todos los problemas, así que tenga mucha paciencia y amor mientras les guía. Es probable que encuentre mucha tristeza con la que debe tratar.

Es importante que recuerde que debe tratar con los lazos afectivos. Los miembros de una familia, y los amigos íntimos, están unidos espiritualmente unos a otros. Podemos imaginarnos que este lazo es como la conexión entre los gemelos siameses. Mientras los gemelos se mueven en la misma dirección, todo funciona a la perfección. Pero cuando uno de ellos quiere ir hacia un lado y el otro escoge otra dirección, se presenta una gran dificultad. Cuando se produce una muerte o un divorcio, es como si la persona que partió empujara a la otra en su dirección, mientras que la segunda ejerce la misma fuerza para mantener la relación. Más allá de lo doloroso que puede ser renunciar a ese lazo, es necesario hacerlo para recibir sanidad. Con el poder de Jesús podemos cortar el lazo de la misma manera que lo hacemos con el nexo entre las parejas sexuales que no están casadas (véase el capítulo 3). Si luego fuera necesario reconciliar la relación, en caso de divorcio o de un joven rebelde que abandona el hogar, se puede restablecer el lazo con facilidad.

Sanidad para el trauma del homicidio

En cierta ocasión se me acercó una madre quebrantada que tenía un hijo en prisión por homicidio. Si bien existen muchas complicaciones relacionadas al trauma del homicidio, el proceso de abordaje de los problemas es el mismo que hemos recomendado para otros asuntos menos complicados. Arrepentirse y recibir el perdón de Dios es, sin duda, fundamental. De la misma manera lo es el perdonarse a sí mismo. Mostrar arrepentimiento a la familia del damnificado también es una parte crítica para una sanidad profunda.

Muchas personas que participaron en rituales con abusos fueron forzadas a cometer homicidios. El caso de un hombre que llamaré Mark no es aislado. Sus padres eran satanistas y tenían como práctica atraer a mujeres vagabundas hacia un sótano donde las obligaban a cometer actos sexuales. El trabajo de Mark, de niño, era degollar a la víctima mientras tenía relaciones sexuales con uno de los miembros del culto. A otra persona de este culto a quien llamaré Ester, la obligaron a seducir a los hombres en las calles, llevarlos a un lugar secreto y tener relaciones con ellos. Mientras se abrazaban, su tarea era apuñalarlos hasta morir. A otra mujer criada en una familia satanista la obligaron a asesinar al bebé recién nacido de su amiga. La amenazaron diciéndole que era la única manera de evitar que su amiga muriera.

Estas personas, así como muchas otras que he ministrado, lograron desarrollar una personalidad "especial" para realizar este tipo de actos espantosos (véase el capítulo 11, que presenta un desarrollo completo sobre las personalidades múltiples). Sin embargo, la persona anfitriona, o que alberga esta personalidad, lleva una enorme carga de culpa por haber participado en un asesinato, a pesar de haberlo cometido debido a una coacción extrema. Debido al trauma que provocan estos hechos y al gran peso de culpa, la persona queda bajo una posesión demoníaca y con un trastorno de personalidad múltiple.

Si bien la manera de tratar las enfermedades emocionales de estas personas es la misma que se utiliza en los casos anteriores, la intensidad de sus sentimientos es mucho mayor. El grado de culpa, vergüenza, auto condenación, ira y cosas semejantes está más allá de lo imaginable. Una vez más, quien ministra a este tipo de personas requiere de gran paciencia y perseverancia. Puede llegar a ser muy difícil el sólo hecho de lograr que crean que Dios puede perdonarlos. Perdonarse a sí mismos puede ser una dificultad aún mayor. Si existen múltiples personalidades, se debe sanar cada una de ellas a través del mismo proceso.

Cuando una persona le quita la vida a otra de forma intencional se produce un trauma profundamente angustiante y perjudicial en su ser interior. Además de que las heridas emocionales necesitan sanidad, es necesario romper con algo semejante a un lazo muy fuerte entre la persona viva y la que ha fallecido.

Los demonios y la muerte

"Debería estrellar mi auto contra ese muro", escuchó Larry en su mente. "¿Cómo será saltar desde este balcón?" dijo otra voz en una situación diferente. Larry era cristiano y hacía unos años había comenzado a acercarse a Dios. Pero de vez en cuando percibía que este tipo de sugerencias sutiles se metían en sus pensamientos conscientes. A veces, al manejar, pensaba en diferentes maneras de suicidarse utilizando el auto para embestir un puente o salir del camino y meterse en una zanja. Otras veces, cuando estaba en algún edificio a gran altura, sentía el impulso de arrojarse, e incluso venían imágenes de cómo se vería cayendo por el aire.

Larry hizo a un lado esos pensamientos de inmediato. Aprendió a llevar "cautivo todo pensamiento a la obediencia a Cristo" (2 Corintios 10:5). Él sabía que Jesús no quería que se suicidara ni que permitiera ese pensamiento en su mente. No tenía razón aparente en su vida como para contemplar la idea con seriedad. Sin embargo, de vez en cuando solía tener estos impulsos y a veces con mucha intensidad. Le intrigaba conocer su raíz.

Larry vino a recibir oración y descubrió que había recibido un espíritu generacional de muerte de uno de sus padres. Este espíritu había intentado matarlo cuando nació, pero no tuvo éxito. El espíritu de muerte trajo un espíritu de suicidio para ayudarle a destruir la vida de Larry. En una sesión de sanidad profunda ese espíritu confesó ser quien le sugería estos pensamientos de suicidio. (Véase el capítulo 12 para más información sobre cómo tratar con las posesiones demoníacas).

El objetivo de Satanás y sus secuaces es "matar, hurtar y destruir" (Juan 10:10). Por lo tanto, los demonios no dejan de procurar la muerte. Odian la vida. Se deleitan en los abortos, los homicidios, los suicidios y el dolor que causan. De hecho, suelen ser los demonios quienes llevan a las personas a provocar este tipo de muertes. Además, los demonios se aprovechan, sin demora, del dolor que las personas sienten cuando alguien cercano muere.

Al hacer sanidad profunda, luego de la sanidad interior, es importante desafiar a los demonios que estén en la persona. Si bien no todos los problemas humanos están relacionados con la posesión demoníaca, es casi seguro que los demonios participan cada vez que se produce una muerte violenta.

Margaret parecía ser una persona muy agradable. De vez en cuando se podían ver muestras de un mal carácter, pero nunca perdía el control. Un día, mientras trabajábamos en algunos de sus problemas profundos, Margaret rompió en llanto y dijo casi sin pensar: "Sabe, a veces pienso que hay demonios en mí". Le preguntamos cuáles creía que eran los nombres de los demonios. Ella contestó: "Suicidio y homicidio".

Luego Margaret contó cuán a menudo se repetían ciertos temas en su mente. Por fuera era una persona agradable, aparentemente calmada y apacible, pero por dentro deseaba hacer pedazos a algunas personas y tenía ideas muy claras de cómo hacerlo. Sus reacciones hacia un miembro de su familia en particular le traían este tipo de pensamientos, a veces al punto tal de casi llevarlos a cabo.

Entonces expulsamos los demonios de *suicidio y de homicidio* y les prohibimos que volvieran. También expulsamos los espíritus de ira, de odio y varios más. Unos días más tarde, Margaret comentó: "Ocurrió algo muy extraño. No encuentro mi ira por ningún lado. ¡Se ha ido! Y mi odio hacia las personas también ha desaparecido". Luego agregó: "Llamé a una amiga mía que ni siquiera me agrada mucho y le pedí perdón por todas las cosas malas que le había dicho. ¡Yo no soy así! ¿Qué me sucedió?"

Le explicamos a Margaret que los espíritus habían afectado tanto su personalidad que los pensamientos violentos se habían convertido en hábitos. Cuando los demonios fueron expulsados, desapareció el estímulo que se encontraba detrás de muchas de las cosas que ella consideraba normales en su comportamiento. Ya sin los demonios, y en lugar de la presión que ejercían en ella, Margaret estaba aprendiendo formas nuevas de relacionarse con las personas.

Un problema al que necesitamos estar atentos es que cuando una persona endemoniada, sobre todo un familiar, muere, los demonios de esa persona a veces intentan habitar en otros miembros de la familia. Quizás sean los lazos familiares lo que haga que esto sea más probable dentro de la misma familia. Hace no mucho tiempo le pregunté a un demonio cómo había entrado en un hombre al que estaba ministrando. Él dijo que había ocurrido cuando el hombre era un niño, el día que falleció su abuela. De pequeño, este hombre había tenido un apego muy especial con su abuela. Esta unión, junto con su propia ignorancia, dio como resultado la entrada del demonio. Esto podría haberse prevenido si él hubiera pedido que el poder de Jesús lo protegiera.

Cuando en una casa fallece una persona endemoniada, los demonios suelen quedarse allí y causar trastornos a los subsiguientes habitantes de la casa. Cuando esto sucede, los residentes actuales deben tomar autoridad sobre la casa y sobre la tierra en la que está. En el nombre de Jesús deben romper toda autoridad que haya estado antes en ese lugar y que pueda haberle dado derecho al Enemigo de quedarse allí.

También suele haber demonios rondando los cementerios y las morgues, ya que son lugares de muerte. Por razones que no puedo explicar, los demonios frecuentemente permanecen en lugares donde estuvo alguna vez el cuerpo que habitaban, mucho tiempo después de que tal cuerpo se ha ido. Incluso oí alguna vez el caso de una iglesia que fue perturbada por demonios sencillamente porque les habían regalado una alfombra que fue utilizada en una morgue. Al parecer, los demonios llegaron con la alfombra. Cuando se tomó en serio el lugar de procedencia de la alfombra y ésta se desechó, la perturbación demoníaca cesó.

El enemigo con frecuencia tiene una oportunidad de obrar donde hay o ha habido muerte. Necesitamos invocar la protección de Jesús, y si es posible, cuando estemos en esos lugares o cerca de ellos, tratar con cualquier cosa que le dé derecho al Enemigo para estar allí.

Lecturas complementarias

Bill & Sue Banks, *Ministering to Abortion's Aftermath* [Ministrando Después del Aborto], (Kirkwood, MO: Impact Christian Books, 1982).

Jack Hayford, *I'll Hold You in Heaven* [Te Encontraré en el Cielo], (Ventura, CA: Regal, 2003)

Jeff Lane Hensley, *The Zero People* [La Gente Cero],(Ann Arbor, MI: Servant Publications, 1983), pp. 97 – 105, 203-207.

Charles H. Kraft, *Defeating Dark Angels*[Cómo Derrotar los Ángeles de las Tinieblas], (Ventura, California: Regal, 1992).

Francis & Judith MacNutt, *Praying for Your Unborn Child* [Orar por su Hijo Antes de Nacer] (New York: Doubleday, 1988), pp. 129-142.

John y Paula Sandford, *Healing the Wounded Spirit* [Cómo Sanar el Espíritu Lastimado], Tulsa OK: Victory House, 1985), pp. 429- 454.

Susan Stanford, *Will I Cry Tomorrow?* [¿Lloraré Mañana?], (Grand Rapids, MI: Revell, 1999).

9 Sanidad de la "familia interna"

No "yo", sino "nosotros"

Algunas partes de este capítulo serán un poco más técnicas que el resto de este libro. Esto se debe a que trataremos una de las cosas más complejas del interior de los seres humanos: la disociación. Dios nos creó como seres complejos y una parte de nuestra complejidad entra en acción cuando existe una situación de abuso. Ahora nos enfocaremos en esa reacción cuyo nombre técnico es "disociación". Más adelante definiré qué es disociación. Aquí nos ocuparemos de las divisiones que tengamos en nuestro interior y que hagan posible la disociación.

Podemos describir estas divisiones como una familia interior formada por varias partes, yo-secundarios o subpersonalidades, cada una con una actitud y respuesta diferentes para cada persona y evento en la vida. Este concepto de la familia interior se encuentra desarrollado en un artículo muy útil de Richard Schwartz, un destacado terapeuta familiar, y también en el libro *Subpersonalities* [Subpersonalidades], escrito por otro terapeuta destacado, John Rowan. En su artículo, Schwartz dice:

En mi trabajo me resulta provechoso considerar la vida interior como si fuera una familia interna, en un sentido metafórico amplio. En esta familia, el Yo, o personalidad medular, sería el director general de un clan fiel compuesto por una gran variedad de miembros, desde niños necesitados hasta parientes ancianos entrometidos. De hecho, si se lo pidiera, la mayoría de mis pacientes podrían hacer aparecer una imagen de cada parte o yo secundario… y sus semblantes cambiarían según las partes personificadas, desde alguien muy joven hasta un anciano. [1]

El Dr. Scwartz menciona los descubrimientos de Michael Gazzaniga, un destacado investigador de la naturaleza y del funcionamiento del cerebro. Según Gazzaniga: "El cerebro, en realidad, consta de un número indeterminado de unidades o 'módulos' que tienen funciones específicas e independientes". Accedemos a ellos de forma inconsciente en diferentes momentos y con distintos propósitos mientras enfrentamos las tareas de la vida. Estos módulos le dan forma a nuestro funcionamiento tanto cognitivo como emocional, de tal manera que se podría ver a nuestra familia interior como "un conjunto de 'personalidades modulares', grupos relacionados de creencias, sentimientos y expectativas sobre el mundo" que gobiernan nuestro comportamiento diario. [2]

En su libro, Rowan define una subpersonalidad como "una región de la personalidad que es semipermanente y semiautónoma, capaz de actuar como una persona". [3] Además, Rowan rastrea el concepto a lo largo de la literatura psicológica y presenta buenos argumentos para tratar esta teoría como un concepto psicológico comprobado. En 1961, Eric Berne publicó una versión popular pero poco desarrollada de esta teoría que llamó "Análisis Transaccional". [4] Desde entonces se hizo común hablar de las partes "padre", "adulto" o "niño" de la persona. Del mismo modo, Richard Dickinson se refiere a ciertas partes de la persona en los términos de "niño-interior" y "padre-interior". [5]

Rowan sostiene que el hecho de que podamos tener conflictos internos indica que tenemos más de una subpersonalidad. Estas subpersonalidades forman entonces una continuidad dentro de la persona. "En un extremo de esta continuidad están los cambios de estado de ánimo que se interpretan como estados mentales organizados en torno a una emoción en particular…. Avanzando por esa continuidad, pero aun bien dentro del rango de experiencias normales, se encuentran los roles y los estados y subpersonalidades del yo, con las que los individuos realizan tareas y actividades específicas de cada estado". [6] Más adelante aún, a lo largo de esta continuidad, según Rowan, se encuentran los estados de las subpersonalidades que no son normales y que requieren terapia, y que trataremos en este capítulo.

Si Rowan, Schwartz, Gazzaniga y otros estudiosos de la personalidad humana están en lo correcto, *todos nosotros, normales o anormales, somos mucho más complejos de lo que creemos*. *"En cierto sentido, todos somos personalidades múltiples"*.[7] Según este análisis, ciertas capacidades como hablar con uno mismo, tener opiniones y actitudes opuestas al mismo tiempo, e incluso ser una persona diferente de acuerdo a los distintos roles que adoptamos en diversas circunstancias, demuestran la presencia de las subpersonalidades dentro de nosotros.

Este tipo de análisis me resulta válido cuando pienso en las conversaciones internas que suelo tener conmigo mismo o, según esta teoría, con mis subpersonalidades, en especial en tiempos de conflicto. También me ayuda a explicar las diferencias en mi comportamiento cuando doy clases y cuando juego con mis nietos, cuando me relaciono con mi esposa y cuando les hablo a estudiantes o personas que me piden consejos, o cuando adoro y cuando juego al fútbol.

Creo que Dios nos ha dado esta complejidad y que este análisis es un enfoque que nos ayuda a comprender la forma maravillosa en que Dios nos creó como seres humanos. Al abordar la cuestión de cómo sanar a quienes tienen disfunciones a niveles profundos, no nos preocupamos por saber si existen diferentes partes internas en la persona sino cómo funcionan esas partes o subpersonalidades, con el propósito de lograr la integración y unificación de toda la persona. Al ministrar a las personas descubrimos que, en *casi todos los casos*, además de hablar con el yo principal, es posible hablar con distintas subpersonalidades.

Por ejemplo, he podido hablar con las partes que tienen seis, ocho o doce años dentro de la persona a la que ministro, para obtener información sobre cómo se sentían durante un episodio traumático en particular. Pero no todas las subpersonalidades con las que he hablado estaban lastimadas. Parece que algunas tuvieron experiencias un tanto normales. Por lo que, en lugar de tomar la existencia de este tipo de subpersonalidades como una patología, como hacen muchos, las trataremos como algo normal, debido a la complejidad de la persona humana.

Muchas de las personas que ministré, al observar esta complejidad interna se preguntaban si esto era algo normal. En especial, las personas que experimentaron conflictos entre las partes suelen pensar que algo en ellos no está nada bien. Al trabajar en equipo con ellos se dan cuenta de que el problema no es que existan diferentes partes dentro de su persona, sino que algunas de ellas han sufrido durante largos años. Esos problemas pueden tratarse bajo el poder y la guía del Espíritu Santo. Nuestra tarea es ayudar a las subpersonalidades lastimadas a funcionar de una manera más integrada con las otras partes, que son normales y que están relativamente sanas.

Para poder entender mejor estas subpersonalidades necesitamos pensar en el término "niño-interior". Este término tiene al menos tres usos diferentes dentro de la literatura psicológica y de sanidad interior. Algunos lo utilizan para referirse a los aspectos inmaduros de una persona (véase Richard Dickinson, *The Child in Each of Us* [El Niño Que Hay en Cada Uno de Nosotros]). Otros, en especial quienes están en el "movimiento de la recuperación", ven al niño interior como "la parte sensible y vulnerable que tenemos" y que debemos descubrir, sanar y luego alimentar a lo largo de nuestra vida para que alcancemos la integridad, la salud emocional y el potencial creativo (por ejemplo, Lucia Capachione: *Recovery of Your Inner Child*[La Recuperación de su Niño Interior]). Otros consideran que ese rótulo es el adecuado para describir una o más subpersonalidades que las personas crean para depositar allí sus reacciones frente a las experiencias negativas del pasado, en especial en la niñez (ver Rita Bennet: *Making Peace With Your Inner Child* [Haciendo las Paces con su Niño-Interior] y David A. Seamands: *Putting Away Childish Things* [Dejemos las Cosas de Niños]).

Nuestro desarrollo de este concepto se asemeja más a este último uso, aunque consideramos que la presencia de distintas partes internas es algo normal, no patológico. El hecho de que algunas de estas "partes de persona" estén heridas y que, por lo tanto, necesiten ser ministradas, hace que los próximos temas de debate sean importantes dentro del tratamiento de sanidad de profundo nivel.

Muchos estudiosos descubren que las actitudes y los comportamientos de los padres y de otras personas importantes en su vida también suelen verse representados en las actitudes y comportamientos de algunas subpersonalidades. Estos podrían llamarse "padres interiores". En la familia interior, entonces, el niño o los niños interiores de una persona en particular parecen encapsular actitudes y comportamientos que tienen reminiscencias de sus reacciones hacia aquellas personas significativas representadas por los padres interiores. Estas reacciones pueden desencadenarse incluso en la vida adulta al encontrarnos con esas personas o con otras personas que nos recuerden a ellos.

A mí, por ejemplo, me sorprende y muchas veces me perturba la inmadurez de mis reacciones como adulto frente a las imágenes de autoridad que me recuerdan a mi padre. Entender esto me ayuda a pensar que una parte de mí contiene un "pequeño niño" que aun hoy responde inconscientemente a estas imágenes de autoridad, así como yo solía responder a mi padre en mi juventud. Cuando esto sucede, la parte que coordina mi interior, lo que Schwartz llama el "Yo", debe tomar el control y recordarme que ahora soy un adulto y que estoy reaccionando frente a una imagen de autoridad que no es mi padre. Ya no soy un niño pequeño y no tengo que responder impulsivamente, de la misma manera disfuncional en que le respondía a mi padre cuando niño.

Subpersonalidades dañadas

Quizás debido a que nos perturban más que el resto, *somos más conscientes de nuestras partes o yo-secundarios dañados* que de las partes que lograron adaptarse mejor. Tomemos, por ejemplo, una persona que tiene una familia interna que incluye un yo-secundario equilibrado y seguro de sí mismo, un yo-secundario tierno y amoroso, uno condenador, y un yo-secundario "pobre de mí". Es probable que este individuo esté más atento y perturbado por los últimos dos yo-secundarios, que por los primeros dos. Quienes interactúan con este tipo de personas de forma constante también serán perturbados por los últimos dos. Si en lugar de ver que estas personas están formadas por diferentes yo-secundarios, las vemos como seres normales y simples, nos equivocaremos y confundiremos la verdadera naturaleza de los problemas que tienen.

Por ejemplo, un hombre al que llamaré Yin, se vio en la misma situación que uno de los ejemplos del Dr. Schwartz: "Si durante una discusión conyugal el esposo le dice a su esposa "te odio", es probable que ella piense, incluso después de que él se disculpe, que en el fondo él la odia de verdad, porque "si no creyera lo que dijo, no lo hubiera dicho". En otras palabras, las personas suelen confundir la persona con las partes que activan de la persona… De la misma manera, si la parte triste y desesperada de la esposa se activa por la ira del esposo y toma el control, la esposa puede pensar que esa parte es todo lo que ella es". [8]

A Yin le ayudó mucho comprender que diferentes partes de sí mismo podían tomar control por momentos y que sólo esas partes eran disfuncionales, no todo su ser. Al trabajar en pos de una mejor cooperación entre las partes bajo la dirección del Yo, hicimos grandes avances para ayudarlo a resolver sus problemas personales.

Para poder comprender cómo pueden lastimarse nuestros yo-secundarios, es útil entender que dentro de cada persona tenemos impreso, en el cerebro, un registro de todas las experiencias de la vida, y las reacciones a esas experiencias. Muy a menudo, una subpersonalidad se construye alrededor de una o más experiencias dolorosas. Esto se da en especial durante la niñez, cuando somos más vulnerables. Las respuestas emocionales descontroladas que aparecen de forma injustificada en una situación actual pueden ser indicios de que existe un yo-secundario (*o niño interior*)que responde por el dolor del pasado. Estas son las partes lastimadas, los yo-secundarios o niños interiores que necesitan sanidad de profundo nivel.

Cuando hay heridas, en especial por abusos en la infancia, una de las funciones de estos yo-secundarios es ocultarle esos recuerdos al Yo consciente y "supervisor". Dios creó dentro de nosotros la capacidad de que unas partes nuestras protejan a otras. Entonces, la imagen que tenemos es la de un yo-secundario abusado que construye muros en el interior para proteger del recuerdo traumático a la parte coordinadora o supervisora de la persona. De esta manera la persona puede ser libre de continuar su vida en la forma más normal posible. Cuando esto sucede, puede parecer que el Yo está negando el abuso.Pero en realidad, es posible que el Yo simplemente esté protegido del recuerdo por un yo-secundario.

Jerry y Jenny

Jerry, misionero de profesión y con unos 55 años de edad, había estado en terapia durante algún tiempo cuando acudió a mi colega Mark White para recibir consejería espiritual. Jerry había tenido una niñez difícil con muchas experiencias abusivas y Mark sentía que la mejor manera de ayudarlo a entrar en contacto con los eventos difíciles de su niñez era buscar uno o más niños interiores. Así que Mark le preguntó a Jerry con delicadeza si había "un niño adentro" que quisiera hablar con él.

Pronto Jerry tuvo una imagen de sí mismo a los cinco años, abatido y desmoralizado. Mark le preguntó si podía ver a Jesús en esa imagen, y Jerry respondió: "Sí, pero al niño no puedo enfrentarlo". Sin avisarle ni darle instrucciones a Jerry, Mark comenzó a hablarle a él como si fuera el niño, y a preguntarle sobre sus sentimientos durante las situaciones de abuso que había vivido.

¡De inmediato, la voz de Jerry se transformó en la del niño! La voz de un niño pequeño, un "yo-secundario", habló y describió en detalle los sentimientos que tenía mientras experimentaba el abuso. Jerry estaba sorprendido, primero por el cambio de voz, y luego por la información que este Yo infantil de sí mismo estaba compartiendo; cosas que Jerry recordaba vagamente pero que pensaba que no eran "gran cosa". Sin embargo, cuando su voz cambió y brotaron lágrimas, Jerry comenzó a ver el tipo de impacto que tuvieron estos hechos en él a la edad de cinco años y lo importante que era tratarlos ahora.

Al ver a Jesús en estos eventos comenzó una transformación en el niño. Jerry vio una expresión de dolor en el rostro de Jesús y los brazos de Jesús extendidos hacia él para recibir y abrazar a ese niño de cinco años. ¡Al abrazarlo, muchos de los golpes dirigidos hacia el pequeño Jerry cayeron sobre Jesús! Experimentar la presencia de Jesús durante la situación de abuso y saber que Jesús sufrió el abuso a su lado afectó a Jerry profundamente y llevó a que el niño dentro de Jerry entendiera que los golpes provenían de los problemas de su padre y que no eran culpa de Jerry. Entonces pudo perdonar a su padre por los golpes y por el hecho de que jamás hubiera logrado controlar sus problemas. La sesión concluyó con el niño regocijándose en el abrazo de Jesús, libre de aquella renuencia a perdonar que había sentido contra su padre durante toda su vida.

Pasemos a otro caso: Jenny era una mujer de unos treinta y cinco años que vino en busca de ayuda debido a la confusión y el dolor que surgían de los abusos que había sufrido cuando era joven. Mientras hablábamos de estas experiencias se hizo notorio que también tenía recuerdos de abusos durante su infancia. A medida que el Espíritu Santo le ayudaba a recordar esos eventos comprendí que cuando contaba lo que había sucedido, su voz cambiaba a la de una niña. Entonces resultó sencillo interactuar con estas subpersonalidades como si fueran distintas niñas dentro de ella. Al trabajar con Jenny en forma periódica durante varios meses, y luego de forma más esporádica durante dos años, descubrimos una cantidad de subpersonalidades levemente disociadas. Cada una guardaba los recuerdos de las experiencias difíciles y las emociones que había sentido. Si bien, estas niñas interiores evitaban que Jenny recordara esas experiencias, no podían librarla de la confusión en su vida adulta actual.

Con Jenny comencé el proceso interactuando con varias de estas niñas interiores, una a una. Luego ella continuó con ese proceso por cuenta propia. En su caso fue muy útil identificar cada subpersonalidad de acuerdo a la edad. Así pudimos nombrar "Jenny-6" a la niña interior que guardaba sus experiencias a la edad de seis años, "Jenny-8" a la que guardaba sus experiencias a los ocho años, y así con el resto. Descubrimos que cada subpersonalidad interior tenía una variedad de experiencias difíciles para contar, de las cuales el Yo adulto sólo tenía recuerdos generales, si acaso tenía alguno. Las niñas interiores le proporcionaron descripciones detalladas de los eventos traumáticos, aunque a menudo fue necesario persuadirlas para que lo hicieran. La necesidad de persuasión surgió debido a que la mayoría de estas partes disociadas pensaban que su propósito principal era ocultarle al Yo adulto estos hechos.

Así que tratamos con cada experiencia de acuerdo con los procedimientos que hemos descrito en este libro. Debido a que Jenny pudo admitir los problemas de su Yo adulto, y luego tratar con ellos, cada una de las "niñas" perdonó a quienes las habían lastimado. Aunque suene extraño, también necesitaron perdonar a Jenny porque se sintieron desatendidas. Además, procuramos asegurarnos de que las subpersonalidades que se crearon antes de que Jenny entregara su vida a Cristo conocieran a Jesús y estuvieran de acuerdo con la decisión de entregarle su vida.

La mayoría de nuestras interacciones eran algo así: Una vez identificada la subpersonalidad, Jenny-8 por ejemplo, yo preguntaba si la Jenny de ocho años aceptaría hablar conmigo. Entonces le decía que era amigo del Yo adulto (Jenny) y que estaba tratando de ayudarla con algunos problemas.

Una voz de unos ocho años respondía: "Está bien". Luego de una pequeña plática para establecer una relación le preguntaba si había algo que la estuviera molestando y con lo que yo pudiera ayudarla. Le sugería que Jenny me había contado que a los ocho años había vivido situaciones difíciles, y que por eso pensaba que quizás Jenny-8 podría aportar más detalles.

Si bien al principio era tímida y desconfiada, al final, Jenny-8 lograba hablar sobre el abuso que había sufrido durante ese año. Entonces trabajábamos el perdón hacia quienes la habían lastimado y su relación con el Yo adulto y con Jesús. Nuestros objetivos eran sanar el dolor, atender las malas reacciones como la falta de perdón, por ejemplo, y trabajar por la integración de esta parte disociada con el Yo.

Mi primera interacción con Jenny-13 fue particularmente intensa. La Jenny adulta estaba aprendiendo a tratar con sus subpersonalidades por cuenta propia. Le resultaba relativamente sencillo hablar con los diferentes yo-secundarios interiores sin necesidad de que yo estuviera presente. Pero un día me llamó para pedirme una cita porque la Jenny de 13 años no quería hablar con ella. En su cuadro mental, la Jenny adulta ni siquiera lograba que Jenny-13 la enfrentara. De hecho, ella veía que cada vez que el Yo adulto intentaba acercarse, Jenny-13 huía de ella.

Cuando la Jenny adulta llegó a mi oficina buscando ayuda me presenté a Jenny-13 y le pregunté si hablaría conmigo. Luego de un tiempo, y a regañadientes, aceptó. Le pregunté qué era lo que le molestaba. Me confesó que le avergonzaba hablar con el Yo adulto, pero no me decía la razón. Sospechábamos que estaba escondiendo un evento o una sucesión de eventos de abuso. Entonces le pregunté si conocía a Jesús. Respondió que sí lo conocía, así que le pregunté si dejaría de escaparse y aceptaría hablar con la Jenny adulta si Jesús estaba presente.

Luego de persuadirla, aceptó. En ese contexto, Jenny-13 finalmente compartió con la Jenny adulta los eventos abusivos que estaba ocultando. Al contrario de lo que Jenny-13 temía, la Jenny adulta la aceptó, le aseguró que no era su culpa, y llegaron a ser amigas. No mucho después de esto Jenny pudo incorporar (técnicamente "fusionar") a Jenny-13 a su Yo principal, por lo que ya no están separadas.

Niños interiores poco definidos

No todos los niños interiores están tan bien definidos como los de Jerry y Jenny. Tampoco están traumatizados. En muchas personas, estas subpersonalidades interiores guardan recuerdos levemente tristes o hasta recuerdos lindos. Pueden existir muchos de estos yo-secundarios. Muchas personas con las que he trabajado descubrieron otras personalidades más jóvenes, desde el jardín de infantes hasta la juventud, y sólo algunas guardaban recuerdos traumáticos. Durante una típica sesión de ministración le pido a la persona que recorra con sus recuerdos desde su nacimiento hasta su adultez, y que busque un niño interior por cada año, aproximadamente, y que los invite a interactuar con Jesús. Le sugiero que los yo-secundarios alegres se reúnan alrededor de Jesús, que bailen o jueguen con los yo-secundarios tristes que se encuentran en otras partes del cuadro. Les pido a estos últimos que compartan con Jesús y con nosotros los problemas con los que están luchando.

No mucho tiempo atrás, al hacer esto, descubrimos que la mayoría de los niños interiores son bastante felices, sobre todo cuando Jesús está allí. Sin embargo, hubo un caso en que uno de ellos, que tenía unos cinco años, se escondía detrás de una mecedora, con miedo a unirse al resto. Al ver esta imagen la persona recordó haberse escondido detrás de una mecedora por temor a que su padre descubriera algo malo que había hecho y lo disciplinara.

Le pregunté al niño interior si estaba solo detrás de la silla, y de inmediato respondió: "No, Jesús está aquí conmigo". Le pregunté al Yo adulto si el niño (él mismo a los cinco años) había sido disciplinado, y contestó que no. Esto se lo comunicamos al niño interior, y lo invitamos a que entregara su temor a Jesús porque sabíamos que lo que él temía no había sucedido. Él lo hizo, recibió un abrazo de Jesús y pudo salir de detrás de la silla y unirse a los niños interiores felices.

El adulto estaba sorprendido de que esta experiencia tan lejana, y casi olvidada, hubiera tenido semejante impacto. En ese cuadro, él pudo sentir la intensidad del temor del niño como también el poder de la liberación al entregarle ese temor a Jesús. Mientras reflexionábamos sobre esta experiencia, el adulto comentó que esconderse con temor había sido una especie de paradigma durante toda su vida. Al tratar con la experiencia que vivió a los cinco años llegamos a la raíz de su temor y logramos que recibiera la sanidad y la victoria sobre su temor.

Regresaremos con el tema de los niños interiores en el capítulo 13.

Comprender la disociación

En una definición amplia, la disociación es la habilidad de desactivar nuestra conciencia para que uno no esté atento a algo, como el sonido de un tren o el ladrido de un perro o una pelea de niños. Las madres suelen practicar la disociación cuando los niños hacen mucho ruido. Quienes trabajan en fábricas ruidosas pueden aprender a ignorar totalmente el ruido. Todos nos disociamos de la vida real de vez en cuando. Nos disociamos cuando estamos distraídos a tal punto de no oír si suena el teléfono o si alguien nos llama por el nombre, por ejemplo. La disociación no es algo negativo en sí mismo. De hecho, puede ser un mecanismo muy útil que nos permite concentrarnos o relajarnos cuando es necesario.

Sin embargo, cuando un psicólogo utiliza el término "disociación", se refiere a un grado de disociación que supera ampliamente la distracción o el perderse dentro de un libro o de una película. La disociación extrema hace que se levanten muros entre los las subpersonalidades y la Personalidad medular, y que se produzcan nuevas subpersonalidades para encapsular el daño de manera tal que no se compartan ninguno, o muy pocos, de los recuerdos y sentimientos con el Yo consciente. Estas formas extremas de disociación sirven el valioso propósito de permitir que la persona sobreviva a situaciones difíciles, por lo general abusivas. Pero más tarde en la vida suelen convertirse en grandes problemas. La persona que disocia al punto de producir personalidades múltiples patológicas o "niños interiores" llenos de ira suele necesitar sanidad profunda en algún momento.

Con estas formas más extremas en mente, como el llamado Desorden de Personalidad Múltiple (que ahora se conoce como Desorden de Identidad Disociada), definiremos la disociación como *la habilidad humana de separar del curso general de la vida ciertas experiencias y encapsularlas en una consciencia alterna que funciona, en mayor o menor medida, independientemente de la consciencia principal.* Cuando esta consciencia alterna no está bien definida ni separada, y guarda sólo un recuerdo, nos referimos a ella como *el niño interior.* En cambio, cuando es una consciencia muy fuerte y separada de la persona medular (el Yo), nos referimos a una personalidad "alterna".

Creo que la capacidad de construir "muros" mentales y emocionales alrededor de las experiencias abusivas fue dada por Dios. Esta capacidad permite que las personas guarden los recuerdos sin que la consciencia los note, y así poder sobrevivir al abuso. La disociación del niño interior suele construirse en torno a un único recuerdo o conjunto de recuerdos. La disociación de personalidades múltiples implica una complejidad mucho mayor.

Este grado de disociación involucra la separación entre uno o más yo-secundarios internos y el Yo consciente, de modo tal que ciertosrecuerdos están encapsulados en las subpersonalidades en una forma en que son parcial o totalmente inaccesibles por la esencia de la persona, hasta que las subpersonalidades consientan en comunicarlos. Cuando alguien, (generalmente un terapeuta) hace contacto con una de estas subpersonalidades, la persona usualmente exhibe las características de la personalidad de un individuo a la edad en la que el trauma ocurrió y el yo se disoció produciendo una subpersonalidad.

A diferencia del yo conciente, estas subpersonalidades disociadas por lo regular pueden describir detalladamente los problemas particulares que llevaron a su creación. Sin embargo, que pueda describir los problemas no significa necesariamente que el yo-secundario esté dispuesto a compartir esa descripción ya sea con la persona esencial, o con alguien de afuera como un terapeuta. La disposición a compartir depende de una relación positiva y de confianza. Así que en ocasiones tomará algo de tiempo desarrollar la confianza necesaria para que la subpersonalidad esté dispuesta a compartir los hechos.

El grado de disociación en respuesta al abuso o trauma parece depender de por lo menos tres factores: la severidad del abuso, la edad en la cual este ocurrió, y la creatividad de la persona. Cuando el abuso es grande y la persona es joven y muy creativa, las paredes entre los varios yo-secundarios se construyen altas y gruesas. El resultado es el Desorden de Personalidad Múltiple (DPM) en el cual existe una mayor diferenciación para cada subpersonalidad que para otras formas inferiores de disociación como "el niño interior." Cuando el abuso es menor, aunque la separación de las subpersonalidades es un componente, las barreras entre estas no son tan difíciles de derribar. No obstante, en ambos casos estamos tratando con reacciones disociadoras hacia el abuso y el trauma, más que con la disociación mucho más suave y temporal de mirar una película o leer un libro.

Aunque esto se considera controversial en ciertos círculos, en mi opinión, las disociaciones más suaves (el niño interior) y más severas (DPM) se pueden ver como los polos opuestos de una escala de disociaciones por trauma inducido (ver diagrama más adelante). Entonces, dentro de cada uno hay una gama de variaciones. Es decir, hay formas más fuertes y más débiles de disociaciones de tipo niño-interior, y formas fuertes y débiles de disociaciones del tipo de personalidad múltiple. Sin embargo, las formas más fuertes de disociación del tipo de niño interior pueden ser difíciles de distinguir de las formas más débiles de las de tipo de personalidad múltiple. Por esta razón las podemos ver como variedades del mismo fenómeno.

Una escala de Disociaciones	
Disociaciones de niño-interior	*Disociaciones de personalidad múltiple*
←――――――――――→	――――――――――→
Débil Fuerte	Débil Fuerte
←―――――――――→	←―――――――――→

Existe una cierta cantidad de literatura sobre sanidad interior que trata con el niño-interior, y una cierta cantidad de literatura de sicología que trata con el desorden de personalidad múltiple. Sin embargo, rara vez los autores conectan o relacionan estos dos campos. Habiendo trabajado con ambos puedo decir que encuentro gran similitud entre ellos. Aunque es mucho menos complicado ministrar al niño-interior que ministrar a personas que se encuentran al final de la escala de DPM, esta labor se realiza de una manera bastante similar al enfoque del DPM.

El tratamiento con personas disociadas

Durante sus años de crianza Jenny soportó mucho abuso sexual, verbal y físico. Creció en una familia alcohólica con un padre que estaba ausente por largos períodos y que tenía arrebatos de ira por embriaguez, y una madre que no estaba emocionalmente disponible para ella. Tales experiencias infantiles frecuentemente conducen a la disociación de una o más subpersonalidades para permitirle al yo sobrevivir.

En casos como el de Jenny o de Jerry, las personas disocian la realidad con el fin de soportar el dolor del abuso. Como lo mencioné antes, esto es una forma combinada de personalidad múltiple. Se crea la parte disociada, el niño-interior, para aislar y albergar el dolor y las otras emociones que lo acompañan. Las partes son "contenedores" en los que se esconden las experiencias y emociones desagradables que ocurren con ellas. La emoción predominante que se esconde junto con el dolor muy seguramente es la ira, pero otras emociones similares están presentes: vergüenza, soledad, temor, inseguridad, la necesidad de controlar, o alguna otra emoción negativa acompañada por una baja auto estima y por auto rechazo.

Como adultos, quienes tienen una disociación de niño interior reaccionarán, de vez en cuando, más como niños lastimados que como adultos maduros cuando algo toca un recuerdo de su niñez. Esto puede ser incómodo e indica la necesidad de integración y de sanidad de profundo nivel. Sin embargo, pueden pasar muchos años sin reconocer la fuente del problema o sin saber qué hacer al respecto. Esta fue la constante experiencia de Jenny hasta que descubrimos sus partes disociadas y tratamos con sus problemas.

Clara fue un caso mucho más complicado y requirió muchas sesiones durante un período de tres años, mientras que otros casos como los de Jerry y Jenny solamente toman una o dos sesiones. Clara nació con varios problemas físicos que incluían sus piernas, su espina dorsal, y varios problemas internos. De modo que fue obligada a soportar varias operaciones quirúrgicas a una edad muy tierna. Estos y otros problemas en sus años de crianza produjeron como resultado la aparición de muchas personalidades alternas que le proveyeron una manera de escapar sicológicamente a las condiciones de vida abusivas y traumáticas que tuvo que soportar. Aunque estaba cercana a los treinta años de edad cuando trabajé con ella, con frecuencia manifestaba las características de una niña, además de una personalidad problemática de quince años de edad. Tenía una personalidad alterna de siete años de edad cuya tarea era asumir todo su dolor o la mayor parte de él. Finalmente contamos 34 personalidades alternas distintas, las cuales finalmente Jesús pudo fundir en una sola personalidad.

Trabajar con alguien como Clara es como trabajar con varias personas. Cada una de las subpersonalidades tenía experiencias traumáticas que debíamos tratar, todas ellas con profundos sentimientos negativos para tratarlos con Jesús. Pero tenían que ser primero vencidos y varios de ellos tenían que aceptar a Jesús como Salvador y Señor antes de permitirle ayuda. Algunos de ellos estaban enojados contra mí pues les parecía otro abusador, de modo que tuve que ganármelos antes de que cooperaran. Cada uno tenía características distintas de los otros, y muchos, al comienzo, estaban halando en otra dirección, aunque finalmente comenzaron a halar juntos y luego le permitieron a Jesús que los reuniera en uno.

Quienes ministran sanidad de profundo nivel, pronto serán llamados a tratar con partes disociadas, con subpersonalidades, o con niños interiores en las personas a quienes ayudan. Todas las personas tienen niños-interiores o subpersonalidades, ya sean débiles o altamente desarrolladas. Las subpersonalidades llegan a estar profundamente desarrolladas en quienes han sufrido abuso, especialmente abuso sexual en la tierna infancia. Infortunadamente tal abuso es común y el resultado es que muchos tienen una subpersonalidad de niño-interior altamente desarrollada, o múltiples personalidades. A menudo, la mejor manera de llegar a la raíz de los problemas de las personas que acuden por ministración es familiarizarse con sus subpersonalidades.

Aunque debemos considerar algunos casos como teorías sin comprobar, nuestros intentos de analizar sicológicamente lo que está pasando con las subpersonalidades de niño-interior son, típicamente, suficientemente distintas como para que otra persona hable con ellas. A través de los años yo he tenido muchas conversaciones prolongadas con niños-interiores y con personalidades alternas disociadas. Se puede aprender mucho a través de esas conversaciones que nos capacitan para sanar, con Jesús presente, esas experiencias profundamente escondidas. Como con todos los problemas de profundo nivel, debemos preocuparnos por verlos y tratarlos bajo el poder de Dios porque sólo entonces las personas lastimadas en sus niveles más profundos pueden tener sanidad.

Cómo ministrar a las subpersonalidades disociadas

En la mayoría de los casos, cuando el consejero hace contacto con una subpersonalidad puede seguir los mismos patrones del proceso de sanidad interior discutidos en las demás secciones de este libro. Sin embargo, hay unas pocas normas específicas a tener en cuenta.

Cómo hacer contacto

El consejero tiene que descubrir o "hacer contacto con" la subpersonalidad estropeada. Si usted sospecha que tal subpersonalidad está presente, primero pídale al Espíritu Santo que lo capacite para encontrarla; luego pídale permiso a la Personalidad adulta para hablar con esa parte. Puede dirigirse a la subpersonalidad como lo haría con una persona normal de esa edad. Si no está seguro si hay allí una subpersonalidad, puede preguntar algo así como "¿Hay aquí un niño (o niña) pequeño que esté dispuesto(a) a hablar conmigo?" En ciertas ocasiones, tales partes heridas de la Personalidad –niños-interiores, y especialmente personalidades alternas con DPM– están temerosas de ser descubiertas pues no quieren recibir otra vez el maltrato que sufrieron en el pasado. Por lo tanto se les debe coaccionar y darles la seguridad de que pueden confiar en el consejero laico y en la Personalidad adulta.

Trabajar por sí mismos

Generalmente, la mayor parte del trabajo con subpersonalidades de niño-interior se puede hacer por la misma persona ministrada. Ya sea con la presencia del consejero laico o por su propia cuenta, a menudo podrán visualizar la subpersonalidad en una edad o etapa específica de la vida. Guíelos para que noten algunas cosas como la postura, la expresión facial, la manera de hablar y la localidad en donde ven al niño-interior. Por alguna razón, puede que el niño esté oculto o en la oscuridad. En muchas ocasiones, lo que la persona ve u oye señala hechos importantes relacionados con los problemas que se deben resolver.

Al final de la escala del DPM será mucho más difícil trabajar primero con la personalidad alterna de uno. Pero una vez que el proceso esté positivamente en marcha habrá mucho que la *Personalidad Principal* puede realizar interactuando con las personalidades alternas.

Aceptar a Jesús como Salvador

Las personalidades disociadas quizá no conozcan a Jesús como Salvador, especialmente si fueron creadas antes que la persona aceptara a Cristo. Si es así, pueden ser guiadas a entregarse a Jesús. Yo he tenido el privilegio de llevar varias personalidades alternas a Jesús. Yo no sé qué implicaciones teológicas tenga esto. Pero sé que todos los aspectos de una persona se benefician cuando las subpersonalidades se rinden a Jesús.

Perdonar al abusador

Según mi experiencia parece ser que el perdón otorgado por una subpersonalidad "en la edad en que ocurrió el abuso" es a veces más completo y efectivo que si la Personalidad adulta concede el perdón. Conceder perdón es difícil especialmente para las víctimas de abuso. Es comprensible que puede haber un proceso de largo término para adultos. Cuando un niño-interior o una personalidad alterna perdonan al abusador en la edad en la que el abuso ocurrió, el perdón parece ser de un tipo más profundo.

Cómo tratar con subpersonalidades a cualquier edad

Como ya lo he indicado, las subpersonalidades pueden tener cualquier edad. El hecho de que la mayoría de los abusos que conducen a la disociación ocurren a los niños es causa de la tendencia a referirnos a estas partes de la Personalidad como niños-interiores. No obstante, las subpersonalidades adultas también son bastante comunes.

Aceptación y amor

Es esencial que estas partes de la Personalidad sean aceptadas y tratadas bien, tanto por el consejero como por la persona misma que recibe ministración. Estas personas están a veces tan "alucinadas" por la presencia de esas subpersonalidades disociadas que al principio no pueden hacer que estas se sientan seguras. Si las subpersonalidades no se sienten seguras, por lo general permanecerán ocultas por vergüenza, enojo, temor, culpa u otras emociones negativas. Quizás han sido severamente lastimadas y, por lo tanto, no están dispuestas a confiar fácilmente. A menos que se les dé la seguridad de que serán aceptadas sin importar lo que les haya ocurrido, o lo que hayan hecho, probablemente continuarán ocultas.

Además, como lo señala el doctor King, si se procura la sanidad interior con demasiada agresividad puede desencadenar emociones negativas que pueden ser perjudiciales y aún peligrosas para quien la recibe. [9] Tal como lo vimos con Jenny, si el niño-interior es renuente a manifestarse, suele ser de ayuda invitar a Jesús que esté presente para mediar entre la Personalidad y la subpersonalidad. Cuando Jesús está presente, los niños-interiores y las personalidades alternas están más dispuestos a revelar a quien ministra y a quien recibe ministración, lo que sienten y necesitan.

Al comunicar amor y aceptación al niño-interior, generalmente es útil para la Personalidad adulta disculparse por no reconocer antes la existencia de esta parte. Aunque esto pueda parecer extraño para muchos lectores, es importante estar concientes de que la subpersonalidad interior siente que la forma en que la Personalidad la ha ignorado indica que algo está muy mal. Para superar este problema, usualmente la Personalidad necesita pasar tiempo con esta parte interior, proveyendo el amor, la seguridad y la aceptación de la cual se sintió privada.

El ejercicio de una "nueva paternidad"

Los niños-interiores privados de afecto y las jóvenes personalidades alternas generalmente necesitan ser nutridas y ser objeto de una "nueva paternidad". Esta expresión se refiere a la capacidad de los adultos para dedicarse a ser más competentes como "padres" de las partes de ellos mismos que lo que fueron cuando ellos estaban creciendo. Esto exige que el adulto pase un poco de tiempo con las subpersonalidades, expresando amor y aceptación en las maneras que la persona echó de menos al crecer. Usualmente las personas que reciben ministración pueden hacer esto por sí mismas una vez que se han individualizado los asuntos principales y se ha tratado con ellos. Finalmente, la subpersonalidad disociada y el adulto pueden decidir fusionarse o integrarse. Muchas veces esto ocurre automáticamente una vez que se ha logrado suficiente sanidad interior.

Cuando las subpersonalidades son descubiertas, tanto el consejero como la persona a quien se ministra pueden conversar con ellas como sería apropiado hacerlo con cualquier niño real de esa edad. Puede ser útil usar un apodo cariñoso que el niño haya tenido, siempreque no tenga connotaciones negativas. Tales subpersonalidades disociadas necesitan que se les escuche, se les consuele y se les brinde amistad. Permítales expresar sus emociones y luego anímelas a entregar sus heridas a Jesús para que las sane. En cierta medida el consejero, pero más que todo la misma persona con el Señor Jesús, pueden suplir lo que a ellas les falta en aceptación, nutrición y amor. Con Jesús podemos suplir consuelo en la pena y la ansiedad, una relación confiable en lugar de soledad; amor y aceptación en lugar de rechazo; libertad de llorar o afligirse, atención para remediar el abandono, esperanza y perdón en lugar de desesperación y auto condenación.

La meta de la integración y la integridad

Cuando las subpersonalidades lastimadas experimentan sanidad llega un momento en que desean integrarse con la Personalidad. Aunque no se debe apurar este momento, el consejero debe esperarlo y darle la bienvenida. Sin embargo, un consejero no debe hacer demasiado esfuerzo para lograr la integración. El elemento clave es que las "partes de la persona" cooperen y se muevan todas en la misma dirección. Muchas personas pueden vivir felizmente con las partes sin fusionarse si estas cooperan entre ellas en vez de estar en contra entre sí.

A veces las partes de las personas son animadas a integrarse y acceden a ello antes de estar listas para dar ese paso. En ocasiones yo he tenido la sospecha de que he animado la integración demasiado pronto. Si esto ocurre, tampoco es un gran problema. Sencillamente las partes se separan otra vez. Aunque esto puede demorar la integración final, es probable que no cause serios problemas.

Cuando ambas partes han acordado integrarse, sencillamente le pido a Jesús que las integre. Después de la integración, la Personalidad comienza a avanzar hacia un estado de integridad y de madurez emocional que él o ella no habían conocido previamente. Y este proceso puede constituir un gran reto. Aunque la sanidad completa no ocurre de la noche a la mañana, aprender a vivir de manera integrada usualmente comienza a producir grandes dividendos desde el comienzo. Las reacciones emocionales inmaduras que solían caracterizar la vida de la persona ya no ocurren tan frecuentemente. Hay un nuevo sentir de libertad, aunque el proceso de acostumbrarse a la integración apenas ha comenzado y requiere trabajo.

Uno de los cambios importantes que Clara notó fue que las conversaciones que ocurrían en su mente cesaron. Por primera vez en su vida su mente estaba en silencio. ¡Y ahora podía dormir! Porque antes de la integración sus personalidades estaban siempre despiertas y conversando la una con la otra durante la noche cuando ella trataba de dormir. Ahora todo estaba silencioso.

Un peligro al buscar la integración y la unidad es que, como mencionamos anteriormente, el material revelado por las subpersonalidades interiores puede ser sorprendente o alarmante para el yo-conciente. Tenemos que estar prevenidos ante esta posibilidad y ayudar a las personas ministradas a aceptar tal información para que ellas, a su vez, puedan comunicar aceptación y apoyo a las subpersonalidades. La integración no se debe buscar hasta que tanto la Personalidad como las subpersonalidades estén plenamente de acuerdo en integrarse. Además, es importante que la persona a quien se ministra agradezca a la parte lastimada por su duro esfuerzo al soportar los sentimientos dolorosos y por ocultar las experiencias traumáticas durante tanto tiempo. Tanto la Personalidad (el yo-conciente), como las subpersonalidades interiores necesitan pedirse perdón mutuamente: el Yo-conciente por no prestar atención a la subpersonalidad herida, y esta última por causar reacciones extremas en muchas situaciones.

El compromiso por parte de la Personalidad de prestar atención a las subpersonalidades de ahora en adelante hará mucho bien para la sanidad y la integración. Antes de que la integración ocurra puede ser muy útil comunicar a las subpersonalidades el conocimiento de las experiencias vitales (especialmente las cosas buenas) que han ocurrido desde que fueron creados los niños-interiores o las personalidades alternas, para proveerles una buena cantidad de esperanza. Esas cosas que edifican la fe de la subpersona al nivel de la fe de la Persona son particularmente útiles. En esta transición de la disociación a la cooperación e integración, el Yo-conciente (o Personalidad) puede ser un padre ideal para las subpersonalidades (o yo-secundarios) proveyéndoles oportunidades mediante la visualización que la persona nunca tuvo cuando era niño, así como la disciplina de amor que le ha faltado. Permita que Jesús y el Yo-conciente ejerzan una nueva paternidad con el niño-interior y verá que muchos cambios emocionantes pueden ocurrir.

Comprendamos el Desorden de Identidad Disociada

Como lo he indicado antes, cuando las partes interiores, las subpersonalidades o los niños-interiores, de los cuales hemos estado hablando, están heridas, con frecuencia se mueven hacia la disociación. El tipo de disociación más disfuncional es el que los sicólogos llaman **Desorden de Identidad Disociada DID** (mencionado anteriormente como Desorden de Personalidad Múltiple, o DPM).* Aunque el tratamiento de DID/DPM debe ser dirigido siempre por terapeutas profesionales entrenados y con experiencia, no es improbable que los estudiosos de este libro que entren en el campo de la sanidad interior tengan que encararlo de vez en cuando. Necesitamos, entonces, estar en capacidad de reconocer el problema, si no por otra razón, por lo menos para remitir a la persona a la que pretendemos ayudar, al tipo de profesional adecuado. No obstante, hemos visto que el ministerio de la oración puede hacer por sí mismo una valiosa contribución al proceso terapéutico total al tratar con los desórdenes disociativos.

*Conocidos también como "Trastorno de Identidad Disociada" y "Trastorno de Personalidad Múltiple. (Nota del Traductor)

El establecimiento sicológico parece estar llegando a la conclusión que el DID/DPM es mucho más común de lo que antes se creía, especialmente en quienes han experimentado abuso sexual en su tierna infancia, abuso ritual o incesto, o ambos. En relación con el abuso ritual, existe implícita una dimensión espiritual. De modo que cuando las personas con ese tipo de trasfondo buscan sanidad, suelen acudir al ministerio de oración. Esto aumenta las posibilidades de que quienes estamos comprometidos en la sanidad de profundo nivel nos veamos frente a personas que sufren de DID/DPM. Ciertamente, esta ha sido la experiencia de los ministerios de sanidad interior con los que yo estoy familiarizado.

Este material está diseñado para ayudarnos a entender lo suficiente del problema para que podamos referir a las personas a los mejores profesionales y ayudarlos en el proceso terapéutico. Quienes sufren de DPM (como los que tienen otros problemas similares) se benefician en gran medida, tanto del ministerio de la oración como de la consejería profesional de manera sistemática. Por lo tanto, los consejeros profesionales cristianos que reconocen el valor de la sanidad de profundo nivel están inclinados a animar a sus pacientes a continuar trabajando con quienes la practican, y están dispuestos a hacer un compromiso de largo plazo con sus pacientes.

El DID/DPM involucra un alto nivel de disociación. Virtualmente se levantan paredes impenetrables entre la Personalidad y las subpersonalidades para proteger a la primera de la devastación de ser conciente de aquellas experiencias de abuso. Con tales experiencias segmentadas entre distintas conciencias alternas, el Yo puede a menudo llevar una vida bastante normal, como si los hechos de abuso nunca hubieran ocurrido. No obstante, frecuentemente llega un momento cuando la salida a la superficie de los recuerdos perturbadores, u otras disfunciones mentales o emocionales, alertan a las personas que han sido protegidas de esta manera y las despierta a la realidad de que *no todo está bien en los niveles profundos* de su ser. Estas personas, entonces, se convierten en candidatos para la sanidad de profundo nivel.

La edad a la cual una persona llega a estar conciente de tal disfunción generalmente es más o menos los 35. Y yo estimaría que alrededor del 80 por ciento de quienes sufren DID/DPM son las mujeres. Parece que la mayoría de mujeres han sido capaces de suprimir con éxito sus problemas de disociación de los primeros días de matrimonio y sus años de infancia, pero se les hace más difícil ignorarlos una vez que pasan la línea de los treinta y cinco años y se acercan a los cuarenta.

Como ocurre con el tipo de disociación de niño-interior, pero con mayor intensidad, la disociación DID/DPM es un mecanismo de defensa por lo general empleado inconscientemente contra el tipo de desintegración sicológica que pudo ocurrir cuando la persona retuvo conciencia del abuso. Como las formas más débiles de disociación, la conciencia "dividida" puede traer recuerdos (de acontecimientos específicos o de períodos completos de tiempo); sentimientos (como los que se consideran incorrectos, peligrosos o vergonzosos); o aún sensaciones corporales relacionadas con aquellos actos de abuso.

Cuando los niños son obligados a adaptarse a las circunstancias más allá de su capacidad, esta forma de defensa puede capacitarlos para escapar de la destrucción por el trauma inmediato. Sin embargo, este método de adaptación puede causar un trauma posterior en la vida cuando las subpersonalidades parecen debilitarse en su capacidad de proteger de los recuerdos al Yo-conciente.

Al final de nuestra escala de DPM hay toda una cantidad de personalidades alternas (llamadas así, "alternas") que tienen identidades, recuerdos y emociones que con frecuencia difieren completamente de los que tiene el Yo-anfitrión o personalidad medular (la personalidad que tiene el mayor control). En la forma más suave de esta disociación (los niños-interiores) descritos anteriormente, la Personalidad medular tenía *por lo menos* un conocimiento general de los eventos conocidos en detalle por las subpersonalidades disociadas. El Yo adulto quizá tenga a veces un conocimiento más detallado de aquellos eventos pero, por causa de la existencia del niño-interior se ha desconectado de las emociones que sintió cuando ocurrió el abuso. Sin embargo, con DID/DPM la encapsulación del conocimiento de los eventos y de las emociones asociadas con ellos, es generalmente mucho más completa.

Como ejemplo describiré un caso típico de alguien a quien llamaré Abby. Esta dama acudió a mí consultorio sin estar conciente de que tenía múltiples personalidades. Esa es la situación usual, pues la tarea de las personalidades alternas consiste en ocultar toda, ó la mayor parte de la información relacionada con los hechos dolorosos, incluyendo el hecho de que "deben ser ocultados del anfitrión" o "personalidad medular". Sin embargo, mientras Abby describía el hecho de que no podía recordar ciertas partes de su vida, y que en ocasiones había cortos períodos de tiempo aún en el presente de los que ella no podía dar cuenta, comencé a sospechar que estábamos tratando con DID/DPM.

Pasaron unas cuantas sesiones antes de tener la certeza de que Abby tenía una personalidad múltiple, muy susceptible al tratamiento normal de la sanidad de profundo nivel. Había hechos que podía recordar en los cuales había sido lastimada, de modo que tratamos de sanarlos y entregamos a Jesús su enojo y negativa a perdonar. Como es usual en las personas que han sufrido abuso, había también, en su personalidad medular unos cuantos demonios que debíamos enfrentar, así que los debilitamos mediante la oración y los echamos fuera en la forma descrita en el capítulo 10. En un intento por superar las brechas en su memoria comencé entonces a tratar de ver si había más personalidades en su Yo medular.

Le pregunté a Abby si había tenido alguna vez otros nombres o apodos. "Sí, —me respondió—. Mi papá solía llamarme "Dulzura" y un tío me llamaba "Gordita" porque era un poquito pesada cuando era más joven". Suele ocurrir que otras personalidades secundarias dentro de una personalidad múltiple tienen nombres utilizados por los abusadores o aún por otros parientes cercanos a la persona durante la niñez. Cuando un nombre no es agradable es aconsejable hacer que la personalidad acceda a cambiarlo. En este caso le pregunté si una "persona llamada Dulzura" accedería a hablar conmigo. Sin esperar la respuesta me presenté y le declaré que yo estaba allí para ver si podía ayudar a sanar algunas de las heridas que ella había sufrido en su niñez. Mencioné que Abby me había invitado y pregunté si Dulzura conocía a Abby.

Pronto una joven voz respondió que ella era "dulzura". Le pregunté qué edad tenía. "Once años" –me respondió. Dulzura conocía a Abby pero estaba enojada con ella por no haberle prestado atención en el pasado. También estaba enojada con los hombres, en general, y en particular con su padre y su tío, por la forma en que la trataron, y otra vez con Abby por no haberla consolado por lo menos una vez. Traté de explicarle que Abby no sabía que "Dulzura" estaba ahí, pero que yo estaba seguro de que la trataría mejor ahora que lo sabía. Le pregunté si había otras personas allí. Entonces Dulzura me dijo que sabía de la existencia de una niña de tres años llamada Cathy, así como de otro niño de edad desconocida llamado Yoy. Pero no pudo decirme si había otros.

En tales casos, el primer asunto a tratar es asegurarme de que "la personalidad alterna" conoce a Jesús como su Salvador. De modo que le pregunté a Dulzura si tenía una relación con Jesús. Dijo que no lo conocía personalmente pero que sabía que Abby sí tenía una relación con él. "¿Te gustaría conocer a Jesús?" –le pregunté. Respondió afirmativamente, de modo que la conduje a aceptar a Jesús.

Luego traté de averiguar si había algunos demonios presentes. La experiencia ha demostrado que las personas alternas que han sufrido abuso, casi siempre han sido demonizadas. De modo que le pregunté a Dulzura si estaba conciente de que algún ser se le había acercado y había tratado de inducirla a hacer cosas malas. Entonces ella me preguntó: "¿Se refiere a esas cosas sexuales?" Le dije que creía que sí, porque podrían ser los hombres (o demonios) que estaba mencionando y le pedí su permiso para hablar con ellos. Accedió. Entonces oré en silencio y le pedí al Espíritu Santo que me mostrara qué hacer. Luego la palabra "abuso" vino a mi mente. Así que, mirando a la cara a Abby ordené a cualquier espíritu de abuso que se manifestara. En pocos minutos este espíritu respondió que ciertamente estaba ahí, de modo que empecé a pedirle información sobre él en cuánto a qué derecho tenían él y los demás demonios para vivir en esta personalidad alterna. El demonio me dijo que Dulzura estaba enojada con los hombres que la habían utilizado sexualmente.

Desentendiéndome del demonio le pregunte a Dulzura si convendría en perdonar a los hombres que la habían violado. Después de una discusión acerca de lo que esto significaba y cómo podría hacerlo, Dulzura consintió en perdonarlos. Luego me dirigí al demonio que ahora estaba vencido porque Dulzura había perdonado a los violadores. Así que, utilizando los procedimientos descritos en el capítulo 10 y en mi libro *Cómo Derrotar a los ángeles de las Tinieblas,* pude hacer un manojo de varios demonios (espero que de todos), y echarlos fuera. Dulzura comentó que, después de esto, se sentía muy diferente, mucho más liviana y menos temerosa. Al continuar trabajando con la "familia" de personalidades alternas en el interior de Abby, Dulzura demostró ser una amable chiquilla.

Así fue como empezamos con Abby. Como era claro que ella (y nosotros) necesitábamos ayuda profesional, contacté a un terapeuta con experiencia en tratar DID/DPM. Juntos, el terapeuta y nosotros, hemos seguido trabajando con Abby y las varias personalidades alternas que hasta aquí hemos descubierto en ella. El terapeuta trata con los aspectos más técnicos de la multiplicidad y me deja a mí el lado espiritual, especialmente cualquier cosa que tenga que ver con demonios.

Al parecer Dios ha puesto en los seres humanos, especialmente en nuestros años de infancia, una capacidad para defendernos disociando nuestras experiencias en compartimientos bastante separados de la personalidad medular. El sicólogo cristiano James Friesen, especialista en tratar con personalidades múltiples, nos dice:

La disociación es la protección más maravillosa contra el abuso que cualquier niño pudiera desarrollar alguna vez. No podría haber defensa más efectiva: el niño se hace la idea de que el evento traumático le ocurrió a otra persona, y entonces… ¡Puf! Se olvida TOTALMENTE de él. Desaparece. [10]

Esta capacidad de encapsular las experiencias en otra conciencia capacita a muchas personas para continuar funcionando bajo circunstancias muy difíciles. Muchas mujeres que sufren abuso sexual son capaces de asignar a una personalidad alterna la tarea de asumir todo el abuso, mientras la personalidad medular vive una vida bastante normal, a veces sin saber siquiera que el abuso sigue en curso. En una ocasión trabajé con una dama que tenía varias personalidades alternas las cuales odiaban a la personalidad medular porque no veía nada malo en su padre, y asignó a las alternas la función de asumir el abuso, mientras ella, la personalidad medular, tenía sólo experiencias positivas con su padre.

Un escenario común es el de un niño que responde al abuso durante los primeros años de vida erigiendo personalidades alternas separadas destinadas a contener los recuerdos de hechos de abuso, ya sea en forma individual o en grupos. Tal vez algunas de estas personas alternas están hechas de las subpersonalidades que ya existen, mientras que otras son creadas especialmente para contener los recuerdos. Esta estrategia se convierte luego en la forma básica de la persona para tratar el trauma, y se recurre a ella inconscientemente cuando el trauma de un evento es demasiado grande. Los niños que han sufrido abuso grave adquieren el hábito de tratar con crisis relativamente menores separándolas entre personalidades alternas. El señor Friesen afirma que:

El DPM generalmente empieza en la niñez como respuesta al estrés y al abuso. El niño encapsula y organiza cada parte de sí y la división que resulta se convierte en personalidades alternas, cada una con su propia vida, historia, sentimientos y comportamientos. Sus varias personalidades pueden tener también diferencias verificables en fisiología, neurología, y características del sistema inmunológico, las cuales se pueden comprobar cuando las personalidades múltiples actúan. [11]

El *Diagnostic and Statistical Manual of Mental Disorders (DSM-III)* [Manual de Diagnóstico y Estadísticas de Desórdenes Mentales] ofrece una definición clínica de DID/DPM con tres componentes: 1) la existencia dentro de un individuo de dos o más personalidades distintas, cada una de las cuales es dominante en un momento particular; 2) la personalidad que es dominante en un momento particular determina el comportamiento individual en ese momento; y 3) cada personalidad individual es compleja e integrada con sus propios y singulares patrones de comportamiento y relaciones sociales.

El Señor Friesen enumera cuatro factores que contribuyen al desarrollo de DPM. Primero, un factor biológico permite que alrededor del 25 por ciento de todos los niños hagan disociación: separan partes de su memoria y de su personalidad. Segundo, en este 25 por ciento, el abuso severo en la tierna infancia puede desencadenar DPM. Un 85 por ciento de personas con DPM, generalmente mujeres, han sufrido abuso sexual a una edad muy temprana. Tercero, si continúa un patrón de abuso continuo y de carencia de solución, este ambiente inseguro estimula al niño a continuar usando esta forma severa de disociación como un mecanismo de defensa. Cuarto, estos niños son altamente creativos e inteligentes, y tienen la capacidad creativa de desarrollar una vida interior tan rica y complicada como cualquiera. [12]

Cómo ministrar a quienes tienen DID/DPM

A continuación encontrará varios puntos importantes para recordar cuando ministramos a quienes tienen DPM:

Trabajar con quienes tienen DPM es similar a trabajar con varias personas

La ministración a quienes tienen DID/DPM sigue el mismo patrón delineado para cualquiera otra sanidad de profundo nivel. Sin embargo, en este caso es como si estuviéramos tratando con diferentes personas, todas en el mismo cuerpo. Es decir, cada personalidad alterna se debe tratar por separado como un individuo. Las personalidades DID/DPM son usualmente personalidades bastante complejas, más que las subpersonalidades con disociación moderada, cada una con diferentes recuerdos y emociones, gustos y aversiones, e incluso con hábitos. El Señor Friesen, dice:

Cada personalidad alterna es una personalidad real con problemas reales. Cada una tiene sentimientos reales que hay que tener en cuenta, y necesidades reales que deben ser atendidas... Cada personalidad alterna es importante. Cualquier alterna puede sabotear el tratamiento si no se le demuestra el mismo respeto que a las demás. Tenga cuidado de no permitir que alguna alterna lo convenza a usted de que es mala: podrá estar contaminada por causa de la crueldad y quizá tenga problemas espirituales, pero no es inherentemente mala. Pertenece al sistema y tiene una tarea importante que realizar para este. [13]

Es importante reconocer que cada personalidad alterna ha sido creada como resultado de una necesidad específica. Algunas han sido increíblemente traumatizadas, mientras que otras parecen no tener interés en el mundo y sirven para mantener las cosas organizadas o para llevar a cabo ciertas tareas. Conózcalas tal como se presenten. Descubra sus historias una por una, pero no presione para obtener más de lo que ellas quieren compartir. Tal como cualquiera otra persona que ha sido herida, necesitan el toque sanador de Jesús en su vida, y se beneficiarán enormemente de recibir aceptación, amor y oración.

Más aún, siendo que el abuso sufrido por quienes tienen DPM tiende a ser mayor que el de los que sencillamente tienen un niño-interior, suele ser más difícil tratar con asuntos como la negativa a perdonar, el enojo y el rencor. De modo que quienes ministran necesitar demostrar gran paciencia al ayudarlos a tratar con todos esos asuntos.

Las personalidades alternas probablemente estén organizadas como familias

Al empezar a trabajar con un individuo de personalidad múltiple, generalmente no tenemos manera de saber cuántas personalidades alternas puede haber en él. Puede haber un puñado, decenas, o en casos raros, muchas más, todas organizadas para guardar, más o menos, un orden interno. En este sistema interno, Bryan, Kessler y Shirar observan que "Usted puede estar seguro que las edades varían y los roles difieren… tal como ocurre en un sistema familiar". [14] Aunque este hecho puede parecer extraño a quien no tiene experiencia, tal como ocurre en una familia, una o más de las personalidades generalmente será del sexo opuesto al de la personalidad medular.

Quienes tienen DPM "pierden tiempo"

Cuando una personalidad alterna diferente a la personalidad medular está actuando, se dice de la personalidad medular que está "perdiendo el tiempo". Es decir, siendo que la persona no puede dar cuenta de lo que haya ocurrido durante el tiempo que la personalidad alterna tuvo el control, para el anfitrión (personalidad medular) este tiempo es "tiempo perdido". Aunque tal experiencia parece extraña para la mayoría de nosotros, como lo dice el señor Friesen: "Las personas que han crecido con DPM están acostumbradas a perder tiempo y piensan que esa es la manera en que todo el mundo vive". [15]

Las personalidades alternas a menudo están "congeladas" en el tiempo

Las personalidades alternas, como los niños-interiores, suelen carecer de información acerca de la vida presente de las personas que las albergan. Pero a menudo es mucho más difícil actualizarlas. Para muchas de ellas el tiempo se ha detenido y es frecuente que vivan como si todavía estuvieran en la situación de abuso del pasado. Al tratar con los recuerdos de abuso, pueden creer que este todavía está ocurriendo cuando de hecho terminó varios años antes. De ahí que pueden sentirse abusadas e inseguras aún en su presencia. Entonces ayudarles a sentirse seguras y en el presente, se convierte en importante prioridad al tratar con individuos que poseen personalidad múltiple. Igualmente necesario es provocar mayor comunicación entre las personalidades alternas y la personalidad medular, y entre ellas y el consejero.

Yo he tratado personas con DID/DPM que discuten conmigo respecto a la fecha actual. Me dicen que el año es, digamos 1981, cuando de hecho es el año 2008, ¡y luego me acusan de cambiar el calendario! Sin embargo, se les puede enseñar con paciencia cuál es la fecha verdadera. Usualmente cuando reconocen que están en un tiempo nuevo y en un nuevo lugar, es más fácil lograr la sanidad.

Un aspecto del problema del tiempo es la forma en que las alternas recuerdan los eventos. Algunas veces la sola mención del abusador o del evento desencadena una reacción en la cual la persona experimenta todas las sensaciones de un hecho de abuso como si estuviera ocurriendo en el momento presente. En estos casos lo mejor que se puede hacer es sencillamente esperar, proveyéndole a la persona comodidad y seguridad hasta que la reacción termine. Estar ahí ayudándoles con tiempo y seguridad, antes y durante los eventos, y después de ellos es más importante y es el fundamento sobre el cual se edifica todo lo demás que hacemos. Si parece mejor sacarlos de su reacción, el ejercicio de cambio de sillas descrito en el capítulo 12 generalmente funciona bien. Ya sea que usted los saque o no, de la experiencia, necesita animarlos a que le cuenten lo que ocurrió, mientras usted continúa mostrándoles que es sólo un recuerdo y no un hecho presente real. Otra vez invite a Jesús a venir y sanar el dolor físico y emocional.

Quienes tienen DPM necesitan apoyo y afirmación

Bryant, Kessler y Shirar señalan cuatro cosas que quien intente ayudar a un individuo con personalidad múltiple debe proveerle: Las personalidades múltiples necesitan: 1) saber que les creen; 2) saber que están seguras y que tienen apoyo; 3) ayuda para aceptar la verdad de que el abuso fue falta o culpa de los abusadores, no algo que merecían; y 4) afirmación en el sentido de que está bien que sientan lo que sienten respecto al abuso. [16] Una vez que su derecho a sentir enojo y resentimiento hacia sus abusadores sea afirmado, necesitamos llevarlos con cuidado y con amor a perdonar.

Las complicaciones exigen que trabajemos con un terapeuta profesional alternadamente

Por cuanto hay más complicaciones con quienes tienen DID/DPM que con otro tipo de personas, es imperativo que la persona también sea tratada por un sicólogo profesional. Sin embargo, no todos los terapeutas entienden o siquiera creen en DID/DPM. Por eso la persona que necesita la ayuda debe tener cuidado en cuanto a quién elige para tratar sus problemas. Siendo que el abuso ritual satánico (ARS) y otros tipos de abuso parecen ir en aumento, es importante que los que trabajamos en el campo de la sanidad de profundo nivel intentemos encontrar sicólogos cristianos respetables que tengan experiencia con DID/DPM de modo que podamos recomendarlos a quienes ministramos. Se ha publicado una buena cantidad de libros útiles sobre el tema del DPM. El de Bryant, Kessler y Shirar, aunque escrito desde un punto de vista no cristiano, es un excelente tratamiento clínico. *Uncovering the Mystery of MPD* [Develando el Misterio del DPM], de James Friesen, es en mi opinión el más útil desde una perspectiva cristiana.

La Meta es integrar, fundir o fusionar las personalidades

Como en el caso de las formas más moderadas de disociación, el máximo objetivo para quienes sufren de DID/DPM es convertirse en una persona integrada y completa. Aunque hay algunos que no están de acuerdo con esto, o piensan que no es posible integrar las múltiples personalidades, estudios realizados por especialistas como Richard Kluft y Frank Putnam han demostrado que las personalidades múltiples no integradas no logran el más alto nivel de funcionamiento y continúan siendo provocadas por estímulos externos, o por señales emocionales internas (ver los libros de Kluft y Putnam mencionados en la bibliografía).

La integración o fusión, el proceso de unir las personalidades, tiene lugar cuando ocurre la sanidad. La acción de compartir información, recuerdos y sentimientos, así como el rompimiento de las barreras de amnesia que con frecuencia existen entre las personalidades alternas, son pasos en el proceso de integración. El Señor Friesen nos dice que:

La *fusión* es el punto en el cual dos o más personalidades alternas llegan a ser realmente una sola. Las fusiones pueden ocurrir espontáneamente en otros momentos que no sean cuando se recibe terapia, pero parece más seguro y más predecible si se realizan durante la sesión de terapia. El uso de imágenes facilita mucho el proceso. Las imágenes son la herramienta, pero las personalidades alternas deben estar dispuestas a hacer que ocurra. (*Unión* es un buen sinónimo.) [17]

Cuando las alternas están sanas de su trauma, quizá quieran o no unirse a la personalidad anfitriona y convertirse en una. Algunas personalidades alternas pueden temer que fusionarse significa su "muerte" o aniquilación. Sin embargo, lo que en realidad produce es la mezcla de todas las cualidades y características de ambas dentro de una relación normal entre el Yo principal y el yo secundario. De ahí que la persona medular gana todos los recuerdos (buenos y malos), todas las emociones (agradables y desagradables), y las fortalezas y debilidades de la alterna que se une. Dado que no todo lo que se gana es necesariamente positivo, es imperativo que cada personalidad alterna (junto con el Yo) esté plenamente de acuerdo con el proceso y que todos los elementos del trauma sean tratados primero para asegurar el éxito de la fusión. Como se dijo antes, cuando las personalidades son fusionadas prematuramente, generalmente se dividen otra vez.

Cuando las personalidades alternas están listas para unirse con la persona anfitriona normalmente yo le pido a Jesús que venga y lo haga. La persona entonces suele informar de una visualización o varias sensaciones, o de ambas manifestaciones. En una fusión la persona medular informó estar viéndose a sí misma parada frente a la alterna. Ambas eran casi transparentes, como un pez transparente, permitiéndole ver la complementariedad de las partes que ella contenía, y las de la alterna. Luego vio que Jesús puso una mano en su hombro y otra sobre el de la alterna.

Mientras él las reunía en una, vio que sus partes internas y su cuerpo exterior se unían formando una sola persona. Este fue un momento único tanto para ella como para mí, el cual no se ha repetido en las subsiguientes fusiones. Jesús lo hace de manera diferente con cada persona. Es necesario reconocer que las dos personas, la anfitriona y la alterna, son únicas y que la forma en que el proceso de unión se realiza una vez, probablemente nunca se repetirá con exactitud. La flexibilidad es importante y la creatividad característica de tales personas se suele ver en el proceso de fusión.

Después que dicha integración ha ocurrido toma un poco de tiempo para que todos los segmentos de la nueva combinación se acostumbren a la persona recién fusionada. Nosotros y ellos no osamos suponer que la fusión resuelve todos los problemas de la persona. Resuelve algunos pero causa otros con los cuales la persona nunca ha tratado antes mientras lucha por adaptarse a los nuevos sentimientos, actitudes y capacidades. Pero generalmente, poco después la persona reporta una función fortalecida.

Personalidades alternas demonizadas

El mismo tipo de abuso que produce múltiples personalidades generalmente causa demonización. Esto no es difícil de entender pues las condiciones que empujan a la gente a este nivel de disociación son las mismas que permiten a los demonios entrar. Yo he encontrado que aproximadamente el 75 por ciento de las personalidades alternas con DID/DPM con las cuales he trabajado, están demonizadas. Las alternas generalmente llevan sus propios demonios y se debe tratar con ellos como personas demonizadas separadas, de acuerdo con los principios delineados en el capítulo 10, y enunciados con mayor detalle en mi libro *Defeating Dark Angels* [Cómo Derrotar a los Ángeles de las Tinieblas]. A continuación presento algunas sugerencias para quienes trabajan con personalidades alternas demonizadas.

Las alternas quizá no conocen a Jesús

Las personalidades alternas deben ser ganadas para Cristo primero. Luego es necesario limpiarlas de demonios antes de empezar a trabajar y de lograr su cooperación y finalmente su fusión con la personalidad medular. Para algunos es bastante perturbador saber que puede haber partes de sí mismos que, o no conocen a Cristo, o que lo rechazan activamente. Ellos necesitan reconocer que estas partes han tenido sólo experiencias limitadas y mayormente negativas en la vida. Quizá no han oído ni comprendido el Evangelio previamente, siendo que probablemente no fueron concientes de lo que estaba ocurriendo cuando la personalidad medular tomó esta decisión.

Una dama de 30 años de edad a quien llamaré Dayán tenía una alterna de seis años de edad que no conocía a Jesús. Dayán sufrió profundos sentimientos de rechazo, incompetencia, falta de confianza y culpa, causados por algunas experiencias muy duras de la vida. Por cuanto a los seis años Dayán todavía no había llegado a Cristo, esta personalidad alterna se había "quedado atrás". Mientras yo interactuaba con esta niña de seis años mostrándole el amor y la aceptación que no había disfrutado previamente, llegó a confiar en mí. Entonces pude llevarla a Cristo y hacer que perdonara a sus padres que la habían herido profundamente. Luego, con su permiso pude echar fuera un grupo de demonios cuyo trabajo era mantener los problemas emocionales antes mencionados. Poco después de esta sesión, la Dayán de seis años de edad estuvo lista para fusionarse con la personalidad medular de 30 años de edad.

Las víctimas de abuso ritual satánico tienen dificultad para aceptar a Cristo

Quienes han sido víctimas de abuso ritual satánico (ARS) encuentran dificultades especiales para aceptar a Jesús por causa de las mentiras que les han dicho acerca de él. Las víctimas de abuso ritual satánico, que a la vez son abusadores, con frecuencia contaminan deliberadamente las referencias a las creencias cristianas al afirmar que cometen sus actos abusivos en nombre de Jesús, o haciendo burla de las afirmaciones cristianas de que Dios ayuda en tiempo de necesidad. Por eso la sola mención de Dios o de Cristo puede ser aterradora para algunas alternas. También puede suceder que la persona hubiera sido forzada a practicar algún ritual de dedicación a Satanás y crea que este es irreversible. Muchos sobrevivientes de ARS han sido utilizados en varios rituales y demonizados a propósito. Es muy importante referirnos a Jesús, ante estas víctimas, como "el verdadero Jesús" o "el Jesús que vive en la luz", o sencillamente como "la autoridad bajo la cual trabajamos".

Sally es una mujer de cuarenta años quien sufrió durante una época los más horribles abusos como parte de rituales satánicos. Ella, su terapeuta, y quienes le ministramos sanidad de profundo nivel tenemos que tratar con varias docenas de personalidades alternas, muchas de las cuales son bastante hostiles, y la mayoría de ellas están demonizadas. Por cuanto uno de los líderes del grupo en el cual participaba se llamaba a sí mismo "Jesús", varias de sus alternas consideran que Jesús es un abusador. Debido a que esas alternas son renuentes a aceptar a Cristo, en esa medida no hemos podido emplear el poder del Espíritu Santo desde el interior de esta dama, tal como podemos hacerlo con personas y alternas que conocen al Señor.

Algunos demonios tienen autoridad sobre otros demonios en otras personalidades alternas

Aunque ordinariamente parece que los demonios son asignados a una sola persona, algunos de sus líderes tienen autoridad sobre los otros demonios que están en las personalidades alternas. Cuando estoy tratando con un demonio líder en una personalidad alterna, le ordeno que me diga si tiene demonios en otras. En caso afirmativo les ordeno a estos últimos que estén atados al espíritu líder de modo que puedan ser echados fuera todos al tiempo. Aunque esto no siempre es posible, con frecuencia es efectivo para liberar de una sola vez a un cierto número de alternas del dominio de una legión de espíritus.

Mientras trabajaba con un hombre a quien llamaré Herb, descubrimos que este enfoque funcionaba bien. Él acudió a mí con la información de que una de sus personalidades alternas era muy violenta. Aunque yo he tenido bastante éxito en evitar que los demonios actúen con violencia, no quiero tener que tratar con una alterna violenta, si lo puedo evitar. Así que empecé a trabajar con los demonios en la personalidad medular de Herb. Para mi deleite encontré que el líder de los demonios en Herb tenía autoridad sobre los demonios en su alterna violenta. Ordenando a los demonios en la alterna, así como a los de la personalidad medular que se mantuvieran atados, pude liberar a la alterna violenta de sus demonios al mismo tiempo que echábamos fuera los que habitaban la personalidad medular. Cuando me encontré con la alterna, anteriormente violenta, su comentario fue: "Algo cambió. ¡Ya no estoy enojado!"

Los demonios le pueden cambiar las alternas al consejero

Una treta que los demonios realizan en las personalidades múltiples es cambiar las alternas justamente cuando uno está llegando a alguna parte con los demonios en los que está trabajando. Cuando esto ocurre, de repente uno se encuentra hablándole a una personalidad muy confusa que no está conciente de lo que ha estado pasando, pero que inesperadamente es obligada a salir. Para evitar esto les prohíbo a los demonios que cambien las alternas durante la liberación. Generalmente esto nos libra de dicha treta. Antes de que yo supiera esto, los demonios más poderosos en Sally hicieron este tipo de cambio varias veces.

Liberar a una personalidad alterna de los demonios suele producir cambios dramáticos

He descubierto que una vez que son liberadas de los demonios, aún las alternas totalmente hostiles, deprimidas o faltas de cooperación, llegan a estar mucho más dispuestas a trabajar en unión con quien está ministrando, así como a cooperar con las otras alternas y la personalidad medular.

Trabajando con una dama a quien llamaré Irene, nos encontramos con una enojada alterna de 19 años de edad. Estaba especialmente enojada con Irene por ignorarla. Al ganar confianza con dicha alterna le pregunté si podía explorar la posibilidad de espíritus demoníacos en ella. Con su permiso encontré y eché fuera algunos. Para nuestra mayor sorpresa, la alterna de 19 años inmediatamente pidió ser unida a la personalidad anfitriona. Después de asegurarnos que esa era realmente su voluntad, le pedimos a Jesús que las uniera, y él lo hizo.

Nunca trate a una personalidad alterna como si fuera un demonio

Un factor clave en el trato con múltiples personalidades que están demonizadas es *tomar extrema precaución de no tratar a las alternas como si fueran demonios*. Cuando por error alguna es tomada por un demonio, esto puede producir un daño adicional y revertir el proceso de sanidad. Aunque los demonios pueden posar como alternas, y viceversa, en realidad son bastante diferentes, y con la práctica se pueden distinguir fácilmente los unos de las otras. Los demonios nunca provocan la clase de respuesta compasiva que pueden provocar las personalidades. Aunque hablan, actúan y tienen una buena cantidad de información, los demonios son en algunas maneras más bidimensionales y planos que las personalidades. Aunque no todas las alternas son agradables, especialmente las que han sido creadas para realizar tareas perversas, son considerablemente más desarrolladas y mejor definidas que los demonios. Con un poco de experiencia usted no cometerá el error de confundirlas. James Friesen nos provee un cuadro útil (aunque no infalible) que sugiere ciertas diferencias entre las personalidades alternas y los demonios. A continuación el cuadro del señor Friesen:

Raíces y frutos de condiciones prenatales	
Personalidad alterna	**Demonio**
1. La mayoría de personalidades alternas, aún las "perseguidoras" pueden convertirse en fuertes aliadas. Existe un sentimiento definido de relación con ellas, aún si en el comienzo son negativas.	1. Los demonios son arrogantes y no existe un sentido de relación con ellos.
2. Las personalidades alternas inicialmente parecen "desincronizadas" con la persona, pero eso cambia a "sincronizadas" con el paso del tiempo.	2. Los demonios permanecen como extraños al ego, "fuera de mí".
3. La confusión y el temor desaparecen con una terapia apropiada aun cuando estén presentes personalidades alternas	3. La confusión, el temor y la lascivia persisten a pesar de la terapia, cuando los demonios están presentes.
4. Las personalidades alternas tienden a adaptarse a su entorno.	4. Los demonios fuerzan u obligan a comportamientos indeseados, y luego culpan a la personalidad.
5. Las alternas tienen personalidades con voces que las acompañan.	5. Los demonios tienen una voz negativa que no corresponde con la personalidad.
6. Entre las personalidades alternas abundan la irritación, el descontento, y la rivalidad.	6. El odio y la amargura son los sentimientos más comunes entre los demonios.
7. Las imágenes de las personalidades alternas tienen forma humana y guardan consistencia durante la imaginería.	7. La imaginería de los demonios cambia entre formas humanas y no humanas, con muchas variaciones.

Advertencia

Aunque de acuerdo con mi experiencia los consejeros laicos pueden ser eficaces al trabajar con disociaciones moderadas (niños interiores), yo recomiendo enfáticamente que a cualquier persona que haya sobrevivido a un trauma de la niñez se le dirija a buscar consejería profesional además de la ministración de sanidad de profundo nivel. Esto es especialmente necesario al tratar con personas con problemas de DPM que demandan del consejero habilidades o destrezas más allá de cualquier asunto que tratamos en la sanidad de profundo nivel. Tales personas deben ser enviadas a reconocidos consejeros profesionales cristianos que se especializan en DPM, o a consejeros laicos maduros que trabajen bajo su dirección.

El doctor David King, sicólogo cristiano que ha aconsejado a un gran número de personas con desórdenes disociativos, recomienda al tratar con personas que han sufrido traumas en la niñez, tener "gran precaución al aplicar estos métodos." King afirma que "la aplicación de estas técnicas por parte de consejeros laicos sin entrenamiento y sin supervisión (de profesionales) podría causar un daño potencial considerable".

El punto que el doctor King señala es que generalmente estos casos entrañan una gran complejidad sicológica. Dice el doctor King:

Cualquier persona que haya sido severamente traumatizada ha desarrollado un gran sistema de partes que la protegen de ciertos sentimientos y de repetir varios aspectos de la experiencia original. Traer demasiado rápido al conciente recuerdos represados, mediante una aplicación irreflexiva de estos poderosos métodos ciertamente provocará fuertes reacciones... Las consecuencias podrían variar desde episodios de auto repugnancia y vergüenza, hasta excesos en el comer, explosiones de ira, abusos contra sí mismo, o incluso suicidio. [19]

La razón para tratar con este tópico de todos modos a pesar de tan fuerte advertencia, es que al llevar a cabo el ministerio de oración lo más seguro es que enfrentemos este fenómeno. Por lo tanto, necesitamos estar en capacidad de reconocer tales desórdenes y dar los pasos necesarios para obtener el tipo de ayuda adecuada para la persona que aconsejamos. Sin embargo, según el doctor King, puede ser muy útil para todos los involucrados en la consejería cristiana, sea a nivel profesional o laico, emplear tanto el modelo familiar interior resumido anteriormente, como la ministración de oración. Dice el doctor King:

De acuerdo con mi experiencia, el modelo Schwartz adaptado por los cristianos para permitir la participación de Jesús en el proceso de sanidad, es el método de terapia más poderoso que existe para cierta clase de problemas, especialmente los que resultan de un trauma profundo. Me complace ver que un cristiano expone estas ideas en la literatura cristiana. Pienso que ello sentará una base sobre la cual otros podrán construir. [20]

Siendo esta la situación en el tratamiento en la disociación de trauma inducido, es por lo menos de igual importancia que los consejeros profesionales comprometan la ayuda de quienes tienen experiencia en técnicas de sanidad de profundo nivel, sanidad centrada en la oración, como lo es para los especialistas de la sanidad de profundo nivel tener la ayuda de profesionales. A la vez estos últimos pueden aprender las técnicas de la sanidad de profundo nivel y emplearlas junto con las que han aprendido en su entrenamiento profesional.

Lecturas complementarias

Rita Bennett, *Making Peace with Your Inner Child* [Haciendo las Paces con su Niño-Interior] (Old Tappan, NJ: Fleming H. Revell, 1987).

Doris Bryant, Judy Kesler and Linda Shirar, *The Family Inside* [La Familia Interior], (New York: W.W. Norton, 1992), pp. 1-41, 44-69, 218-243.

James Friesen, *Uncovering the Mistery of MPD* [Descubriendo el Misterio del DMP],(Eugene, Oregon: Wipf & Stock 1991), pp. 41-67, 69-102, 205-223.

Charles H. Kraft, *Defeating Dark Angels*[Cómo Derrotar a los Ángeles de las Tinieblas], (Ventura, California: Regal, 1992).

John Rowan, *Subpersonalities* [Subpersonalidades], New York: Routledge, 1990).

Richard Schwartz "Our Multiple Selves" [Nuestras Múltiples Personalidades], *The Family Therapy Networker* (Washington DC: The Family Therapy Network, Inc., March-April 1987), pp. 25-31, 80-83.

David A Seamands, *Putting Away Childish Things* [Dejemos las Cosas de Niños], (Wheaton, IL: Victor Books, 1982)

10 Cómo tratar la demonización

La historia de Allyson

Hace pocos años una estudiante vino a mi oficina para pedir una cita. Ella no era una de mis alumnas y parecía bastante nerviosa, de modo que le pregunté si estaba incómoda. "Por supuesto que lo estoy –me respondió–. Ni siquiera sé por qué estoy aquí". "Ya lo descubriremos" –le dije.

Después hablamos por cerca de 20 minutos en los que me contó la historia de una familia disfuncional con un record que incluía divorcio, uso de drogas, y una enorme cantidad de acciones extravagantes y actividades inexplicables que ocurrían en su apartamento y en su vida desde que se mudó a California a estudiar. Cuando le pedí que regresara a la siguiente semana para que pudiéramos hablar más de su familia, bastante sorprendida me dijo: "No hay nada que contar. Todos ellos son católicos". Pero accedió a regresar.

Para la semana siguiente las cosas habían cambiado dramáticamente. Allyson había comenzado a oír en su interior voces de demonios que le decían claramente que no viniera a verme. Le dijeron que yo no permanecería con ella, que la abandonaría en medio del proceso y la dejaría en manos de ellos. Esta era una mentira efectiva en su caso porque tenía una historia de muchas personas que la habían abandonado. Previamente la actividad demoníaca había sido más clandestina. Sin embargo, ahora parecía que los demonios veían la posibilidad de que ella fuera liberada, y llenos de pánico comenzaron a aumentar su actividad para hacerla desistir de buscar ayuda. Los demonios abusan a veces cuando se sienten amenazados. Como en este caso, comienzan a actuar en maneras que les permiten a las personas distinguir sus propios pensamientos y acciones.

Durante la semana intermedia los demonios hicieron lo posible para lograr que Allyson capitulara ante ellos. Le dijeron una gran cantidad de mentiras. Intentaron convencerla que regresara a casa, lejos de mi interferencia, y aún intentaron hacer que se suicidara. Su comportamiento hizo obvio, por lo menos para mí, que los diablos estaban desesperados por impedir que regresara a la consejería. Incluso trataron de seducirla para que permaneciera con ellos ofreciéndole reforzar ciertas habilidades que tenía para predecir el futuro mediante sueños y de saber cosas acerca de otras personas que humanamente ella no tenía manera de conocer. Le dijeron que todo lo que tenía que hacer era convenir en no verme nunca más.

Con toda esta oposición y aún más, Allyson alcanzó a llegar a mi oficina la próxima vez. Aunque era pentecostal y creía en demonios, le habían enseñado que los demonios no pueden habitar en los cristianos. De esta manera, lo que claramente parecía una oposición demoníaca proveniente de su interior, para ella fue una gran sorpresa. Al no saber que los demonios estaban allí, nunca pudo diferenciar sus voces des sus propios pensamientos. Aprovecharon que ella ignoraba su presencia para hacerle creer que todos sus engaños eran sus propios pensamientos. Identificarlos le causó un gran impacto.

Ella también veía manifestaciones de espíritus en su alcoba en las noches. Un demonio se le aparecía con figura de una hermosa mujer, pero cuando se le preguntaba su nombre se transformaba en una fea y horrible criatura. La noche anterior a nuestra segunda cita, Dios le mostró numerosos objetos que ella guardaba y que había recibido como regalo de una tía que se auto proclamaba hechicera. Aunque su familia siempre había tomado a broma esta afirmación, Allyson empezaba ahora a tomarla en serio. Reunió todos los objetos incluyendo un anillo que había usado por varios años junto con otros objetos de los cuales sospechaba, y los trajo a mi oficina.

Me dijo de dónde provenían esos objetos y lo que había pasado durante la semana. Un colega mío que tiene don de discernimiento vino para ayudarme. Él no había escuchado la explicación acerca de esos objetos, de modo que le pedí que les echara un vistazo. A los pocos momentos identificó, entre todos los demás, los que ella dijo que eran de su tía la hechicera. Mientras orábamos juntos para romper su poder, hubo una notable reacción en Allyson quien empezó a sacudirse, especialmente mientras orábamos por el anillo.

Como usualmente es mi objetivo, quise trabajar algunos asuntos de sanidad interior porque, aunque sabía que había demonios presentes, quería debilitarlos antes de expulsarlos. Hablamos por cierto tiempo, luego oré y le pedí a ella que me informara cualquier recuerdo o asunto que el Señor le mostrara para trabajar con ellos en oración. Cuando oré ella abrió los ojos y dijo que no podía concentrarse en la oración, que se sentía mareada y todo lo que pudo ver fue una inmensa mano dentro, empujando hacia abajo. Le pedí que cerrara otra vez sus ojos para probar con algo diferente. En ese instante me dirigí a un espíritu de muerte que había en su interior. Instantáneamente abrió los ojos y dijo: "¡Esto no puede estar ocurriendo! Yo soy cristiana". Los demonios habían respondido en su interior con bastante claridad.

Después de una conversación acerca de la demonización en los cristianos, ella estuvo dispuesta a permitirme hablarles a los demonios. Esa fue la primera de muchas sesiones de liberación con Allyson en las cuales descubrimos demonios heredados, espíritus familiares, espíritus que entraron mediante hechicería cuando ella fue "iniciada" o dedicada adioses falsos, y los que estaban adheridos a otras heridas emocionales.

Ahora, después de muchas sesiones, Allyson está sustancialmente limpia aunque sigue trabajando con sus asuntos emocionales. Probablemente el momento más gratificante fue cuando me dijo que por primera vez en su vida, igual que Clara, la mujer mencionada en el capítulo 9, ya no escuchaba voces en su mente.

Ratas y basura.

En el curso de una sesión de ministración de sanidad de profundo nivel frecuentemente tenemos que tratar con los demonios. En mi libro *Defeating Dark Angels* [Cómo Derrotar a los Ángeles de las Tinieblas], cubro detalladamente el tópico de la liberación de demonios. Recomiendo que ese volumen se use junto con este para tener un enfoque bien amplio. Aquí miraremos brevemente la conexión entre la sanidad interior y la liberación de demonios. Dicha conexión es muy importante siendo que *los demonios son como ratas, y las ratas buscan la "basura"*, el tipo de daño emocional y espiritual al cual la sanidad de profundo nivel busca sanar. Donde hay demonios, con toda seguridad hay daños de profundo nivel que es necesario sanar. Y es esta basura, no las "ratas" que se han anidado allí, el problema mayor. Los demonios son siempre un problema secundario.

Por cuanto las personas son seres integrales, los problemas que tengan, cualesquiera que sean: espirituales, emocionales y físicos, todos interactúan entre sí. Al procurar sanidad debemos tratar con todos ellos. No podemos tratar con ninguno aislado de los demás si queremos que la persona se recupere.

Entre los problemas espirituales que necesitamos tratar está el de la demonización. Por *demonización* queremos decir que una persona está habitada por demonios. Infortunadamente, muchas traducciones bíblicas han utilizado la expresión "posesión demoníaca". Esta es una traducción no garantizada de las dos expresiones griegas del Nuevo Testamento, cada una de las cuales significa sencillamente "tener un demonio". La traducción "posesión demoníaca" es no solamente inexacta sino también peligrosa porque insinúa que el Enemigo tiene más control sobre una persona demonizada del que usualmente tiene. El hecho es que los demonios dentro de una persona pueden ser bastante fuertes o muy débiles, *pero nunca tienen completo control de ella todo el tiempo.* Frecuentemente, sea fuerte o débil, un demonio ejerce considerable control en algunas ocasiones, y virtualmente ninguno en otras. Lo mejor, entonces, es usar un término que no dé la impresión de completo control.

El reino satánico es estéril y no puede crear algo de la nada. Los demonios sólo pueden aprovechar las condiciones que ya existen. Cuando las encuentran ejercen presión para hacer que la persona coopere con ellos. Se especializan en encontrar debilidades que puedan empeorar, o fortalezas que puedan hacer que la gente exagere. Les gusta obrar, como en el caso de Allyson, manteniendo a la gente ignorante de su presencia de modo que puedan tentar y engañar llevando a las personas a sentir temor, enojo, amargura, rechazo, rencor hacia uno mismo, renuencia a perdonar, lujuria vergüenza, culpa, y a tener perversiones y convulsiones de varios tipos. Cuando las personas se someten a ellos, llegan a convencerlas de que se culpen a sí mismas como si ellas hubieran cometido el error sin influencia de nadie.

Resumiendo, cualquier basura que estemos procurando tratar mediante la sanidad de profundo nivel puede estar infectada por demonios. Esto no quiere decir que todos los que afrontan estos problemas tienen demonios. Hay muchísimas personas que necesitan sanidad de profundo nivel que no tienen demonios. Pero las ratas demoníacas pueden habitar en las personas que albergan tal tipo de basuras.

Sin basura, los demonios típicamente no tienen una posición para sacar ventaja. Como Jesús dijo, "el Enemigo no tenía nada en él" (Juan 14:30).

¿Cristianos demonizados?

Generalmente cuando mencionamos la demonización surge la pregunta si los cristianos pueden albergar demonios. Infortunadamente, a pesar del mito de que los demonios no pueden habitar en personas en las que vive el Espíritu Santo, la experiencia de cada uno de nosotros que ha tratado individuos demonizados es que hemos tenido que sacar demonios de muchos cristianos. Durante los más de 20 años que han transcurrido desde que tuve mi primera sesión de liberación, he tratado con casi 2.000 cristianos demonizados. La gran mayoría de los demonios que he encontrado en los cristianos habían entrado en ellos antes de que aceptaran a Cristo.

En el ministerio de Cristo también encontramos apoyo para nuestra afirmación de que los cristianos pueden ser portadores de demonios. Las personas que acudieron a él en procura de sanidad y liberación lo hicieron en fe. Llegaron creyendo que Jesús podía liberarlas. De modo que eran personas de fe, personas que pudiéramos llamar "creyentes" o "cristianos".

El hecho de que los creyentes puedan ser demonizados no pone en duda la salvación del creyente. Lo que hemos encontrado es que un demonio no puede vivir en el espíritu de un cristiano (en su "corazón"). Si las personas son demonizadas antes de aceptar a Cristo, el Espíritu Santo viene a vivir dentro de su espíritu y el demonio tiene que salir de esa parte de ellas. Sin embargo, pueden permanecer habitando su mente, sus emociones, su cuerpo y su voluntad. He preguntado a muchos demonios si viven en el espíritu de un cristiano y siempre me han respondido que no.

"¿Solían vivir allí?" –les pregunto.

"Sí" –me responden.

"¿Cuándo salieron?"

"Cuando Jesús (o el Espíritu Santo) entró". Algunos me dan la fecha de conversión de la persona.

Parece ser que la parte espiritual nuestra, esa parte que murió cuando Adán pecó, puede ser el hogar del Enemigo solamente hasta que nos entregamos a Jesús. Cuando llegamos a Cristo él se muda dentro de nuestro espíritu y por su vida revivimos en la parte interior más profunda de nosotros. Si espíritus Enemigos vivían allí antes de que llegáramos a Cristo, tienen que salir. No obstante así como justamente después de nuestra salvación todavía tenemos que tratar con el pecado en otras partes de nosotros, como cristianos también necesitamos tratar con cualquier dominio que pueda tener en nosotros mediante la demonización. Aunque todos nosotros tenemos que tratar el problema del pecado, no todos tenemos que tratar con demonios que viven en nuestro interior.

Por cuanto la demonización es una realidad para muchos cristianos, eso es lo que tenemos que tratar. Para tener un estudio más profundo de la demonización entre los cristianos, consúltese el excelente libro de C. Fred Dickason titulado *Demon Possession and the Christian* [La Posesión Demoníaca y el Cristiano].

Cómo y por qué entran los demonios

Durante el transcurso de la ministración no es raro enfrentar fortalezas en la vida de una persona, las cuales son reforzadas por los demonios o por lo menos influenciadas por ellos. A veces esto resulta evidente mientras procuramos visualizar el problema por fe. A veces las personas a quienes ministramos se bloquean y no visualizan imágenes que normalmente podrían ver, o la imagen de repente se torna oscura. Confusión, desorientación, temor o dolor repentino, u otros pensamientos o sentimientos no esperados pueden indicar la presencia de demonios. Ciertas voces internas también pueden indicar la presencia demoníaca, aunque debemos ser precavidos para distinguir entre éstas y la presencia de personalidades alternas.

Por lo general los demonios entran en la vida de una persona en una de estas cuatro maneras: 1) por invitación de la persona o de alguien que tiene autoridad sobre ella; 2) por herencia; 3) a través de una reacción equivocada a ciertas heridas emocionales; y 4) a través de un pecado. El trato con demonios implica tratar con las leyes que Dios estableció en el universo, las cuales operan independientemente de si las conocemos o no, y si creemos en ellas o no. Nuestra ignorancia respecto a ellas como "racionalistas occidentales" nos pone en seria desventaja para comprenderlas y tratar con ellas. Así lo he dicho en mi libro "Cómo Derrotar a los ángeles de las Tinieblas":

Las leyes y los principios de la esfera espiritual son tan ineludibles como los que operan en el mundo físico. Una simple invitación inconsciente a los demonios para que entren tiene el mismo efecto de una violación inconsciente de la ley de gravedad. Si tropezamos, no importa si lo hicimos inconscientemente; caemos porque estamos sujetos a la ley de gravedad. O si conscientemente declaramos que no creemos en ella y la desafiamos, pronto comprendemos que estamos sujetos a ella, querámoslo o no. Esto es algo válido también en relación con las leyes espirituales. *Invite un demonio, conciente o inconscientemente, y lo tendrá, no importa si usted sabe o no lo que está haciendo, y si cree o no cree en los demonios.* [1]

1. Demonios que la persona invitó a entrar antes de aceptar a Cristo

Muchos cristianos han invitado al demonio a entrar en ellos, por lo general de manera inconsciente antes de convertirse a Cristo. Algunos han pertenecido a organizaciones ocultistas como la Nueva Era, la Francmasonería, la Cienciología, el Mormonismo, y otras religiones no cristianas, incluso a ciertas fraternidades de profesionales o hermandades de mujeres. Al unirse a tales organizaciones invitan, generalmente sin saberlo, al demonio que está unido a la organización para que entre a su vida. Otros por involucrarse con ciertos grupos de rock y su música, por jugar con tablas ouija, asistir a sesiones de espiritismo, jugar algunos juegos electrónicos, acudir a adivinos o participar de juegos en el espejo como Bloody Mary, han invitado inconscientemente al demonio adherido a ciertas actividades para que entre en su vida. Algunos los han invitado al buscar guía en espíritus de la Nueva Era, o en ocasiones simplemente clamando por ayuda en situaciones de abuso. John y Mark Sandford nos dicen que:

En un momento usted puede llegar a estar demonizado; por ejemplo, si ha asistido a una sesión de espiritismo. El primer mandamiento es "no tendrás dioses ajenos delante de mí" (Éxodo 20:3). Deuteronomio 18:10-11 prohíbe consultar otras fuentes. Si usted lo hace, llama a un poder diferente al de Dios. Téngalo por seguro que si alguien del mundo de las tinieblas está en el lugar, responderá a ese llamado con presteza.

A veces sólo necesitamos cometer un acto de perversión sexual. Si ocurre que hay un demonio que tienta con pecados sexuales (quizás en su compañero de sexo), probablemente entrará en su vida inmediatamente. Pero Dios puede sacarlos. La prostituta María Magdalena fue liberada de siete demonios (Marcos 16:9). [2]

Además de la demonización a través de una invitación de la misma persona, ocurre también por invitación de alguien que tiene autoridad sobre la persona. En una de mis sesiones con Allyson estábamos tratando con un demonio que tenía un dominio fuerte y especial sobre ella. Le pregunté al demonio qué derecho tenía para estar ahí y me respondió: "Su madre me autorizó". Al parecer, cuando Allyson era muy joven su madre la había "dedicado" a ese demonio. Por cuanto Allyson ya era adulta y se había entregado a Cristo, sencillamente reafirmamos su autoridad y la de Jesús para anular la autoridad de su madre y así pudimos echar fuera el demonio.

Al tratar con un hombre al que llamaré Neit, encontramos un demonio que tenía el derecho de vivir en él por causa de una niñera. Neit y sus padres habían vivido en un país latinoamericano cuando él era niño y diariamente lo llevaban donde una niñera mientras ellos trabajaban en una institución médica. Ya sea porque quería conscientemente infectar a la familia o porque no conocía otra manera de ayudar a Neit cuando se enfermaba, la niñera lo entregó a un demonio. Por cuanto los padres le habían dado autoridad a esa niñera, su autoridad fue suficiente para demonizarlo. Finalmente pudimos arrebatar la autoridad del demonio y liberar a Neit. El mundo satánico toma dicha autoridad muy en serio y puede infectar a otros a través de ella.

Rutinariamente, algunas personas en las sociedades no occidentales (sociedades animistas) son dedicadas a dioses y espíritus antes de nacer o en el momento de su nacimiento. Es costumbre entre los padres y abuelos chinos registrar por escrito la fecha y la hora del nacimiento de un recién nacido y llevar tal registro a un templo para que el bebé pueda ser bendecido y dedicado a un dios cualquiera. Al hacerlo, los parientes creen que obtienen protección y bendición para el niño pero realmente lo ponen a él o a ella bajo la autoridad de espíritus malignos.

2. Demonios heredados

Infortunadamente, una de las leyes del universo es que los demonios se pueden heredar pasando de padres a hijos. El libro de Éxodo (20:5) nos dice que los pecados de los padres pueden pasar a las siguientes generaciones. Este ha sido para mí un punto permanente de lucha personal cuando encuentro personas que han sido severamente lesionadas por demonios heredados. Aunque a nosotros no nos parece justo que un bebé entre al mundo ya demonizado, eso es precisamente lo que encontramos. Quienes ministramos a tales personas tenemos que entregar continuamente tales desgracias, confusión y enojo al Señor.

Las personas que se han demonizado por su propia voluntad por pertenecer a organizaciones ocultistas pasan estos demonios a su descendencia. Por ejemplo *los francmasones* se maldicen a sí mismos y a sus familias permitiendo que la infestación demoníaca pase de generación a generación. Algunos de los demonios más fuertes que he encontrado han sido heredados por los hijos de hombres involucrados con esta maligna organización. Hemos encontrado que casi todo tipo de demonio puede pasar a otras generaciones por herencia. Frecuentemente, cuando las personas manifiestan las características emocionales negativas, incluso las afecciones físicas de sus padres, estas han sido pasadas mediante ciertos demonios. Hemos descubierto espíritus heredados (demonios) de temor, muerte, pornografía, rechazo, odio, ira, homosexualidad, cáncer y diabetes.

3. Demonización como resultado de heridas emocionales

Cuando las personas persisten en sus reacciones negativas hacia ciertas heridas emocionales suelen ser demonizadas. Cuando somos lastimados, nuestra respuesta natural es dar albergue a la herida. Sin embargo, nuestra segunda respuesta o reacción a la herida es la que puede producir problemas. Al parecer, las reacciones reprimidas hacia el abuso tales como el enojo, la amargura, la renuencia a perdonar y el rechazo hacia uno mismo debilitan nuestro sistema a tal punto que los demonios pueden entrar. Yo creo que cuando el apóstol Pablo nos amonestó, "Airaos, pero no pequéis; no se ponga el sol sobre vuestro enojo,ni deis lugar al diablo" (Efesios 4:26-27), nos estaba previniendo para que no demos cabida a ese tipo de sentimientos que le dan al Enemigo un derecho sobre nosotros.

Todos estos asuntos que ya hemos mencionado como razones que hacen necesaria la sanidad interior, también pueden dar oportunidad a los demonios para adherirse a nosotros. Repito que el elemento clave es tratar primero con la basura para que el Enemigo no pueda adherirse a nosotros. Una y otra vez hemos tratado con personas que en respuesta al abuso verbal, sexual o físico, han reaccionado con ira, resentimiento y negativa a perdonar. Se aferraron a estas emociones y por eso fueron demonizados. Aunque eran las víctimas, y no los ofensores, fueron demonizados. No me gusta la regla que permite tal cosa pero tengo que reconocerla y trabajar con las víctimas para que logren libertad.

4. Demonización como resultado del pecado no confesado

Ya sea un pecado tan obvio como el adulterio, el aborto ó la homosexualidad, o uno menos reconocido como la negativa a perdonar, corremos el grave riesgo de la demonización cuando no lo confesamos. Al parecer, el pecado oculto y sin confesar le da al Enemigo el derecho de entrar y vivir en nuestro interior. Si seguimos la huella de los asuntos que dieron al Enemigo el derecho a habitar en nosotros, probablemente bajo cada uno de ellos subyace un pecado oculto por causa del mundo caído en el cual vivimos y de nuestra naturaleza caída. Sin embargo, el reino satánico se especializa en acusar a las personas y hacer que se culpen a sí mismas por muchas de las acciones que no son su culpa. Entonces la culpa de otros se convierte en una base importante para la demonización. Yo pienso que es una ironía que la persona se sienta culpable por estar demonizada. Por lo tanto, debemos ser muy cuidadosos al tratar con personas heridas que comúnmente viven bajo una carga de condenación para no agregar, sin quererlo, más peso a su culpa y aumentar el dominio que el Enemigo tiene sobre ellas.

Cuando usted aconseja a personas demonizadas recuerde la regla que dice que *si no es con amor, no es la manera de Dios*. Jesús nos dio el máximo ejemplo al respecto cuando perdonó a la mujer que estuvo a punto de ser apedreada (ver Juan 8). Él sabía –y la mujer también– que ella estaba viviendo una vida de pecado. No necesitaba decírselo. Lo que ella necesitaba era perdón y aliento para adoptar un nuevo estilo de vida. Cuando observamos patrones pecaminosos en la vida de las personasdemonizadas es muy probable que ellas ya lo sepan y por alguna razón sean incapaces de superarlos por sí mismas. Jesús nunca condenó a nadie por estar demonizado o enfermo.

¿Qué es lo que permite que los demonios permanezcan?

Tal como lo he venido afirmando, a menudo los cristianos son portadores de demonios. ¿Qué es lo que permite a estos seres permanecer en un cristiano? ¿Por qué no somos concientes de este maleficio al comenzar nuestra vida cristiana y hacemos algo al respecto? Estos son interrogantes válidos, pero hay varias razones para la carencia de libertad que muchos cristianos sufren.

1. La visión del mundo que tenemos en la cultura occidental

Nuestra visión occidental del mundo contribuye notablemente a la capacidad que los demonios tienen de permanecer dentro de sus anfitriones. Este tema de los seres espirituales (demonios) ha sido negado por las sociedades occidentales diciendo que pertenecen a la esfera de la superstición. Reímos cuando escuchamos historias de duendes y fantasmas en la ronda de la Noche de las Brujas. Los consideramos como cuentos de hadas ó vuelos de la imaginación apropiados sólo para niños. Cuando los misioneros regresan de otras tierras lejanas y nos cuentan extraños eventos de esos espíritus, la mayoría de la gente escucha y asume la postura de que debe haber una explicación *racional* para tales creencias.

Incluso tenemos sistemas teológicos que se predican fielmente desde algunos púlpitos ortodoxos y que explican la mayoría de las actividades de esos seres espirituales registrados en las Escrituras. Muchos cristianos suponen que Jesús se ocupó de los demonios una vez y para siempre. Otros creen que aunque los demonios pueden estar activos en otras sociedades, por lo menos en nuestra "sociedad cristiana" no existen. Muchos pastores, escuelas bíblicas y profesores de seminarios, incluso denominaciones enteras, enseñan que los cristianos no pueden ser demonizados. Y aún si creen en la demonización, muchos cristianos consideran que es aterradora la perspectiva de tratar de deshacernos de ellos.

Además, nuestras iglesias e instituciones de enseñanza bíblica han sido infectadas con suposiciones occidentales tales como "Si no lo puedes ver, no existe." Algunos cristianos creen que "si algo se puede explicar científicamente, ni Dios ni Satanás están involucrados". Infortunadamente, muchas personas no occidentales a quienes se les han enseñado estas suposiciones han llegado a creerlas también.

En su libro *The Third Wave of the Holy Spirit* [La Tercera Ola del Espíritu Santo], Peter Wagner escribe en relación con estas suposiciones naturalistas:

En mi opinión, ellas provienen principalmente de la visión tradicional angloamericana que tenemos del mundo, la cual es cada día más materialista y naturalista. El materialismo secular ha penetrado nuestras instituciones cristianas en un grado sorprendente. Con ello no quiero decir que tengamos una *visión atea*del mundo. No.

Una vasta mayoría de los estadinenses cree que hay un Dios, y muchos de ellos lo conocen personalmente a través de Jesucristo. Pero nuestra visión del mundo está fuertemente influenciada por la ciencia secular materialista. Se nos enseña a creer que casi todo lo que ocurre en la vida diaria tiene causas y efectos que son gobernados por leyes científicas. [3]

Cuando la gente piensa de esta manera, los emisarios de Satanás pueden actuar libremente frente a sus narices con la seguridad de que cualquier cosa que hagan, o no la notarán, o será explicada de otra manera. De este modo los demonios pueden hacer mucho más daño pues tienen el derecho legal de hacerlo en las sociedades occidentales sin ser descubiertos.

2. Ignorancia de los espíritus diabólicos

Otra razón relacionada con la demonización es nuestra propia ignorancia acerca de las formas en que el enemigo realiza su trabajo. La estrategia primaria de Satanás consiste en mantenernos en ignorancia. Aún cuando nuestra visión del mundo nos permita creer que los demonios existen y están activos, generalmente ignoramos cómo trabajan. De ahí que muchos cristianos alberguen demonios aún sin saber que están ahí. Interpretan la presión que un demonio ejerce sobre ellos como originada en sus propios deseos naturales y en su dificultad para oponerse a tales presiones. Y se desaniman.

3. No tratar con la basura interior

Ya sea por ignorancia, por falta de disposición o por pereza, un gran número de personas nunca trata con su basura interior. A menudo sienten que así es la vida para ellos. Al parecer no saben que Dios les puede dar libertad. Y por cuanto no tratan con la basura, continúan albergando cualquier demonio que esté adherido a ella. No debemos ser demasiado duros con estas personas porque resolver los asuntos de profundo nivel suele ser una tarea muy difícil. Rara vez las personas reciben alguna ayuda de su iglesia o de sus clérigos. Algunos creyentes comienzan a trabajar con sus asuntos por sí mismos, o con un consejero que quizá es cristiano pero que practica la sicología secular. Entonces se desaniman por la gran cantidad de esfuerzo requerido y la falta de éxito. De esta manera se dan por vencidos.

4. Incapacidad de obtener ayuda

Desde luego, algunos individuos sospechan que tienen demonios pero son incapaces de obtener ayuda. Este problema habla de la desalentadora incapacidad de nuestras iglesias para tratar con la demonización. También es el resultado del hecho de que quienes sí saben tratar con ella están sobrecargados de trabajo y suelen ser mirados con suspicacia por otros líderes cristianos.

5. Decisión de conservar los demonios

Algunos individuos que tienen demonios se resignan a vivir con ellos. Suelen ser personas que han recibido de los demonios "un poder para saber ciertas cosas" o para controlar determinadas situaciones. Esto es lo que llaman "tener pacto con el diablo". En este caso los demonios les han dicho que tienen protección especial. Si consideran deshacerse de los demonios oyen mentiras tales como, "Si te deshaces de mí, ya no tendrás la capacidad de controlar tu vida o de saber cosas que otros no saben. Perderás toda protección y toda tu fuerza si me abandonas". Por temor a perder tales ventajas, algunos cobardes se aferran a los demonios.

En una ocasión una madre me pidió que ministrara a su hija a quien los demonios le habían dado una capacidad atlética especial. Le pregunté a la chica si quería ser libre de los demonios. "No, —me respondió—. Estoy disfrutando la ventaja que me dan".

Cualquiera que sea la razón, es triste ver cuando las personas permiten que los intrusos permanezcan, ya sea por ignorancia o por una decisión voluntaria. Con mucha frecuencia, una gran parte de la tarea de quienes ministran es ayudar a tales personas a comprender que pueden obtener libertad de los demonios, y seguir animándolos a lograr esa meta.

Fortaleza y adherencias demoníacas

La cantidad de poder que los demonios pueden ejercer sobre sus anfitriones varía según las circunstancias. Algunos demonios son muy fuertes; otros muy débiles. Por ejemplo, los demonios familiares que están ocultos tienden a ser más fuertes que los que tienen un nombre o una función específica sobre las emociones. Sin embargo, entre estos últimos están los espíritus de muerte, ira, rencor, rechazo, abuso, destrucción, tinieblas y rebelión, los cuales tienden a ser más fuertes que los de lujuria, temor, confusión, escepticismo y similares. Generalmente encontramos que la mayor variable radica en lo que les da el derecho legal de estar allí. Los demonios tienen muy poco poder más allá del que sus anfitriones les confieren.

Cuando se hace el primer contacto con un demonio es importante descubrir por qué tiene derecho a estar ahí. Los demonios no pueden vivir en una persona sin derecho legal. Nosotros nos hemos enfocado en gran medida en el derecho que la basura emocional les da para habitar en una persona. También logran permiso por herencia de los familiares, votos, maldiciones y dedicaciones. Estos son asuntos basados en autoridad otorgada por las personas mismas, o por alguien con autoridad sobre ellas.

Si existe renuencia a perdonar a otra persona, o si hay eventos traumáticos de la niñez que no han sido tratados, estos capacitarán a cualquier demonio para estar presente y retener su dominio. Si los demonios han sido invitados por la misma persona, probablemente tendrán un fuerte dominio hasta que esa persona renuncie a esa situación y cancele toda autoridad otorgada. Si existe mucha negativa a perdonar, enojo, amargura, temor, vergüenza y similares, o si la persona ha estado profundamente involucrada en cosas tales como abuso sexual y pornografía, los demonios serán fuertes. Si una persona continúa con estas prácticas, actitudes y comportamientos, los demonios ganarán más fuerza.

De otro lado, cuando las personas crecen espiritual y emocionalmente los demonios adheridos a la basura pierden mucho de su poder. Yo he hablado con muchos demonios frustrados que no podían hacer lo que querían porque la persona estaba "demasiado cerca de Jesús". O como le oí decir a un demonio de lujuria: "¡No puedo hacer que él mire! Cuando hago que una linda chica cruce su camino, ¡él voltea su cabeza!"

Podemos hablar de fortaleza de adherencia demoníaca en una escala de 1 a 10, siendo 10 el máximo nivel. Llamaremos *débil* la adherencia de los niveles 1 – 3; *media* para los niveles 4 – 7, y *fuerte* para los niveles 8 – 10. Por cuanto la cantidad y la clase de basura a la cual los demonios están adheridos es la variable que predice la fortaleza de la adherencia, cuando sacamos esa basura la fortaleza de estos disminuye. Por eso *consideramos la liberación de demonios como una subcategoría de la sanidad de profundo nivel*. Recomiendo ver mi libro *Defeating Dark Angels* [Cómo Derrotar a los Ángeles de las Tinieblas], para mayor información sobre la fortaleza de los demonios, así como sobre los otros tópicos mencionados en este capítulo.

Aún los demonios débiles pueden hostigar, confundir, engendrar culpa y contribuir a muchos otros problemas. Los demonios fuertes pueden ejercer un poco de presión sobre los cristianos que parecen tener las cosas bastante ordenadas. Sin embargo, aparentemente las personas tienen diferentes niveles de tolerancia a las presiones demoníacas. Parece que ciertas personas son suficientemente fuertes para soportar bastante presión sin ceder. Otros están cercanos al colapso ante la más débil presión.

Cómo descubrir y aún utilizar los demonios en la sanidad de profundo nivel

En muchas ocasiones, cuando ayudamos a la gente a obtener sanidad de profundo nivel, aún cuando parece que puede haber demonios adjuntos a los problemas con los cuales estamos tratando, yo continúo haciendo el trabajo más importante que es la sanidad interior. Dejo la expulsión de demonios para más tarde cuando ya están muy débiles. Pero frecuentemente es de utilidad llamar a un demonio para obtener de él información relacionada con lo que viene después en el proceso de lograr que la persona sea sanada.

Al trabajar con un hombre, a quien llamaré Ollie, decidí buscar información de los demonios que, como lo sospeché, estaban allí. Ollie era el típico varón estadounidense, no muy dado a hablar de sus emociones o su dolor. Habíamos estado tratando con su enojo, especialmente hacia su padre. Sospeché que había ciertas partes de la relación con su progenitor que no estábamos en capacidad de tratar porque Ollie no las estaba admitiendo. De modo que pedí su permiso para ver si había algún demonio presente. Le hice saber que mantendríamos las cosas bajo control, y él asintió.

Entonces miré directo a su cara y le dije: "Si hay un espíritu de enojo aquí, le ordeno en el nombre de Jesucristo que se manifieste. Le prohíbo ocultarse. Le prohíbo permanecer en silencio. Le prohíbo causar cualquier tipo de violencia, vomitar o realizar cualquier otro acto teatral. También le prohíbo recibir cualquier ayuda ya sea de otros demonios de mayor nivel, ó de demonios que estén afuera. Espíritu de enojo, ¿está ahí?"

Después de desafiar a este demonio y a otros que debían estar ahí, no obtuve respuesta verbal. Entonces le pregunté a Ollie si estaba sintiendo alguna cosa rara en su cuerpo y me respondió que había sentido una opresión en el pecho cuando desafié al enojo y el rechazo. De modo que desafié el espíritu de enojo otra vez. En esta ocasión Ollie tuvo la impresión que el demonio admitía su presencia. Esta admisión le llegó con palabras a su mente: "Está bien, está bien, estoy aquí". Aunque la resistencia natural de Ollie a algo tan extraño como tener a otro ser hablando a través de él nos impidió encontrarlo inmediatamente, ahora teníamos contacto directo. El espíritu de enojo resultó serde nivel tres, en realidad no muy fuerte, pero sí lo suficiente para causar bastante perturbación en la vida de Ollie.

Entonces le pregunté al demonio cuándo había entrado y respondió trayendo a la memoria de Ollie un momento cuando el padre lo estaba golpeando. Tenía en ese momento unos cinco años. Esta información me llevó a dejar de lado al demonio y dirigirme al niño interior de cinco años que había en Ollie. El niño respondió que en efecto, él estaba allí sintiéndose solo y lastimado por la paliza de su padre y por el hecho de que el adulto Ollie lo estaba ignorando.

Durante los siguientes minutos el Ollie de cinco años pudo perdonar a su padre quitándose de encima esa garra del demonio. Utilizando otros conocimientos adicionales revelados por el espíritu de enojo y por otros demonios pudimos descubrir y tratar muchos maltratos que Ollie había olvidado. De esta manera pudimos utilizar a los demonios para ayudarnos a llegar a la basura. Cuando nos ocupamos de la basura los demonios se debilitaron al punto de que fue fácil hacerlos salir. Esta es una manera típica en que descubrimos los demonios, entramos en contacto con ellos y luego los utilizamos para que nos ayuden a tratar con los asuntos de profundo nivel.

Hay quienes tratan con los demonios y son muy reacios a hablar con ellos para lograr el tipo de información que conseguimos durante la sesión de ministración a Ollie. Argumentan que no podemos confiar en lo que los demonios nos dicen. Lo que pasan por alto es el hecho de que los demonios están bajo una fuerte presión del Espíritu Santo. En cierta ocasión le pregunté a un demonio por qué había decidido revelarme su presencia. Me respondió: "Jesús hizo que me revelara". En la ministración Dios utiliza tres maneras de suministrarnos la información que necesitamos: palabras de sabiduría, la experiencia y los demonios. Si rehusamos utilizar a los demonios para que nos ayuden corremos el riesgo de perder algo que Dios quiso revelarnos. Y probablemente también tomará más tiempo expulsarlos.

No hay cosa que guste más a los demonios que interrumpir los tiempos de ministración causando dolor físico, asustando a la persona o intentando tomar el control. Cualesquiera que sean sus tácticas, es necesario que ejerzamos nuestra autoridad haciéndoles saber quién tiene el control y ordenándoles detenerse. Reitero que lo mejor es tratar con tantos asuntos de la sanidad interior como sea posible antes de tratar con los demonios. Esto los debilita y reduce su capacidad de interferir. Sin embargo, si son razonablemente fuertes interferirán con el proceso de tratar con la basura. Si lo hacen, confróntelos, obtenga información de ellos y utilícela para realizar la sanidad interior.

En una ministración como esta en que nos enfocamos tanto en la sanidad de profundo nivel como en liberar a la persona de los demonios, comúnmente se requiere más de una sesión antes de que la persona sea totalmente libre. Quienes sencillamente realizan liberación pueden completar su trabajo en un período más corto de tiempo. Pero pocas veces una persona queda completamente bien tras haber sido liberada de demonios. Echar fuera los demonios sin haber tratado con la basura suele implicar una lucha prolongada. Por eso no debemos desanimarnos si tal ministerio toma varias sesiones con una persona en particular. Trabajar con los distintos aspectos de los problemas de la persona es simplemente una parte del proceso.

Cómo echar fuera los demonios

Como ocurrió en el caso de Ollie, generalmente hay varios demonios en una persona. Estos actúan típicamente en grupos, con uno a la cabeza de cada grupo. Generalmente, cuando hay enojo, su grupo incluye amargura, resentimiento y depresión. Cuando hay temor, también hay preocupación, ansiedad y pánico. Vergüenza, culpa y engaño forman otro grupo común. El abuso y la violencia frecuentemente están juntos, como lo están también el rechazo, el abandono y el descuido. En Ollie encontramos varios de estos grupos.

La forma en que yo descubro qué demonios hay es desarrollando lo que yo llamo una lista de "sospechosos" mientras realizamos la sanidad interior. Cuando tratamos con cosas tales como enojo, temor, vergüenza, rechazo y similares durante la sesión de sanidad interior, hago una lista de estos sospechosos con el plan de atacar la cabeza de cada uno de estos grupos y sus secuaces cuando entre en la parte de liberación.

En el caso de Ollie, una vez que hice contacto con el espíritu de enojo y le gané terreno pude quebrantar el poder del resto de su grupo y atarlo a él como su jefe. Entonces pude encerrar a su grupo en una "caja" o compartimiento espiritual. Luego pude ignorar ese grupo y concentrarme en romper el poder para encerrar también a otros grupos. Esto se hace ordenando a todos los espíritus que están bajo la autoridad de cada espíritu líder o cabeza de grupo, que permanezcan atados a su jefe. Si hay dificultad en meter los espíritus dentro de sus compartimentos entiendo que debo volver atrás y realizar más sanidad interior. De esta manera atamos a todos los miembros de cada grupo y los aseguramos para enviarlos a Jesús al final de la sesión de ministración.

Durante este proceso todavía pueden quedar demonios fuera de los compartimientos. En este punto podemos ordenar a cualquiera de los espíritus que están confinados que nos digan si todavía hay algunos espíritus afuera. Quizá estén allí porque no los hemos identificado o porque no se ha tratado algún problema emocional o espiritual al cual están conectados. Por ejemplo, si el espíritu de temor está todavía suelto porque la persona no se ha ocupado todavía de algo a lo que el espíritu está ligado, volvemos a la persona y tratamos con la raíz de su problema de temor mediante las técnicas de sanidad interior. Cuando hemos finalizado llamamos al espíritu de temor y le ordenamos salir. Si aún no se logra, es necesario realizar más sanidad de profundo nivel para lograr plena autoridad sobre este y sobre cualquier otro espíritu que aún no esté confinado.

Cuando estamos seguros de que todos están allí y hemos terminado de obtener información los enviamos a los pies de Jesús y le pedimos a él que disponga de ellos. En este punto tengo el hábito de decir más o menos lo siguiente: "Señor Jesús, toma estos espíritus inmundos y apártalos de *(nombre completo)* tan lejos como está el oriente del occidente". Luego me gusta ubicar la cruz de Jesús y su tumba vacía entre la persona que estoy ministrando y los espíritus, y prohibirles que regresen otra vez o que envíen a otros espíritus.

Una vez que llevamos los espíritus a los pies de Jesús, generalmente la persona que está siendo liberada puede ver lo que Jesús hace con ellos. En ocasiones los destruye o los arroja lejos. En este momento casi siempre la persona siente un gran alivio. Generalmente informa que se siente más liviana. La mayoría habla de la libertad que siente. Cuando los demonios ya no están, me gusta "sellar todo lo que Jesús ha hecho" por la persona y luego proclamar sobre ella las bendiciones que son justamente lo opuesto a los problemas que han sido tratados. Por ejemplo, en lugar de enojo podemos proclamar bendiciones de paz, paciencia y amor; en lugar de temor, proclamamos esperanza, confianza y valentía; en lugar de rechazo proclamamos amor propio y la capacidad de sentirnos hijos o hijas del Rey.

Consejería posterior a la liberación

Si las personas van a retener la libertad que Dios les dio durante nuestras sesiones necesitamos aconsejarlas acerca de lo que deben esperar después y lo que deben hacer al respecto. Por ejemplo, en ciertas ocasiones los demonios tratarán de hostigar a su anterior anfitrión y de convencerlo de que nada ha cambiado. Sin embargo, con la autoridad que tenemos en Cristo la persona puede simplemente ordenarles que se vayan. Y generalmente da resultado. Yo recomiendo que las personasdigan algo así: "Si es el Enemigo, ¡alto!" O sencillamente: "¡Aléjese de mí!"

Las personas a quienes aconsejamos necesitan saber que ellas tienen el mismo Espíritu Santo y la misma autoridad que nosotros tenemos. Todos nosotros, y especialmente los recién liberados, necesitamos obedecer el mandato de Santiago: "Someteos, pues, a Dios; resistid al diablo, y huirá de vosotros." (Santiago 4:7). El conocimiento de nuestra autoridad debe ir acompañado de la afirmación de nuestra posición en Cristo. Seguramente ustedes han escuchado las mentiras del Enemigo acerca de lo que son. Sin embargo, pueden afirmarse en la autoridad de la Palabra de Dios que declara que *son hijos de Jesús* (ver Romanos 8:14-17; Gálatas 4:4-7; 1ª de Juan 3:1-3), apartados para ser como él (ver Romanos 8:29), llamados y elegidos por Jesús para ser sus amigos (Juan 15: 15-16). Nuestro derecho a afirmar tales verdades concernientes a lo que somos es un arma poderosa para derrotar al Enemigo cuando se nos acerca.

También se debe advertir enfáticamente a quienes han recibido ministración en cuanto a no volver a los mismos patrones y pecados que los demonios trajeron consigo. Posiblemente habrá muchos hábitos que deben romperse: de enojo, de renuencia a perdonar, de lujuria y otras cosas por el estilo. Aunque puede ser difícil romper ciertos hábitos, es mucho más fácil hacerlo cuando la persona es liberada de las ratas demoníacas que dedican su tiempo y energía a fortalecerlos. También habrá amistades que es necesario cortar, lugares que no debemos frecuentar, y otros cambios de actitud y comportamiento. Además, se les debe aconsejar que se hagan parte de un grupo de apoyo y que pasen tiempo adorando, orando, memorizando cantos y escuchando música de adoración. Al Enemigo no le gusta que glorifiquemos a Jesús y que nos asociemos con nuestros hermanos del pueblo de Dios. Cuando realizamos cualquiera de estas actividades, por no mencionar la adoración colectiva los domingos, hacemos una declaración ante todo el universo respecto a quién es el objeto de nuestra lealtad.

Lecturas complementarias

Anderson Neil, *Victory over the Darkness* [Victoria Sobre las Tinieblas], (Ventura, California: Regal, 1990) pp. 155-173

Anderson, Neil. *The Bondage Breaker* [El Quebrantador de la Esclavitud], Eugene, OR: Harvest House 1990.

James Friesen, *Uncovering the Mistery of MPD* [Descubriendo el Misterio del DPM],(Eugene, Oregon: Wipf & Stock 1991), pp. 243-269.

Charles H. Kraft, *Defeating Dark Angels* [Cómo Derrotar a los Ángeles de las Tinieblas], (Ventura, California: Regal, 1992).

John and Mark Sandford, *A Comprehensive Guide to Deliverance and Inner Healing* [Una Guía amplia y Completa para la Liberación y la Sanidad Interior], (Grand Rapids, MI: Chosen Books, 1992), p. 127, 157, 275, 303, 355, 359.

John and Paula Sandford, *Healing the Wounded Spirit* [Cómo Sanar el Espíritu Lastimado], (Tulsa, OK: Victory House, 1985), p. 309 – 342.

Tercera parte

Cómo realizar la Sanidad de profundo nivel

11 Una orientación para la persona que ministra sanidad

¡Se fue!

Estaba parado frente a unas 200 personas dirigiendo un seminario de sanidad de profundo nivel. Habiendo aprendido de experiencias pasadas que al Enemigo le gusta distraer a las personas en tales escenarios causando dolores de cabeza, dolencias estomacales y otra clase de afecciones físicas, me detuve para preguntar si alguien en el auditorio estaba sufriendo tales enfermedades. Como lo esperaba, unas cuantas personas levantaron las manos.

Al ver esto, dije sencillamente: "Asumo autoridad sobre cada uno de estos dolores de cabeza, de estómago y demás problemas. En el nombre de Jesucristo les ordeno que se vayan". No bien hube dicho estas palabras cuando un hombre sentado en la mitad del auditorio comenzó a gritar: "¡Se fue! ¡Se fue!" A petición mía explicó que durante casi todo el día había tenido un fuerte dolor de cabeza, el cual desapareció tan pronto yo lo ordené. Y la mayoría de los demás que tenían los mimos problemas u otros similares indicaron que ahora estaban libres de ellos.

Un dolor de cabeza no parece ser un gran problema, a menos que, por supuesto, sea usted el que lo sufre. Sin embargo, el hecho de que estos dolores hayan desaparecido ante mi mandato indica algo acerca de nuestra autoridad.

Dios nos ha dado la autoridad de usar el nombre de Jesús para ordenar que ciertas ocurran cosas (siempre que estén de acuerdo con su voluntad, ver Juan 5:14-15). Yo creo que debemos hacer lo mejor que podamos por estar seguros de cuál es su voluntad en una situación determinada, y luego usar la autoridad que nos ha dado para que ocurra lo que él quiere. Eso es lo que Jesús hizo. Él vivió en dependencia del Padre (ver Juan 5:19), y jamás utilizó el poder de su propia divinidad sino que ministró con poderosa autoridad, una autoridad que pasó a sus inmediatos seguidores (Lucas 9:1). Luego les mandó a ellos que enseñaran a sus seguidores todo lo que él les había enseñado a ellos, palabra por palabra, acción por acción, a través de las generaciones posteriores y que nos pasaran lo que él les había enseñado (ver Mateo 28:20).

Yo estoy convencido de que Dios no quiere que las personas que están procurando concentrarse en sus instrucciones sean marginadas por dolores de cabeza u otros achaques por el estilo. Estoy segurode que es el Enemigo quien está detrás de tales distracciones. De modo que yo no tengo problema en suponer que Dios quiere que utilicemos su autoridad para desaparecer esas interferencias. Y Dios respalda el ejercicio de su autoridad sanando a las personas así como sanó a aquellas en el seminario antes mencionado.

Obediencia y dones

La autoridad que Dios nos da es realmente impresionante. Discutiremos esa autoridad más adelante en este capítulo. Pero hay un elemento previo a considerar: el elemento de la *obediencia*. Cuando Jesús envió a sus discípulos a ministrar a la gente, les *mandó* que comunicaran el evangelio y que sanaran (ver Lucas 9:1-6; 10:8-9; Mateo 10:7-8). Él no los invitó sencillamente a sanar si ellos decidían hacerlo. Su Maestro les *ordenó* ministrar a los necesitados mediante el uso del poder sanador de Dios. Posteriormente les dijo que el asunto de si lo amaban o no, sería evaluado sobre la base de si obedecían o no sus mandamientos (ver Juan 14: 21 – 24). *Entonces, rehusarnos a ministrar sanidad es desobediencia a nuestro Señor y una renuencia a demostrar nuestro amor por él.* El hecho de que tantos seguidores de Jesús le hayan desobedecido en este asunto tiene mucho que ver con el anémico cristianismo de la mayoría de nuestras iglesias. La gente sufre; Jesús nos mandó hacer algo al respecto; nos negamos a hacerlo; nuestra gente continúa sufriendo y ha llegado a creer que no hay respuestas en el cristianismo para sus problemas.

Yo he escrito dos libros para ayudar en esta área. El primero trata con el elemento de nuestra autoridad de una manera mucho más detallada de lo que es posible hacerlo aquí. Su título es *I Give You Authority* [Os Doy Autoridad]. El segundo libro aborda el problema del cristianismo anémico y su título es: *Confronting Powerless Christianity* [Confrontando el

Cristianismo sin Poder]. Uno de los puntos que intento enfatizar es que la salvación, tan crucial como es en nuestra vida cristiana, es solamente el primer paso. Después debemos derrotar al Enemigo y ganar la libertad. Pero la libertad rara vez se consigue sin la aplicación de poder espiritual. Por eso es que existe la sanidad de profundo nivel.

Quizás algunos piensen que soy demasiado fuerte o demasiado negativo en este punto. Pero así como el deseo máximo de Jesús fue obedecer al Padre haciendo su voluntad (ver Juan 4:34; 5:30; 6:38), así debe ser nuestro mayor deseo obedecer a nuestro Señor y Salvador Jesucristo haciendo su voluntad. Y su voluntad es que los cautivos sean liberados (ver Lucas 4:18-19). Si lo llamamos Señor, tenemos que reconocer su señorío sobre nuestra vida siendo obedientes a él.

"Pero, ¿qué hay de los dones? —me preguntan con frecuencia. No todos tenemos el don de sanidad". Eso es cierto. La primera carta a los Corintios 12: 29 -30 lo dice. Cuando alguien plantea este asunto, respondo generalmente con otra pregunta: "¿Cómo sabe usted que no tiene el don de sanidad?" La respuesta común es: "Nadie ha sido sanado nunca por mis oraciones".

Una vez yo también utilicé estos argumentos tratando de excusarme del mandamiento de orar por la sanidad de alguien. En una ocasión le dije a John Wimber, un buen amigo mío, pionero en el ministerio de sanidad entre los evangélicos, que yo estaba bastante convencido de que no tenía dones de sanidad. Su respuesta fue algo así: "Me dicen que tienes el don de enseñar. ¿Cómo obtuviste ese don?" Entonces recordé mis primeras luchas con la enseñanza y la predicación. Recordé lo difícil que se me hacía controlar mis rodillas, mi voz y el color de mi rostro cuando me paraba frente a la gente para hablar. También la dificultad que tenía para preparar mensajes y conferencias, las muchas horas que me tomaba la preparación de algo para una presentación pública.

Pero con determinación y práctica fui mejorando. Y al parecer, el Espíritu Santo estaba interesado en el asunto. He visto la confirmación de que eso es más que la simple habilidad humana en por lo menos algo de mi enseñanza. Al recordar estos hechos como respuesta a mi amigo Wimber, él me señaló que el don de sanidad se desarrolla de la misma manera. Obedecemos el mandato del Señor y declaramos sanidad. Entonces practicamos una y otra vez decididos a obedecer lo que Jesús nos mandó y descubrimos que Dios se complace en usarnos para llevar sanidad a quienes sufren.

Yo necesitaba aprender que *muchas veces la obediencia precede a los dones.* Dios distribuye sus dones con liberalidad. La mayoría de las personas tienen varios y no lo saben. Algunos son obvios. La simple observación personal y de la iglesia nos permite descubrirlos. Pero es común que otros dones estén también ahí, esperando ser activados mediante la experimentación en obediencia a los mandatos de Cristo.

Niveles de dones espirituales

A medida que obedecemos a Jesús y oramos por la gente descubrimos en dónde encajamos respecto a los dones. Existen por lo menos tres niveles posibles de dones espirituales: *rol, ministerio* y *oficio.*

1. Rol

Cuando el Espíritu Santo da un don en una situación particular, la persona que él usa puede desempeñar cualquier rol que involucre ese don. Ocasionalmente, algunas personas sin dones en áreas tales como enseñar, predicar, dar hospitalidad, dar ánimo y administrar, son llamadas a desempeñar dichas funciones, pero con la unción del Espíritu Santo suelen hacerlo bien. Desempeñan el rol de maestro, predicador, animador, administrador, proveedor de hospitalidad o sanador, haya o no una evidencia de que tienen dones en estas áreas de una manera permanente.

2. Ministerio

Sin embargo, a quienes se les ve un patrón de eficiencia en un área específica se les debe considerar que tienen un ministerio en ella. A medida que experimentamos en obediencia a Dios con la oración por sanidad, por ejemplo, podemos descubrir que Dios decide usarnos para dar libertad de ciertos tipos de problemas. Tal frecuencia sugiere que Dios nos ha dado un ministerio. Una persona que de manera regular enseña, predica, ejercita la hospitalidad, anima o sana bajo la dirección del Espíritu Santo, puede afirmar que tiene un don ministerial en esa área.

En este nivel, el ejercicio del dones como una manera simple de ayudar a otros. Yo me reúno regularmente con personas para ayudarles a encontrarse con Jesús y obtener así sanidad de profundo nivel. Pero esa no es mi ocupación permanente. Mi ocupación es la enseñanza porque tengo el don. La práctica de la sanidad interior es mi vocación favorita.

3. Oficio

Creo que Dios quiere que algunos de los que han demostrado tener dones en esos ministerios sean nombrados para oficios profesionales. Un oficio es una posición oficial que generalmente conlleva un salario. Por ejemplo, lo ideal es que cada individuo que es pastor sea elegido para dicho oficio sobre la base de un don ya demostrado. Pero infortunadamente hay muchas personas en labores pastorales y en otros oficios de la iglesia que tienen pocos dones, si es que los tienen, en las áreas que se requieren para tales oficios.

Reconozco que mi don principal es la enseñanza y por fortuna este corresponde con la labor para la cual he sido contratado. Yo he sido nombrado maestro por mi institución y además me pagan por ejercitar este don dentro de ella.

Hay dos puntos a recordar en el asunto de los dones: el primero es que *todos somos llamados, y a todos se nos ha mandado hacer lo que Jesús hizo* (ver Juan 14:12). Esto incluye la sanidad. Por lo tanto, debemos experimentar practicando con la oración por sanidad. Solamente si tras de muchos intentos encontramos que las personas rara vez son sanadas cuando oramos por ellas podemos concluir que no tenemos ese don. Pero aún así, creo que somos llamados a orar por la sanidad de la gente de vez en cuando, en caso de que Dios decida asignarnos el rol de la sanidad en un momento particular. Orar por sanidad es más un asunto de obediencia que de dones.

El segundo punto a recordar nos muestra una estrategia para el primero. Necesitamos *experimentar* para descubrir los dones que Dios nos ha dado y para saber a qué nivel deben ser ejercidos. Yo, como muchas otras personas, había supuesto durante la mayor parte de mi vida que Dios sencillamente dotaba a la gente con dones. Para mí fue una sorpresa escuchar a mi amigo Wimber enseñar con tanto énfasis y convicción sobre la relación entre la experimentación y el descubrimiento de nuestros dones. Entonces, con este estímulo aunque con temor y temblor, comencé a hablar de sanidad como en el ejemplo al principio de este capítulo. Al principio, muy pocos individuos por quienes oré fueron sanados. Sin embargo, cuando comencé a trabajar en la sanidad de profundo nivel, mi éxito se disparó. Pero probablemente nunca hubiera entrado en esta área de mis dones si hubiera permitido que mi temor me impidiera orar por las personas y experimentar.

Nuestra autoridad

La autoridad no es algo que alguien sencillamente asume. Tiene que haber una fuente óalguien que la confiere. De esta manera se involucra a alguien que hace uso de ella y que tiene un derecho otorgado por la fuente para ejercer esa autoridad. Nuestra autoridad espiritual tiene por lo menos tres componentes importantes: 1) está arraigada en Dios; 2) es autorizada por Jesús; y 3) se mantiene a través de la intimidad con nuestro Señor.

1. Arraigada en Dios

Él es la fuente de cualquier autoridad que tenemos para dar sanidad y libertad a otros. A menos que él nos la dé, no tenemos ninguna autoridad. No podemos sanar a nadie por nosotros mismos. Solamente podemos acercarlos a Dios, quien tiene tanto el poder para hacerlo como el interés y la compasión por los que sufren.

¿Quién es este Dios? Primero que todo, él es el Creador de todas las cosas y de toda la gente. Los seres humanos son su obra favorita de la creación. Él nos hizo como él es, a su imagen y conforme a su semejanza (ver Génesis 1:16). Él "sopló aliento de su propia vida" en nosotros" (Génesis 2:7). Y aún cuando desobedecimos y caímos, él continuó buscando contacto con nosotros (Génesis 3:9).

Segundo, Dios es quien sustenta el universo, incluyendo a la humanidad. Él es quien continúa sustentándonos y dando vida. Él protege la creación, incluyendo a los seres humanos, de la destrucción que el Enemigo realizaría si no estuviera limitado.

Tercero, nuestro Dios y Creador se relaciona con sus criaturas. Él no está lejano ni desinteresado. Aún después de la caída procuró seguir teniendo relación con Adán (ver Génesis 3:9) y con cada uno de sus descendientes. Él camina y habla con cualquiera que pase tiempo con él.

Siempre ha demostrado que tiene interés y compasión por nosotros aunque frecuentemente nos desviamos de él y de su camino. Su interés y compasión lo han llevado al punto de pagar el precio para redimirnos del Enemigo a quien (en Adán) fuimos entregados. Además nos ha perdonado nuestras rebeliones y extravíos.

Nuestro Dios es Todopoderoso. Tiene el poder no sólo de crear y sustentar, sino además de reparar lo que ha sido dañado, y de liberar a quien ha estado cautivo.

2. Autorizada por Jesús nuestro Señor

Jesús dijo a sus discípulos: "Toda potestad me es dada en el cielo y en la tierra" y luego les mandó ir y hacer discípulos y enseñarles "que guarden todas las cosas que os he mandado" (Mateo 28: 18, 20). Y también les dijo: "Como me envió el Padre, así también yo os envío" (Juan 20:21), y predijo que "El que en mí cree, las obras que yo hago, él las hará también; y aun mayores hará, porque yo voy al Padre" (Juan 14:12).

Al hacer esto, Jesús autorizó a sus seguidores a continuar trabajando con la autoridad que el Padre le había dado para liberar a todos los que él ama. El Padre lo envió "a dar buenas nuevas a los pobres... a pregonar libertad a los cautivos,y vista a los ciegos;a poner en libertad a los oprimidos" (Lucas 4:18-19). De modo que él nos envía al mundo a hacer lo mismo (ver Juan 17:18). Estamos autorizados por el Rey de reyes a realizar este ministerio en el mundo de hoy.

Piense a quiénes les dio Jesús toda esta autoridad. ¿Le hubiera dado usted autoridad a este tipo de discípulos que dudaban? Parece que él pensó que aún esas personas como sus discípulos (o nosotros), que continuamente le fallamos, fueron y somos dignos de que nos confíe su autoridad. Anímese entonces, por el hecho de que usted, con todas sus fallas, es el tipo de persona que Jesús quiere que trabaje con su autoridad.

3. Que se mantiene a través de la intimidad con nuestro Señor

Así como Jesús mantuvo su autoridad mediante su permanente intimidad con el Padre, nosotros la mantenemos de igual manera. Jesús no dependió de su condición de hijo de Dios para mantener su relación con el Padre. Él sabía que aún esa condición de hijo debía ser cultivada y nutrida. Por eso Él alimentó constantemente esa relación orando con el Padre y obedeciendo lo que el Padre le decía que hiciera. La que Jesús mantuvo con el Padre fue una relación perfecta. Él fijó un estándar supremamente alto al hacer sólo lo que el Padre deseaba (ver Juan 5:30) y lo que vio hacer al Padre (Juan 5:19) y diciendo solamente lo que el Padre le indicaba, agradándole siempre (ver Juan 8:28-29). A pesar del hecho de que este nivel de intimidad está más allá de nuestra capacidad, debemos tenerlo como objetivo.

El Espíritu Santo nos proporciona el poder que necesitamos, tal como lo hizo con Jesús. La intimidad con el Padre, a través de Jesús, nos provee la autoridad para utilizar ese poder. Jesús consideró necesario retirarse a solas con el Padre para estar seguro de que tenía las instrucciones correctas. Dependió del Espíritu Santo para obtener el poder, y del Padre para recibir la dirección.

No es cierto que la gente sea liberada porque nosotros tenemos el don de sanidad; es porque nuestra voluntad obedece a Dios de una manera tal que sólo declaramos lo que él desea. Esto ocurre así a medida que hablamos con Dios en la intimidad y dependemos de él. Es probablemente lo que el apóstol Pablo tenía en mente cuando escribió: "Orad sin cesar" (2ª Tesalonicenses 5:17).

En cierta ocasión tuve una charla con una amiga que estaba desanimada en su vida de oración. Parece que ella había orado por varias cosas "en el nombre de Jesús" pero no estaba recibiendo lo que pedía, y discutimos algunas de las posibles razones. Le dije que orar en el nombre de Jesús no tiene que ver tanto con la forma en que usted ora, sino que depende de quién es usted frente a Dios.

Muchos cristianos siguen la instrucción bíblica de orar "en el nombre de Jesús" y la utilizan como una fórmula mágica o de encantamiento. Piensan que si dicen las frases correctas entonces vendrá la respuesta deseada. Mi amiga necesitaba entender que orar "en el nombre de Jesús" **significa vivir** obedeciéndole a Jesús, o de acuerdo con su voluntad, para que los deseos de su corazón puedan estar estrechamente asociados con los deseos del poseedor de ese "nombre". Sus deseos deben estar en armonía con los deseos de Dios. La oración poderosa se inicia por aquellos que viven y oran en el nombre de Jesús.

Tal intimidad no tiene que ser algo misterioso. No pienso que lo haya sido para Jesús. Necesitamos buscar a Dios en una dinámica de dar y tomar, la cualcultiva esa estrecha relación. A nuestro hablar con Dios generalmente lo llamamos "orar". Sin embargo, este término distorsiona el hecho de que hablar con él y escucharlo debe ser una comunicación natural y constante. No se trata de un ritual ocasional. Estaremos preparados para ministrar si practicamos la intimidad con el Padre a través de Jesús, todo el día y todos los días.

Seis tipos de oración

La oración es una parte supremamente importante de cada aspecto del ministerio de sanidad de profundo nivel. Sin embargo, hay por lo menos seis tipos de la actividad llamada oración. Aunque es válido usar cada uno de ellos en determinados momentos, necesitamos emplear el tipo correcto. Cada tipo de oración es de importancia en determinado momento respecto a nuestra autoridad.

1. La oración de petición

El primer tipo de oración es más conocido técnicamente como *petición*. Cuando hablamos de oración, en lo que más piensa la gente es en *pedirle cosas a Dios*. Jesús nos invita a orar así cuando dice: "Pedid, y recibiréis, para que vuestro gozo sea cumplido" (Juan 16:24). Nuestro Señor describe a Dios como un Padre amoroso que se deleita en dar a sus hijos cosas buenas y por lo tanto nos anima a pedir, buscar y llamar (ver Mateo 7:7-11; Santiago 1:17).

Este tipo de oración es una expresión de nuestra dependencia de Dios. Parece que él ha establecido una regla para sí mismo según la cual prefiere no obrar en el escenario humano si no le solicitamos. La oración de petición es, entonces, adherirnos a él y pedir que haga lo que él ya quiere hacer pero que no hará hasta tener un "socio humano" para obrar con él.

2. La oración de gratitud

El apóstol Pablo recomienda este tipo de oración cuando dice "Dad gracias en todo" (1ª Tesalonicenses 5:18; y ver también Efesios 5:20). A través de todo el Nuevo Testamento vemos ejemplificada y recomendada una actitud de gratitud y alabanza a Dios, aún cuando estemos pasando por circunstancias difíciles (ver Romanos 1:8; 1ª Corintios 1:4; 15:57; 2ª Corintios 2:14; 9:15; Filipenses 4:6; Hebreos 13:15).

La adoración es una forma de oración de gratitud y una de las herramientas más poderosas que tenemos contra nuestro Enemigo. Satanás detesta cuando celebramos agradecidos nuestra relación con Dios.

3. Oración de confesión

Es importante que nosotros que ministramos a otros estemos limpios primero. Reconociendo y confesando las ocasiones cuando somos desobedientes podemos aprovechar la oferta misericordiosa de Dios de perdonarnos y limpiarnos (ver 1ª de Juan 1:9). Y a su vez, una parte importante de la sanidad que procuramos conseguir depende de que las personas a quienes ministramos también confiesen y se deshagan de su pecado.

No obstante, es especialmente importante no ir demasiado lejos en esta área. Algunas personas se obsesionan con sus pecados y no pueden dejarlos en el pasado aún después de haberlos confesado a Jesús. Una vez aconsejé a una persona que tenía este problema y parecía incapaz de perdonarse a sí misma. En un determinado momento le pedí que le preguntara a Jesús si su pecado todavía era un problema, y Jesús le respondió: "¿Cuál pecado?" Cuando nuestro Señor perdona, también olvida. Necesitamos seguir su ejemplo y darle la espalda a lo que ha sido perdonado y olvidado.

4. Oración de intercesión

Este es un tipo de oración muy importante en relación con la autoridad. Mediante esta forma de oración entramos en un combate mano a mano contra las fuerzas de las tinieblas en representación de las personas a quienes ministramos. Además, nosotros mismos necesitamos intercesores que apoyen y refuercen el ministerio que Dios nos ha dado. La intercesión es una súplica centrada en Dios por cualquier causa o persona. En la Biblia vemos a Abraham intercediendo por Sodoma (Génesis 18:23-32); a Moisés intercediendo por los Israelitas (Éxodo 32:11-13, 31-32; 34:9); a Jesús intercediendo por Pedro (Lucas 22:32) y por los discípulos (Juan 17: 9-19; y al apóstol Pablo intercediendo por muchos (Romanos 1:9-10; Efesios 1:16-19; 3:14-19; Colosenses 1:9).

Satanás detesta a los intercesores. Ellos escuchan a Dios y lo mueven a actuar. Aunque nosotros trabajamos con Jesús en la sanidad de profundo nivel, la batalla real se libra entre los intercesores y el Enemigo. Los intercesores suelen actuar en un nivel de realidad bastante diferente de lo que nosotros generalmente consideramos "normal". Ellos ven "cuadros" o visiones; actúan de varias maneras; incluso se esfuerzan y sufren dolores como si estuvieran de parto, y con frecuencia actúan como lo hicieron los profetas del Antiguo Testamento en maneras que parecen ser bastante anormales. ¡Y ellos derrotan al Enemigo! Las batallas reales las libran los intercesores, y nosotros tenemos éxito en liberar a la gente por causa de los intercesores.

En cada uno de estos primeros cuatro tipos de oración, nuestra postura está dirigida hacia Dios. Es decir, le damos la cara mientras pedimos, agradecemos, confesamos o intercedemos. Sin embargo, en los dos tipos siguientes de oración, estamos con Dios primero en una relación de acercamiento y luego asumimos autoridad.

5. Oración íntima

La oración íntima es la base más importante de la autoridad que tenemos en Cristo. Este tipo de oración consiste en pasar mucho tiempo con Dios, como lo hizo Jesús cuando se retiró a "lugares solitarios" a orar (ver Lucas 5:16; 6:12; 9:18, 28; 11:1; 22:41). Al escoger a sus discípulos Jesús lo hizo *"para que estuviesen con él"* (Marcos 3:14, énfasis agregado), y para que experimentaran con él la clase de intimidad con el Padre de la cual él fue el modelo. Sobre esta base Jesús decidió "enviarlos a predicar,y darles autoridad para sanar enfermedades y para echar fuera demonios" (Marcos 3:14-15).

En el capítulo 15 del evangelio de Juan, el Señor Jesús habla de nuestra intimidad con él usando el ejemplo de la relación entre las ramas o pámpanos, y la vid. Habla de la importancia de estar unidos a él cuando dice: "Permaneced en mí, y yo en vosotros. Como el pámpano no puede llevar fruto por sí mismo, si no permanece en la vid, así tampoco vosotros, si no permanecéis en mí" (Juan 15:4). Luego advierte que "separados de mí nada podéis hacer" (versículo 5), y que quienes no permanecen en él "son como pámpanos que son echados fuera, y se secan, y los echan en el fuego y arden" (versículo 6). De esta manera, la intimidad es la base desde la cual podemos servir.

Yo creo que esta intimidad que Jesús quiere que tengamos con él es lo que yace tras su promesa de descanso si le llevamos nuestras pesadas cargas (ver Mateo 11:28). Pero es un hecho desafortunado que cuando pasamos tiempo con él, con frecuencia lo gastamos hablando. Poco de ese tiempo lo invertimos en escuchar y descansar en su presencia. Yo visualizo a Jesús descansando en la presencia del Padre, y a él y sus discípulos en muchas ocasiones sencillamente descansando y disfrutando de la mutua presencia. Así como la intimidad de Jesús con el Padre fue la base para su autoridad, de igual manera nuestra intimidad con Jesús es la base de nuestra autoridad para llevar libertad y sanidad a otros.

6. Oración de autoridad

Con esta experiencia de intimidad como fundamento, y reforzados por la oración intercesora, debemos dedicarnos y asumir la misma clase de autoridad que Jesús demostró. Aunque yo la llamo "oración de autoridad", es un nombre inapropiado porque estamos simplemente ejerciendo y afirmando la autoridad que Jesús nos delegó. Como Jesús,somos privilegiados al poder hablar con autoridad contra los demonios y las enfermedades (ver Lucas 9:2), confiados que es Su voluntad liberar a las personas de tales problemas. Al ejercer nuestra autoridad asumimos nuestra posición unidos con Dios, hablando en su nombre a favor o en contra de cualquier cosa que él nos lleve a tratar.

Jesús utilizó la mayoría de estos tipos de oración (excepto el de confesión) en varias ocasiones; pero cuando se trató de liberar a la gente de la esclavitud no pidió, sino que ejerció su autoridad. Así demostró el amor de Dios. Y como el Padre lo envió, así él nos envía a hacer lo mismo (ver Juan 20:21). Con esta autoridad debemos trabajar como Jesús lo hizo para llevar libertad de la enfermedad (ver Lucas 4:39); para bendecir, proteger, atar o desatar y perdonar (ver Juan 20:23); y para liberar de los demonios. Jesús es nuestro modelo.

Pautas o directrices para el ministerio

La experiencia nos muestra que existen pautas y principios generales que debemos seguir mientras trabajamos en la sanidad. Sería bueno si Jesús sanara sin tener en cuenta quiénes somos y qué tan capaces somos para ejercer el ministerio. Sin embargo, no lo hace de esa manera. Él quiere que aprendamos tanto como podamos a fin de realizar lo mejor posible nuestra parte en el ministerio. Cuando hacemos bien nuestra parte, él hace la suya. Pero tristemente, si no la hacemos bien, a menudo la ayuda que él quería que recibiera la persona a quien se ministra no ocurre como él hubiera deseado. En el capítulo 13 nosotros hablamos de algunas técnicas. Subyacentes en estas técnicas hay ciertas pautas y principios. Algunas de estas son: 1)estar seguros de que la voluntad de la persona está comprometida antes de que le ministremos; 2) obrar bajo la dirección del Espíritu Santo; y 3) mantenernos espiritualmente fuertes.

1. Estar seguros de que la voluntad de la persona está comprometida

Es muy importante que la voluntad de la persona esté comprometida con su proceso, antes de que le ministremos.

Las personas que acuden para recibir ministración deben venir por su propia y libre voluntad o, en el caso de los niños, tener el permiso y la disposición de sus padres bajo la autoridad paterna. Por cuanto la sanidad puede ser un proceso bastante difícil, el individuo debe estar totalmente comprometido y dispuesto a trabajar con Dios, tan duro como sea necesario. El acto mismo de que una persona llegue en busca de oración es un paso en la dirección correcta, pero muchas personas tienen malos entendidos de lo que implica la sanidad de profundo nivel. Quizá buscan una solución rápida y no esperan poner mucho esfuerzo de su parte.

A la gente se le debe recordar que quienes ministramos no tenemos en nosotros ningún poder propio para resolver sus problemas. En cambio, somos socios del Espíritu Santo y de ellos mismos en un esfuerzo de equipo. Algunos ciertamente reciben una sanidad rápida pero muchos requieren un proceso, a veces largo, durante el cual el Espíritu Santo saca a la luz capa tras capa los sucesos que deben ser sanados. Por lo tanto, son vitales su compromiso y su disposición a obrar con el Espíritu Santo y el equipo de ministración. Dios no viola la voluntad humana (él también tiene un gran respeto por nosotros), pero permanece listo para tomar nuestra mano y guiarnos si nosotros le permitimos hacerlo.

2. Trabajar bajo la dirección del Espíritu Santo

Aunque sigamos un procedimiento regular (ver el capítulo 13), es necesario que estemos constantemente conscientes de que el Espíritu Santo quizá quiere hacer algo parcial o totalmente diferente. No existe una fórmula que indique el procedimiento a seguir paso a paso, ni "una talla para todos" que podamos utilizar cada vez que ministramos. Y aún si desarrollamos un cierto tipo estándar de procedimiento (como el que yo sigo), necesitamos estar abiertos a los cambios que el Espíritu Santo quiera hacer en el mismo. Como lo mencioné antes, debemos evitar a toda costa lo que yo llamo "el error de Moisés", o sea nuestra tendencia a hacer sencillamente lo que hicimos antes en vez de escuchar la dirección de Dios en cada situación particular (ver Éxodo 17:1-6).

No hay ninguna fórmula que sea apropiada para todas las personas en todas las ocasiones. Estudiando las formas en que Jesús ministró resulta claro que trató a cada persona de manera diferente. Aunque existen principios generales que podemos seguir para lograr la sanidad, ninguno es ni medianamente importante como la necesidad de descubrir la dirección del Espíritu Santo y de obrar con su poder. *Aprender, pues, a escucharlo con cuidado y a obedecer exactamente lo que él dicees el principio más importante.*

Antes de hacer cualquier otra cosa, encomiende la sesión al Espíritu Santo y escuche su voz durante la misma. Pídale que saque a la luz cualquier cosa que se deba tratar. El discernimiento llega a veces en la forma de palabra de sabiduría cuando el Espíritu Santo de repente nos hace comprender algo acerca de la situación o la persona que ministramos, que no tendríamos manera de saberlo si el Espíritu no nos lo revelara. Tal discernimiento se debe compartir tentativamente y con sabiduría porque no somos receptores perfectos de tales mensajes y podemos fácilmente cometer errores. Haga preguntas con mucho cuidado para determinar si usted está en lo correcto, antes de comunicar la palabra de conocimiento, y compártala más como una posibilidad que como "una palabra definitiva de parte del Señor". No importa cuán fuerte sea nuestro sentir de que el Espíritu Santo está diciendo algo, lo mejor es preguntar si existe algún problema en vez de empezar declarando lo que pensamos que el Espíritu está diciendo. Yo aprendí una lección al respecto cuando lo que yo estaba seguro era una palabra del Señor resultó estar equivocado. A veces lo que Dios nos revela es para beneficio nuestro, no del que está recibiendo ministración.

Un medio que el Espíritu Santo utiliza frecuentemente para identificar los asuntos es sencillamente traer cosas a la mente de la persona cuando le preguntamos muy tentativamente acerca de ellas. Puede haber incidentes o actitudes olvidados por largo tiempo que demuestran ser piezas importantes del rompecabezas. El Espíritu Santo también estimula el sentido común. Las personas que acuden en busca de ministración suelen estar tan envueltas en los problemas que son incapaces de ver las verdades más obvias. El sentido común, tanto de quien ministra como del que recibe la ministración, es un don de Dios y nunca se debe descartar durante el curso de la ministración, a favor de recursos "más espirituales". Dios utiliza cualquier medio disponible para hablarnos.

3. Mantenernos espiritualmente fuertes

La acción de ministrar libertad a otros nos pone en directa oposición con Satanás quien "como león rugiente, anda alrededor buscando a quien devorar" (1 Pedro 5:8). Él posee un gran número de estratagemas para estorbarnos si llegamos a ser para él una gran amenaza. La regla número uno es mantenernos cerca de Dios tal como Jesús lo hizo. No debemos descuidar otras disciplinas tales como la oración, la lectura y el estudio de la Biblia, la adoración, la comunión y la lectura devocional con quienes nos ayudan a crecer.

Compasión hacia la persona
a quien ministramos

Una y otra vez se nos dice en los evangelios que Jesús tuvo o fue "movido" a compasión (ver, por ejemplo, Mateo 9:36; 14:14; 15:32; 20:34; y Marcos 1:41). Es importante que cualquiera que intente ministrar sanidad de profundo nivel sea compasivo y se conmueva profundamente por las heridas de las personas a quienes ministra. Tal vez este es el don de misericordia.

Hay quienes parecen tener poca o ninguna paciencia con las personas que sufren. Con su actitud parecen decir: "¿Por qué Pepe no arregla esto y deja de estar molestando a la gente con sus problemas?" Tal actitud es totalmente contraria a la de Cristo. Jesús fue movido a compasión cuando vio gente con problemas físicos, emocionales o espirituales. Como tenía el poder y la autoridad para hacer una diferencia en su vida, les brindó su ayuda. Y nosotros estamos autorizados para hacer otro tanto.

Pero es necesario que seamos muy cuidadosos cuando tratamos de ayudar a la gente. Debemos tratar a los demás como nos gustaría ser tratados (ver Mateo 7:12). Para la mayoría de las personas no es fácil admitir que tiene una necesidad grave. Nuestra sociedad no hace fácil reconocer la existencia de los problemas graves. Una persona con una pierna rota provocará compasión y no quiere que la compadezcan. Pero si el problema es emocional, algunos hacen que el individuo que lo sufre se sienta "condenado" ó acusado porque no está funcionando normalmente. Necesitamos superar nuestras tendencias condenatorias.

En primer lugar debemos preocuparnos por la persona y procurar a toda costa causarle el menor bochorno posible. Cuando le pedimos información debemos ser sensibles y escuchar con paciencia, evitando cualquier indagación innecesaria. David Seamands nos advierte: "Observe y ore; espere y ore; escuche y ore; indague y ore. Pero no presione ni fuerce a la persona a dar la información. Es supremamente importante que sea ella la que libremente decida comunicarnos su información". [1]

En la medida de lo posible debemos permitir que las personas hablen de sus asuntos sensibles *a su propio ritmo*. Cuando se les interroga acerca de su vida interior, muchos se sienten como si les estuvieran pidiendo que se desnuden delante de extraños.

Otras personas, en cambio, parecen gloriarse en la atención que provoca su historia. Les encanta alargarse al hablar de las cosas que les han ocurrido. Un cristiano que estaba aprendiendo a ministrar sanidad de profundo nivel me comunicó su frustración respecto a la persona que estaba ministrando porque se tomó tanto tiempo contando su historia que no quedó tiempo para la ministración. Mi regla es no permitirle a la persona más de 10 ó 15 minutos para contar su historia. En ciertas ocasiones tengo que interrumpir la conversación y empezar la ministración con la expectativa de que finalmente llegaremos a cualquier dato que no haya comunicado. Usted necesita conocer la historia de la persona pero el objetivo es ministrarle.

A veces es útil que usted, como la persona que dirige la sesión, cuente algún aspecto de su propia experiencia que se relacione con la persona que está recibiendo ministración. Esto generalmente la hacesentir más cómoda al saber que no es la única que ha enfrentado ese problema. Tenga cuidado al compartir sus propias experiencias. No gaste el tiempo que necesita para ministrarla. Puede ocurrir también que la persona lo anime, conciente o inconscientemente, a dar detalles que desvían la atención hacia usted para evitar la discusión de sus propios problemas. De modo que, sea breve y mantenga el enfoque en la persona que está tratando de ayudar.

Mantenga sus oídos abiertos a lo que el Espíritu Santo está diciendo. "Mientras se concentra con mucho cuidado en lo que le están comunicando, en un nivel más profundo debe estar usando su radar espiritual para sintonizarse con el discernimiento del Espíritu Santo." [2] (Para mayor información sobre cómo escuchar a Dios de esta manera, consulte el capítulo 12.)

Nuestra motivación al ministrar es *la compasión* por las personas que sufren. Al reflexionar sobre el hecho preocupante de que muchos no buscan ayuda para sus heridas, David Seamands afirma: "La razón es que con demasiada frecuencia la atmósfera en nuestras iglesias, las actitudes de otros cristianos, y la misma forma en que proclamamos el evangelio no crean las condiciones necesarias de confianza para pedir ayuda de sanidad". [3]

Tenga cuidado con su
forma de participación

Se requiere *compasión genuina* si queremos realizar este ministerio en el nombre de Jesús. Sin embargo, hay formas en que nuestra compasión puede llegar a ser contraproducente. Miremos tres ejemplos:

1. No sea demasiado sensible

Las emociones tienden a bloquear la ministración, ya sean las de la persona a la cual está ministrando, o las suyas. Puede ocurrir que la historia que escucha lo conmueva hasta las lágrimas. A menudo tal indicación de su empatía ayuda a que la persona confíe en usted. Pero si pierde el control de sus emociones probablemente perderá el control de la sesión de ministración. De igual manera, mucho de lo que escuche le causará enojo, incluso contra Dios. Usted le debe entregar a Dios ese enojo.

Sentir empatía hacia le gente es algo muy importante. Pero ser excesivamente sensible es un obstáculo. Conserve su serenidad aunque no hasta el punto de que la persona a quien ministra sienta que usted no simpatiza con sus problemas.

2. No permita que la persona a quien ministra llegue a depender excesivamente de usted

Es fácil cometer errores en esta área. Algunas personas están tan abrumadas por sus problemas que quisiéramos hacernos cargo de ellas. Me han contado de casos en que los consejeros permitieron a quienes aconsejaban que se mudaran a vivir con sus familias o les pagaron sus gastos. Este grado de compromiso, aunque a veces es necesario, generalmente no es una buena idea pues enseña a las personas vulnerables a depender más de su consejero que de sí mismas, o de su relación con Dios

Una de las cosas más difíciles con la que hay que tratar es cuando la persona a la que se ministra se le pega a usted como una garrapata. A mí me ocurrió con una dama quien me telefoneó desde un lugar del medio oeste. Ella me contó sus problemas y me dijo que varias personas a quienes acudió no quisieron seguir atendiéndola. Al seguir interactuando con ella a través de varias conversaciones telefónicas empecé a entender por qué había sido abandonada por otros pastores y consejeros. Parecía mucho más interesada en la atención que yo pudiera darle que en mejorarse. De modo que, terminé la relación. Confío en haberla ayudado de alguna manera, pero no estoy seguro si llegar a estar bien es lo que más le interesaba.

3. Tenga cuidado de no echarse sobre sí los problemas de otras personas

Debemos tener empatía y compasión pero no tomar los problemas de los demás como si fueran propios. Una vez le ministré a la esposa de un pastor quien sufrió durante 30 años de un severo problema en la espalda, el cual desapareció cuando ella aprendió a no asumir como suyos los problemas de otros. *La preocupación por los problemas ajenos no es compasión.* Necesitamos aprender a echar todos nuestros cuidados sobre Jesús (ver 1ª Pedro 5:7), incluso las preocupaciones que otros nos han comunicado.

Puedo decir que en los dos mil casos que tratado hubiera podido sobrecargarme fácilmente con el número de problemas que la gente compartió conmigo. Pero mi enfoque consiste en estar totalmente con una persona cuando la conozco, pero no interiorizar nada en mí, ni conservar ninguno de sus problemas una vez que sale de mi oficina. Las situaciones que un consejero conoce en desarrollo de su consejería pueden parecer bastante desesperadas. Pero no podemos ayudar a nadie cargándonos con sus problemas.

La importancia de la confidencialidad

Cuando ministramos se nos confía una gran cantidad de información privada. Esto aterroriza a quienes acuden en busca de ayuda. Es importante que quienes reciban consejo puedan confiar en usted sus secretos. El amor exige que tratemos sus secretos como nos gustaría que otros trataran los nuestros.

Uno de los beneficios de tratar con muchas personas es que cada vez se hace más difícil recordar los detalles de la vida de cada una. También ayuda el hecho de tener una mala memoria. Algunas personas me preguntan si yo voy a compartir con otros su información. Generalmente les respondo: "¡No! ¡La olvidaré!" La confidencialidad es un asunto bien serio y debemos comprometernos con ella.

Quienes enseñamos y escribimos sobre la sanidad de profundo nivel somos especialmente tentados a compartir información ministerial porque ésta puede ser muy valiosa para ayudar a otros en su ministerio.

Cuando utilizamos ilustraciones de las sesiones de ministración es muy importante disfrazar los detalles de modo que nadie pueda identificar a la persona mencionada. Me he dado cuenta de que es conveniente disfrazar las ilustraciones incluso si la persona involucrada me ha dado permiso de utilizar el material.

Es mejor no utilizar ilustraciones de casos muy cercano a menos que usted generalice o dé la impresión de que los hechos probablemente ocurrieron en algún otro lugar.

A veces reconocemos que hemos fallado en proteger la privacidad de una persona comentando descuidadamente con otros algo de la sesión de ministración, o no hemos disfrazado adecuadamente los detalles de una ilustración pública. Si eso ocurre, es importante disculparnos con la persona afectada. La regla básica es tratar a los demás como nos gustaría que nos trataran.

Lecturas complementarias

Neil Anderson, *Victory Over the Darkness* [Victoria Sobre las Tinieblas] (Ventura, CA: Regal 1990), pp. 227-245.

Charles H. Kraft, *Defeating Dark Angels* [Cómo Derrotar a los Ángeles de las Tinieblas], Ventura CA: Regal, 1882), pp.79-78.

Fred and Florence Littauer, *Freeing your Mind From Memories That Bind* [Cómo Liberar Su Mente de Recuerdos que la Atan], (San Bernardino, CA, Here'sLifePublishers, 1988), pp. 234 - 248.

John & Paula Sandford, *The Transformation of the Inner Man* [La Transformación del Hombre Interior], (South Plainfield, NJ: Bridge 1982), pp. 401 – 412.

David A. Seamands, *Healing for Damaged Emotions* [Sanidad para las Emociones Lastimadas], (Wheaton, IL: Victor Books, 1981), pp. 149 – 159.

12 Cómo efectuar la sanidad de profundo nivel

Sencillamente aprendiendo

Cuando realizo seminarios sobre sanidad de profundo nivel me gusta llevar a la gente al punto en que puedan dirigir la ministración a otros. La siguiente es una historia compuesta de la primera experiencia de una persona típica dirigiendo una sesión de ministración mientras yo observaba.

Vamos a llamarla Mary Jo. Era el tercer día de un seminario de cinco días. Ella había asistido a las dos sesiones previas, había escuchado y observado con atención la manera en que mis colegas y yo ministrábamos. Estaba dispuesta a ensayar siempre y cuando uno de nosotros estuviera cerca para ayudarla en caso de que surgiera algo que ella no pudiera manejar. Mary Jo dispuso las cosas como nos había visto hacer a nosotros: sillas en círculo con dos sillas al centro, una para ella y otra para quien recibía la ministración, una dama de unos treinta y cinco años llamada Junia. Otras personas que asistían al seminario se unieron a nosotros para orar y transmitir a Mary Jo cualquier discernimiento que recibieran del Señor. Mary Jo les dijo, como me había oído a mí decirlo, que escribieran sus observaciones en papelitos pequeños y se los pasaran. No se permitirían interrupciones verbales, a menos que ella las solicitara.

Después ella nos dirigió en oración y le pidió al Espíritu Santo que asumiera totalmente el control y nos revelara cualquier cosa que necesitáramos saber y que hiciera lo que fuera su voluntad. Oró además contra cualquier interferencia por parte de emisarios del Maligno. Luego bendijo a Junia con la paz de Dios para combatir su evidente ansiedad. En este punto muchos notaron que Junia se mostró más relajada en su postura y en su expresión facial.

Mary Jo fue amable y cariñosa durante la entrevista. Comenzó preguntándole a Junia qué la había motivado a presentarse como voluntaria para recibir ministración. El problema principal que Junia describió fue un fuerte rechazo a sí misma que estaba afectando su relación con Dios, con su esposo, sus hijos y sus compañeros de trabajo. Antes de asistir a nuestro seminario, Junia sentía que no tenía esperanza de superar este problema. A través de los años había acudido a varios consejeros y pensaba que le habían ayudado un poco, pero no lo suficiente como para justificar el costo financiero.

Junia era la primera de cuatro hijos en una familia disfuncional cuya cabeza era un padre machista y furioso. Ella se sintió ignorada por él hasta la adolescencia cuando empezó a prestarle atención. Este cuidado se convirtió en abuso sexual que duró por varios años hasta que la madre de Junia lo descubrió. Cuando ella llegó a los 16 años, la madre echó al padre de la casa. Pero para ese tiempo Junia había llegado a estar bastante activa sexualmente con varios compañeros de clase a fin de lograr su atención. Al cumplir los 17 años se dio cuenta de que estaba embarazada. Contárselo a la madre fue algo traumático, igual que el aborto que siguió.

Junia continuó su comportamiento de dar sexo a cambio de atención durante sus años de la universidad, pero con mucho mayor cuidado. Descubrió que esto le ayudaba mucho con los costos y los estudios, y finalmente le había servido para conseguir esposo. Ahora, después de 12 años de matrimonio y tres hijos, se describió a sí misma como un "cesto vacío". Estaba temerosa de que su esposo, insatisfecho sexualmente con ella, abusara de sus hijas así como su padre había abusado de ella. Aunque había dado su vida a Cristo cinco años antes, recibió poco apoyo de su esposo para las actividades de la iglesia, y temía que incluso estas aumentaran la distancia entre ellos.

Junia se culpaba a sí misma por todo lo que le había ocurrido. Razonaba que si no le hubiera permitido a su padre que se aprovechara de ella, él y la madre aún estarían juntos. Si no se hubiera entregado tan libremente a los hombres, se hubiera respetado más a sí misma. Si pudiera darse más completamente a su esposo, quizá él no se interesaría en sus hijas.

Mary Jo había aprendido a ministrar bien, de modo que llevó a Junia de regreso al tiempo de la concepción, utilizando el ejercicio "de regreso al vientre materno" detallado en el capítulo 13. Esta dama pudo sentir un poco lo que ella era realmente a los ojos de Dios: una hija del Rey, una princesa, una mujer que fue planeada y deseada por Dios mismo desde antes de su concepción (ver Efesios 1:4). Pudo visualizar a Jesús alzándola en sus brazos y sentir su amor y cuidado para ella. Luego pudo verse a sí misma alzando a la "bebé" (ella misma) y sentir más amor hacia ella del que pudo haber sentido antes, según recordaba.

Después Mary Jo le pidió al Espíritu Santo que guiara a Junia en el ejercicio de ver e interactuar con su "niña interior" (para detalles de esta técnica ver el capítulo 13) desde su más tierna infancia y luego a través de las diferentes edades hasta llegar a su edad adulta. De esta forma Junia repasó los acontecimientos que vinieron a su mente de la niñez, la adolescencia y la madurez. De tal forma pudo experimentar la presencia de Jesús en medio de ellos. Todos sentimos una alegría especial cuando ella pudo sentir y visualizar a Jesús en evento tras evento, incluyendo los encuentros sexuales con el padre y otros hombres. Aunque recordar muchos de esos hechos, específicamente el último, no fue algo agradable, la liberación que sintió al ver a Jesús en ellos fue visible para todos nosotros. Todos lloramos varias veces cuando Junia describía la amabilidad de nuestro Señor hacia ella y el hecho de que él no cuestionaba su derecho a estar enojada, amargada y resentida contra quienes la habían lastimado. Tal vez la parte más conmovedora de la sesión fue cuando decidió entregar a Jesús el enojo y la condenación que sintió por largo tiempo contra ella misma.

Cuando Mary Jo sintió la necesidad de ayuda en el momento en que Junia recordaba su aborto, me pidió que tomara el control por un momento. Mi primera preocupación fue romper el lazo espiritual (los lazos del alma) entre Junia y los hombres con quienes había tenido relación sexual, incluyendo su padre. Lo hicimos utilizando el procedimiento delineado en el capítulo 3. A medida que renunciaba a estos lazos, expresó que sentía una oleada de liberación acompañada por un sentimiento de limpieza que no había sentido desde antes de la primera experiencia sexual con su padre.

Tratar con el aborto fue especialmente doloroso. Le pedí a Junia que visualizara a su bebé en sus brazos, que se enterara de qué genero era y que le diera un nombre. Sintió que la criatura era una niña y la llamó

Elisa. Entonces la alzó, se disculpó con ella, y tras una conversación posterior, cariñosamente se la entregó a Jesús. Pero aún después de todo esto Junia tuvo gran dificultad en perdonarse a sí misma por haber acabado con la vida de Elisa. Sin embargo, después de algún momento de lucha pudo aceptar un abrazo de Jesús y perdonarse a sí misma. En su visualización ella abrazó a su *Yo* cuando era más joven, como una señal de que se perdonaba.

Junia salió de la sesión realmente renovada en su relación con Jesús, con los demás y consigo misma. No obstante, necesitaba seguir resistiendo los bien incrustados hábitos del auto rechazo, la duda y el temor en sus relaciones con otras personas. Pero por cuanto las raíces de estas actitudes ya habían sido arrancadas, descubrió que tratar con los hábitos ya no era tan difícil mientras permaneciera conciente de ellos. Lo que todos nosotros observamos en el caso de Junia es típico en cuanto a la liberación que el Espíritu Santo produce durante las sesiones de sanidad de profundo nivel.

Preparación para el ministerio

Antes de empezar una sesión de ministración es importante tener en orden varias cosas. Entre ellas está el tener intercesores que nos apoyen y, por parte nuestra, haber orado y ayunado.

1. Apoyo en oración

Es importante *tener intercesores personales y socios de oración que apoyen nuestro ministerio* en general, y cada sesión de ministración en particular. La batalla real es una batalla espiritual y, por lo tanto, se libra y se gana básicamente mediante la oración. C. Peter Wagner, mi ex colega en el Seminario Fuller, ha visto esto con claridad y ha escrito varios libros sobre el tema (ver Bibliografía). En ellos clasifica los tipos de intercesores que se necesitan para apoyar un ministerio, en términos de compromiso y de dones.

"I-1" (=Intercesores de nivel 1) son los más comprometidos o dedicados a apoyar a un determinado ministro o ministerio. Estos son los que tienen ese don y realmente saben cómo orar y están dispuestos a dedicar grandes espacios de tiempo para interceder por quienes ministran. Cada uno de nosotros que ministramos necesita uno o dos intercesores de este nivel, y debe compartir con ellos la mayor parte de lo que está pasando en el ministerio y en su vida personal. Su compromiso debe ser orar por nosotros por lo menos diariamente y cuando el Señor les indique en su corazón que deben orar. También necesitamos "I-2" intercesores que dedican menos tiempo pero oran regularmente por nuestro ministerio. Además de estos, necesitamos un número mayor de personas que están orando "I-3" y que hacen un compromiso importante, aunque inferior, de apoyar nuestro ministerio. [1]

Estos grupos de intercesores deben estar activos todo el tiempo, pero especialmente durante los tiempos de ministración. Necesitan estar informados de los tiempos y el progreso del ministerio. Su participación en la batalla es vital. Peter afirma que "He llegado a darme cuenta de que los intercesores son la elite en el Reino de Dios. Ellos son lo más elevado, lo más destacado, los equipos olímpicos de la comunidad de Dios". [2]

2. Nuestro compromiso con la oración

Para nosotros es muy importante someternos regularmente a la voluntad y el plan de Dios, en oración personal. Entre otras cosas, necesitamos estar de acuerdo que élpuede hacer lo que quiera con nosotros, incluso causarnos incomodidad o bochorno, si así lo desea. Además, antes de cualquier evento ministerial necesitamos pedirle una nueva llenura del Espíritu Santo para que nos supla la cantidad correcta de poder que necesitamos al tratar con lo que venga. Luego, en el ministerio es necesario estar en constante oración para que él guíe cada plan nuestro, cada palabra y cada acción, tanto durante la ministración como después de ella.

3. Ayunar

Si es posible, es aconsejable ayunar antes de una sesión de ministración, especialmente si sabemos que va a ser difícil. El ayuno fue practicado por la gente de los tiempos bíblicos para acercarse a Dios cuando enfrentaban dificultades (Nehemías 9:1; Ester 4:3; Daniel 6:18; 9:3), o cuando le pidieron su dirección (ver Mateo 4:2). Aunque los fariseos ayunaban con la motivación equivocada (ver Mateo 6:16; Lucas 18:12), y los aterrorizados marineros que llevaban al apóstol Pablo a Roma ayunaron supersticiosamente (ver Hechos 27: 33), no debemos descuidar esta forma de buscar el poder de Dios.

Parece que existen en el universo reglas espirituales que nos capacitan para oír a Dios con mayor claridad y así obrar con mayor autoridad cuando ayunamos reverentemente y por los motivos correctos. Sin embargo, el ayuno es una disciplina que se debe aprender. Una persona no debe hacer el intento de ayunar por varios días, a menos que haya tenido éxito ayunando un corto período de tiempo. Incluso cuando se ayuna, uno debe ingerir suficiente cantidad de líquidos.

Un modelo de ministerio

Cuando ministramos a una persona es útil seguir una secuencia de pasos. Aunque a veces es aconsejable seguir un orden diferente, la siguiente secuencia parece ser la más útil, con frecuentes repeticiones de los pasos 3 al 5. Estos es: cualquier sesión de ministración debe incluir varias entrevistas (paso 3), cada una de las cuales es seguida por el desarrollo e implementación de otra estrategia (paso 4) y más oración con autoridad (paso 5) antes de terminar por completo la ministración.

Paso # 1: Invite al Espíritu Santo a hacerse presente de una manera especial

El Espíritu Santo está siempre con usted y en usted. De hecho, una parte importante de su oración previa a la ministración debe pedir una nueva llenura del Espíritu Santo. Efesios 5:18 nos manda estar continuamente llenos con el Espíritu Santo. Pero además de su constante presencia, de Lucas 5:17 deducimos que él viene en maneras particulares para propósitos especiales. Necesitamos que el Espíritu nos provea una cantidad de cosas específicas en cada evento de ministración. Entre estas están:

- Revelación de la voluntad de Dios durante la ministración.

- Poder para cualquier cosa que ocurra.

- Las ideas, las palabras, y los conceptos correctos.

- Protección contra el Enemigo para cualquier persona involucrada, incluyendo sus familias, amigos y asuntos personales, tanto durante como después de la ministración.

A este tiempo inicial de oración debe seguir la oración continua y silenciosa de todos los participantes durante el tiempo de la sesión. Sin embargo, es bueno que mantengan los ojos abiertos mientras oran para no perder las muchas pistas o indicios que se obtienen observando lo que ocurre con la persona por la cual se está orando.

Paso # 2: Bendiga a la persona

Bendiga la persona en aspectos como paz, libertad de temor o vergüenza, apertura y receptividad ante cualquier cosa que Dios quiera hacer, y a todo lo demás que el Espíritu Santo lo guíe a usted a decir. Es común que la persona a la cual se ministra esté bastante nerviosa, incluso con espasmos, y temerosa al no saber lo que debe esperar. Bendecirla con paz suele darle tranquilidad. Si no ocurre así, quizá deba pasar más tiempo en oración o compartiendo su propia experiencia o la de otra persona para transmitirle calma y confianza. El exceso de emoción generalmente bloquea la obra del Espíritu Santo. Por lo tanto, comunicarle calma y confianza es una parte importante de estos dos primeros pasos.

Paso # 3: Entreviste a la persona

En la entrevista usted busca información que pueda ayudarle en el proceso de sanidad. Es conveniente recordar que Dios parece que prefiere dirigirnos por medios ordinarios más que por los extraordinarios, siempre que ello es posible. Una entrevista ordinaria es, entonces, bastante importante en el proceso de proveerle sanidad a una persona. No obstante, mientras hace preguntas usted debe escuchar constantemente la información del Espíritu Santo también. *Por lo tanto, una clave importante en un ministerio exitoso es escuchar a Dios mientras escucha a la persona que ministra.*

Al comenzar la entrevista crea y espere que Dios responderá su petición. Su guía generalmente será mediante el presentimiento y la intuición dirigidos. Parece que algunas personas piensan que es importante diferenciar la información que proviene de uno mismo y la que viene directamente de Dios. Yo pienso que tales intentos son tanto innecesarios como potencialmente distractores. Si usted pide a Dios que lo guíe y él lo hace, ¿qué diferencia hace entonces de dónde saca él la información? La información que Dios saca de su experiencia o incluso de un demonio es tan suya como la que le da a usted directamente. Él mezcla libremente toda la información y discernimiento que provienen de las tres fuentes a medida que usted ministra.

Hay varios puntos posibles de partida para descubrir con cuál tratar primero. El punto de partida más obvio es chequear el problema que la persona le trajo. Generalmente este será una dificultad bastante superficial de primer nivel pero que tiene raíces en niveles más profundos de la vida de la persona. Es importante buscar las raíces más profundas a medida que usted plantea preguntas relacionadas con el asunto.

Suele haber experiencias desagradables de la niñez, o por lo menos mal entendidas que originan las raíces de los problemas presentes. David Seamands señala que "los niños aprenden un lenguaje de relaciones mucho antes de que puedan aprender un lenguaje de palabras. Y los recuerdos dolorosos de relaciones malsanas a menudo gritan tan fuerte que interfieren con el aprendizaje de la nueva relación con Dios". [3]

En ciertas ocasiones están involucradas las relaciones familiares. Por lo tanto, es bueno interrogar a la persona respecto a la relación con el padre, la madre, los hermanos, los abuelos, y otros. A menudo es necesario explorar bien las relaciones con figuras de autoridad y con iguales también. Mucho daño ocurre en las experiencias escolares, tanto en las que se tienen en clase como en el campo de juegos.

Otra causa frecuente de daño emocional es la enfermedad física. Si la persona estuvo separada de sus padres en una situación en que fue hospitalizada, el resultado puede manifestarse en intensos sentimientos de abandono que producen considerable perturbación emocional y espiritual en la vida presente del individuo. Necesitamos escudriñar todas esas traumáticas experiencias en la niñez temprana para descubrir si han producido "desechos" emocionales que estén afectando la vida presente de la persona.

Dicho trauma ocurrió en la vida de una dama a quien llamaré Charlín. Cuando tenía cuatro años, la mamá dejó a Charlín con una niñera durante dos meses mientras sus padres salieron de vacaciones. Ellos no le dijeron que iban a salir, tal vez porque pensaron que era demasiado pequeña aún para notar su ausencia. De cualquier modo, este acontecimiento dejó una profunda herida en Charlín, un sentimiento de abandono que llevó consigo a la edad adulta y para el cual necesitaba sanidad de profundo nivel.

Usted busca hechos en la vida de la persona que posiblemente tengan relación con problemas presentes. También busca actitudes que subrayen su respuesta a tales hechos y actitudes que el Espíritu Santo puede sanar. Busque especialmente actitudes negativas hacia sí misma, hacia otros y hacia Dios. Estas se manifiestan frecuentemente por actitudes tales como la negativa a perdonar, amargura, enojo, espíritu crítico, auto rechazo, temor, insuficiencia o incompetencia, carencia de valía, preocupación, ansiedad, ansia de control, ansia de dominación, depresión, desánimo, rebelión, culpa y vergüenza.

Ordinariamente no es buena idea gastar más de 5 a 10 minutos al entrevistar a las personas por las cuales ora. Si utiliza más tiempo existe la posibilidad de que olvide cosas importantes cuando vaya a orar. Lo mejor suele ser entrevistar por un corto período de tiempo, luego avanzar con los pasos siguientes, regresando posteriormente por más información antes de pasar a orar por otro grupo de asuntos. Una sesión típica de ministración consta entonces de varias entrevistas seguidas por varios momentos de oración antes de terminar la sesión.

Es de la mayor importancia que usted exprese amor y no condenación durante la entrevista. Responder preguntas puede ser una experiencia terrorífica para la persona porque usted está entrando en su vida privada y secreta. Usted también debe tener un cuidadoso control de su motivación para indagar. La curiosidad no tiene lugar en una sesión de ministración. Su objetivo es ministrar, no descubrir información fascinante.

Al respecto, con alguna frecuencia les cito a las personas a quienes ministro este proverbio de África Occidental: "En el momento de bañarse, no trate de ocultar su ombligo". Es decir, si sinceramente desean sanidad, deben estar dispuestos a revelar aún los aspectos más secretos de sus experiencias. Sin embargo, también les digo que yo no necesito conocer toda su basura. Si desean ocultarme ciertos detalles, yo no tengo problema. Pero es necesario que reconozcan que si Dios les trae algo a la mente lo deben expresar, no importa si se hace simplemente entre la persona y Dios, sin que yo conozca necesariamente los detalles.

Paso # 4: Desarrolle una estrategia tentativa

Una vez que usted tiene suficiente información que lo capacite para comenzar la sesión de oración, necesita buscar la dirección del Espíritu Santo. Este es el paso en el cual usted decide qué tipo de oración o de otra actividad hará después. Solemos hacerlo en silencio para que la sesión fluya de la entrevista a la ministración. La información recibida durante la entrevista nos da las pautas para saber dónde empezar y qué hacer a medida que se avanza. Todo lo que necesita decidir primero es dónde empezar. El Espíritu Santo lo guiará entonces a partir de allí, aún si al comenzar usted no tiene una idea clara de lo que seguirá.

Generalmente, lo primero que el Espíritu Santo le indica que haga es invitar a la persona a perdonar a todo el que la haya lastimado. A veces el individuo tendrá que confesar un pecado o renunciar a todas las oportunidades que le ha dado al Enemigo para que logre poder sobre él. Con frecuencia es necesario romper lasmaldiciones generacionales o auto infligidas. Hay ocasiones en que es necesario enfrentar a los demonios aunque por lo general es mejor hacerlo posteriormente durante la sesión.

Aunque voy a presentar más adelante un posible orden de ministración, permítame prevenirle contra una rígida planeación en vez de seguir la dirección del Espíritu Santo. Gálatas 5:25 nos dice que "Si vivimos por el Espíritu, andemos también por el Espíritu". Es común que el Espíritu nos dirija a hacer mucho de lo que se enumera a continuación pero en un orden diferente. Quizá lo guíe a usted a pasar por alto u omitir algunas etapas, o a agrupar varias experiencias del mismo tipo de modo que pueda tratar con todas ellas al tiempo. Con frecuencia el Espíritu Santo guiará la sesión haciendo sugerencias a la mente de la persona ministrada, y no a la suya. En cualquier caso, tenga cuidado de no cometer el error de seguir el mismo patrón en cada sesión, a menos que el Espíritu claramente lo dirija a hacerlo así.

Paso # 5: Ore con autoridad

Habiendo logrado suficiente información sobre la vida de la persona para saber cuáles áreas necesitan ministración, y habiendo diseñado una estrategia tentativa, es tiempo ahora de orar por sus asuntos y de traerle la sanidad de Dios. Recuerde que está trabajando *con* Dios y con autoridad sobre las situaciones, no implorándole algo que usted no está seguro sí él quiere hacer. Tal como Jesús lo hizo, usted *proclama* sanidad, no la mendiga. Una secuencia típica tendrá más o menos el siguiente orden:

1. ***Intergeneracional:*** Trate cualquier supuesto problema intergeneracional con espíritus, emociones o pecados que quizá hayan sido heredados. Aunque normalmente es necesario tratar con tales problemas de manera específica, a veces una oración general como "Rompo el poder de_____ en el nombre de Jesús" será suficiente. Muchas personas llevan demonios heredados de sus padres. El dominio que ejercen estos demonios en muchas ocasiones se remonta a varias generaciones. Algunas personas de otras culturas suelen llevar demonios familiares. Comúnmente esto es resultado de la acción de dedicar los hijos a dioses falsos y espíritus familiares. Estos se pueden individualizar a través de los nombres del padre y la madre, y romper su poder y echarlos fuera sobre la base de la relación de la persona con Jesús. También es común

la herencia de espíritus intergeneracionales de enojo, muerte, temor, vergüenza y muchas otras emociones negativas. Y lo son también los demonios que entran como consecuencia de maldiciones, dedicaciones y comportamientos pecaminosos de generaciones anteriores. Generalmente su poder se puede romper invocando la sangre de Cristo para que cubra cada derecho otorgado al Enemigo en cualquier generación a través del padre o de la madre. Para tener información más completa sobre cómo tratar con espíritus generacionales, consulte mi libro *Defeating Dark Angels* [Cómo Derrotar a los Ángeles de las Tinieblas].

2. *Prenatal:* Trate cualquier supuesto problema prenatal como emociones y actitudes transmitidas por la madreantes del nacimiento. Si la madre de la persona a la cual está ministrando tuvo uno o más embarazos interrumpidos, trate con este problema al comienzo de la sesión. Como parte del tratamiento de problemas prenatales, es de utilidad realizar el ejercicio de "regreso al vientre materno" que discutiremos en el capítulo 13. Además, es importante tratar con los embarazos interrumpidos involuntariamente o con abortos provocados antes de la concepción de la persona. Lo que he descubierto de mayor utilidad es hacer que la persona cierre sus ojos y le pida a Jesús que le permita ver a la criatura que perdió, alzarla en sus brazos y expresarle su amor, darle un nombre y disculparse si la criatura fue abortada. Quizá la persona proteste que no sabía el sexo del niño. En este caso sencillamente hago que la persona le pregunte al Espíritu Santo y que haga lo que venga a su mente.

3. *La edad temprana:* Trate las experiencias de la edad temprana como el nacimiento, accidentes y relaciones con los padres y hermanos. Visualizar a Jesús en estos acontecimientos o poner la cruz de Cristo sobre ellos produce sanidad. Hacer el recorrido a través de los años de una persona utilizando la técnica del niño interior es generalmente muy eficaz (ver el capítulo 13).

4. *La vida adulta:* Luego siga cada etapa a través de la niñez, la adolescencia y la edad adulta, y trate aspectos tales como las experiencias de la época escolar, las amistades, el desarrollo

sexual, las relaciones sexuales y emocionales, las experiencias de trabajo, accidentes, muertes de miembros de la familia y de amigos. En cada parte del proceso viene la sanidad a medida que invitamos a Jesús a que traiga a la mente de la persona sus experiencias difíciles. También suelo invitar a la persona a que visualice a Jesús en ellas cuando ocurrieron. Las técnicas que discutimos en el capítulo 13 son muy efectivas en estas etapas de la ministración.

Paso # 6: Aconseje a la persona después de la oración de ministración

El ejercicio de la voluntad de la persona a quien se ministra es por lo menos tan importante después de la ministración como durante la misma. Así como la sanidad no podría ocurrir sin la activa participación de su voluntad, tampoco la sanidad puede continuar sin su permanente cooperación. Aunque el poder del Espíritu Santo durante la ministración libera a la persona de las raíces de los hábitos disfuncionales, generalmente es necesario tratar con los hábitos en sí mismos de manera continua. Por lo tanto, la persona necesita esforzarse por reemplazar los hábitos viejos por nuevos. Y eso demanda fuerza de voluntad.

Es común que la persona a la cual ministra espere que todos sus problemas terminen una vez que se ha orado por ella. Pero rara vez ocurre así. Por lo general necesita continuar el esfuerzo de renovación de sus hábitos. Una buena manera de empezar la consejería post-ministración es bendiciendo a la persona con el fortalecimiento de su voluntad. Aquí debemos señalar la necesidad de resistir a Satanás cuando regresa trayendo los mismos viejos problemas o haciéndoles creer que nada ha cambiado.

La gente necesita aprender a invocar el poder del Espíritu Santo sobre sus problemas de la misma manera que usted lo invocó durante la sesión de ministración. Todos los cristianos tienen el mismo Espíritu Santo, el mismo privilegio y la misma autoridad de reclamar su poder en cualquier momento. Deben aprender a ejercer autoridad por sí mismos a fin de prevenir futuros ataques del Enemigo.

Recuerdo a una mujer que acudió a mí con intenso dolor del cuello y de la espalda causado por la mala relación con su esposo. Cuando trató sinceramente con su problema delante del Señor y sintió su poder liberador, fue sanada. Sin embargo, yo le advertí que en muchas ocasiones el

Enemigo trae de vuelta el dolor en un intento de engañar a la persona afectada haciéndole creer que nada ha cambiado. Así que le dije que si el dolor reaparecía, ella debía simplemente ejercer su autoridad diciéndole al diablo que se fuera.

Una semana más tarde me informó que en efecto el dolor había reaparecido varias veces. Pero cada vez ella le dijo que se fuera, y ¡él lo hizo! "¡Es asombroso!", exclamó.

Además, todos necesitamos comprometernos regularmente con algunas disciplinas espirituales que nos permitan crecer y ser renovados mental y espiritualmente. La Biblia nos manda que nos transformemos mediante la renovación de nuestras mentes y actitudes (ver Romanos 12: 2). Para quienes están en el proceso de obtener sanidad de profundo nivel, esto generalmente implica reemplazar los mensajes destructivos que como grabaciones se repiten en la mente, y llenarla con "todo lo que es verdadero, todo lo honesto, todo lo justo, todo lo puro, todo lo amable, todo lo que es de buen nombre, con toda virtud y con todo lo que es digno de alabanza" (Filipenses 4:8. Ver también Efesios 4: 22-32).

Fuera de eso, las personas deben pasar más tiempo con Dios en oración, meditando en él y en las cosas suyas, visualizándose a sí mismos en la presencia de Jesús (por ejemplo viéndose en su regazo, en sus brazos, o caminando con él). La lectura de la Biblia es vital. Pero es importante aprender a *leer las Escrituras,* más para oír la voz de Dios que para obtener información. Además, quienes buscan sanidad deben prestar mucha atención a participar frecuentemente en alabanza y adoración, tanto en forma personal como colectiva. A Satanás no le agrada la música de alabanza y adoración y tiene gran dificultad para hacer su trabajo cuando los cristianos están desarrollando estas dos actividades. Podemos reproducir música de alabanza en nuestro hogar y en nuestros vehículos como un medio de hacer guerra contra Satanás. Mientras más llenamos la mente con alabanza y adoración, menor es su capacidad para tentarnos y hostigarnos.

Otra parte importante del crecimiento es aprender a expresar amor y bendición hacia nosotros mismos. Como dijo Juan Wesley una vez: "El amor a sí mismo no es pecado; es un deber indiscutible" [4] Como hijos del Rey somos príncipes y princesas del Reino, escogidos por él y beneficiarios de una herencia conjunta con Jesús; "somos herederos de Dios y coherederos con Cristo" (ver Romanos 8:14-17; Gálatas 4:6-7; 1 Juan 3:1-3). Es bueno aconsejar a las personas que aprendan a dar gracias a Dios por ellas mismas, especialmente por sus cuerpos, y bendecirse a sí mismas, y particularmente cualquier parte de su cuerpo que no les agrade.

En su libro *Victory Over the Darkness* [Victoria Sobre las Tinieblas], Neil Anderson nos ayuda mucho en esta área. Él dice que "Ninguna persona puede comportarse consistentemente de una manera que no corresponda a la imagen que tiene de sí misma". [5] Si esto es cierto, todos necesitamos alinear la percepción que tenemos de nuestra persona con la percepción que Dios tiene de nosotros. Porque "el valor individual de cada quien no es un asunto de talento, inteligencia o belleza. Es una cuestión de identidad. Su sentido de valía personal proviene de saber quién es usted: un hijo o una hija de Dios". [6]Vea el capítulo 7 para mayor información sobre cómo desarrollar una sana imagen de sí mismo.

El apoyo de otros hijos de Dios es importante en el proceso de sanidad. Las sesiones de ministración proveen "ímpetus o impulsos" de sanidad. Sin embargo, el apoyo individual y de grupos pequeños es vital para asegurar el más lento pero continuo proceso de sanidad y crecimiento. Una estrecha relación con otras personas que hayan servido en el equipo de ministración suele ser de mucha ayuda.

Finalmente, una acción que produce mucha sanidad a quienes reciben ministración es comenzar a ministrar a otros. Somos sanados para nuestro propio provecho pero también lo somos para que ayudemos a otros, especialmente quienes sufren en las mismas áreas en las cuales hemos recibido ayuda (ver 2 Corintios 1:4). Gratuitamente hemos recibido, gratuitamente debemos dar a otros (ver Mateo 10:8).

Para tener mayor información sobre los pasos a seguir en la ministración permítame recomendarle tanto la excelente presentación de John Wimber en su libro *Power Healing* [Poder Sanador], como la mía en mi libro *Christianity with Power* [Cristianismo con Poder]. [7]

Enfoques específicos de la ministración

Hay varias pautas o reglas que debemos tener en cuenta cuando ministramos a quienes quizá tengan una herida emocional o espiritual infectada. (Nota: aquí, y en las secciones siguientes, habrá alguna repetición de material de capítulos anteriores porque toda sanidad de profundo nivel –no importa cuál sea la raíz del problema–, involucra enfoques comunes en el ministerio.) Entre esos enfoques están los siguientes:

1. Búsqueda de raíces de problemas emocionales y espirituales pasados

Por ahora estas pautas deben ser bastante obvias. Los problemas presentes generalmente hunden sus raíces en el pasado. Nuestra vida presente es puntuada con reacciones automáticas y a veces irracionales hacia las ocurrencias presentes. Estas reacciones han sido aprendidas temprano en la vida. No reaccionamos precisamente en la escena, tal como lo afirma el señor Anderson:

A diferencia de nuestras emociones de cada día, las cuales son producto de nuestros pensamientos cotidianos, el bagaje emocional del pasado siempre está ahí. Los años de experiencia y exposición a la vida han dejado surcos y estrías emocionales en nuestro interior que producen una decidida reacción cuando cierto tópico los toca. De hecho, como adultos, no somos emocionalmente neutrales respecto a ningún tópico. [8]

Probar el pasado para descubrir cómo y cuándo aprendimos estas reacciones es generalmente productivo en el esfuerzo de lograr control sobre ellas a fin de cambiarlas.

2. Búsqueda de renuencia a perdonar

Esta es por lo menos tan importante como la primera pauta. Jesús siempre tenía mucho que decir acerca de la necesidad de perdonar. Ya hemos tratado este asunto en detalle en el capítulo 6.

3. Búsqueda de emociones lastimadas

Ya sea que el problema proviene del pecado o abuso, las reacciones y los efectos tienden a manifestarse en daño emocional. Gran parte de este libro está dedicada a tratar con tales emociones lastimadas.

4. Guiar a quienes se aconseja o ministra a descubrir y enfrentar la Verdad

Nuestro Dios es un Dios de verdad, y la mayor parte de la lucha de una persona con el Enemigo es, de una forma u otra, una batalla de la verdad *versus* el engaño. Sea el asunto que sea, se debe enfrentar y tratar la verdad si es que ha de haber libertad. Ignorar o dejar de lado alguna cosa le permite al Enemigo seguir hostigándonos. Si se trata de un pecado, cada pecado debe ser reconocido, confrontado y confesado a Dios (ver 1 Juan 1:9). Cuando el asunto es el abuso, tanto éste como la reacción deben ser aceptados como un hecho y tratados en la presencia de Jesús. Recuérdelo; no podemos cambiar los hechos, solamente los sentimientos. Cambiar los hechos sería deshonestidad.

No importa si es pecado o daño emocional causado por abuso, una persona necesita ser dueña de su historia y tratar honestamente con ella. Nuestro Dios no nos permite esquivar los hechos difíciles. La sanidad de heridas infectadas se produce cuando una persona enfrenta "otra verdad", la genuina verdad de que Jesús estaba allí cuando los eventos difíciles le ocurrieron. La protección divina durante estos hechos del pasado y la aceptación de los mismos en el presente con su carga actual, son la provisión de Dios para su liberación y entrada a la libertad.

5. Tratar con el concepto que la persona tiene de sí misma

Como lo señalamos en el capítulo 7, a menudo el Enemigo enfoca su artillería más pesada contra la imagen que uno tiene de sí mismo. Está desesperadamente temeroso de que descubramos la verdad sobre nosotros, de modo que constantemente nos alimenta con mentiras para mantenernos alejados de lo que Dios quiere que seamos y hagamos. Aprender y practicar la verdad en esta área es tal vez la parte más liberadora de la sanidad de profundo nivel.

Parámetros y directrices generales para el ministerio

Las siguientes directrices me fueron sugeridas primero por mi colega en el ministerio, George Eckart:

1. Trate a la persona de manera integral

Todas las partes de una persona están estrechamente integradas y se deben tratar como una sola unidad, no simplemente como cuerpo, emociones o espíritu. Busque y trate cualquier problema en cualquier área, pero siempre en relación con las otras áreas del ser. Y hágalo siempre con *amor*.

2. Nunca le pida a una persona que "declare como hecho" algo que no ha ocurrido todavía

Existen escuelas de pensamiento que animan a la gente simplemente a mencionar cualquier cosa que deseen y declarar que la tienen, sobre la suposición de que Dios quiere darnos cualquier cosa que queramos. Yo creo que este enfoque está equivocado. Dios está a favor de la honestidad. Si él ha sanado a una persona será algo evidente y podemos declararlo. Si no la ha sanado, no lo honramos a él declarando como un hecho algo que todavía no ha ocurrido.

Cuando Dios decide obrar, ocurren cosas maravillosas. Pero estamos para servirle a él, y no es él quien nos sirve a nosotros. La oración es demostración de nuestra obediencia; la sanidad es su elección. Y no debemos tratar de forzarlo a hacer nuestra voluntad declarando como hecho lo que todavía no ha sucedido.

3. Comparta las "palabras recibidas del Señor" tentativamente

Dios es generoso al revelar algunas cosas a quienes ministran. Pero debemos tener cuidado en cómo manejamos tales revelaciones. Nunca debemos poner algo sobre otra persona en una manera carente de amor. He oído de personas que pensaron que habían recibido una palabra del Señor y la dicen rotundamente: "El Señor dice que usted es…". Mucho mejor es un enfoque que hace preguntas tales como: "¿Significa… (tal cosa) algo para usted?" O algo similar a: "Tengo la impresión de que tal vez_____. ¿Tiene esto que ver con alguna de sus experiencias?" La regla es ser siempre amorosos, así como queremos que los demás sean con nosotros.

4. No grite

Ni Dios, ni Satanás, ni la mayoría de la gente tienen problemas de audición. Y contrariamente a lo que algunas personas parecen suponer, subir el volumen de la voz no aumenta la cantidad disponible del poder de Dios.

5. Ministre en equipo

Un equipo tiene más dones, discernimiento y poder que un solo ministro. Además, un equipo está en mejor capacidad de expresar amor. Mi experiencia me muestra que un equipo de tres o cuatro personas trabaja mejor. Cuando se trabaja en grupo es importante que una persona tenga el control o dirija, y que los demás hablen sólo si son invitados por el líder. Si los miembros del equipo sencillamente hablan cuando escuchan algo del Señor, o peor aún, si tratan de hacerse cargo de la ministración, se puede producir una situación muy confusa.

Cuando dirijo la ministración en equipo acostumbro hacer que los demás miembros escriban lo que oyen del Señor en pequeños pedazos de papel y me los pasen a mí. Así yo puedo leerlos y seguir las sugerencias si me siento guiado a hacerlo. En otras ocasiones interrumpo la sesión y pregunto si otros miembros del equipo están recibiendo alguna idea que piensan que yo debo saber. En esos momentos pueden contribuir verbalmente.

Mi compañero de ministerio Mark White cuenta que en una ocasión, estando en medio de una sesión de ministración, repentinamente su mente se puso en blanco. Se sintió bloqueado al tratar de penetrar en un acontecimiento del pasado de una persona. Después, en un intento de algunos segundos por "romper el bloqueo", sintió que alguien más en el grupo tenía una palabra de conocimiento para la persona a quien estaban ministrando. Entonces se detuvo y les preguntó si alguien estaba recibiendo algo específico de parte del Espíritu Santo. Precisamente en ese momento uno de los miembros del equipo recibió una visión que llevó la sesión de ministración al siguiente nivel. Cuando ministramos en grupo, Dios utiliza todo el equipo y no tan solo al líder.

6. Determine con claridad las funciones y responsabilidades

Nuestra responsabilidad es *ministrar*, no sanar. *Sanar* es responsabilidad de Dios y ayudar es nuestro privilegio. Debemos ser fieles en orar por la gente, ya sea que Dios haga o no lo que esperamos que debe hacer. Es desalentador cuando nada parece ocurrir, pero de todos modos debemos continuar siendo fieles y obedientes en hacer lo que él nos ha encomendado. No permita que el Enemigo lo desanime tanto al punto de hacerlo detener.

Palabras de conocimiento y sabiduría

Hay varias formas típicas en que Dios revela la información directamente. En primer lugar, podemos recibir simplemente una *impresión*.

Dios a menudo nos guía mediante lo que sentimos como presentimientos, pálpitos o intuición.

Segundo, es frecuente que Dios ponga en nuestra mente *una palabra o una combinación de palabras.* Quizás las pensamos, las escuchamos de manera audible, o las vemos escritas visiblemente en nuestra mente o en algún otro lugar.

Tercero, Dios puede guiarnos mediante *imágenes.* Frecuentemente proyecta un cuadro en nuestra mente o nos muestra lo que quiere que sepamos. A veces puede ser un cuadro que muestra a la persona en una situación difícil como en un acontecimiento en el cual sufre abuso. En otras ocasiones puede ser un cuadro de un evento o situación en el futuro, por ejemplo la persona caminando en una nueva libertad. Otras veces puede ser un cuadro con un significado simbólico.

Cuarto, Dios también nos revela información a través de *una sensación de dolor o de una emoción.* Aunque algunas personas nunca reciben información de Dios de esa manera, para otros este parece ser su método preferido. Un dolor en alguna parte del cuerpo o la activación de una emoción son medios bastante efectivos para identificar el problema físico o emocional de alguien.

En una reunión reciente, durante el tiempo de adoración, un colega mío tuvo una sensación de ardor en ambos oídos. Sintió que después debía comentar el asunto para ver si significaba algo para algún miembro del grupo. Una mujer al fondo del salón dijo que ella había sentido la misma sensación en sus oídos al comienzo de esa semana mientras estaba en una situación de intensa presión emocional y espiritual. Durante la siguiente ministración se hizo evidente que esta fue la manera en que Dios hizo que ella buscara ayuda para algunos problemas de profundo nivel en su vida.

Finalmente, en el ministerio a menudo nos vemos *hablando palabras que no habíamos planeado decir.* A este método se le llama "palabras automáticas". Sin advertirlo nos escuchamos diciendo cosas que parecen venir directamente del Señor a través de nuestra boca.

Durante la ministración es importante que tanto el líder como los miembros del equipo se comuniquen cualquier pensamiento que llegue a su mente. A veces alguno tiene ideas que no parecen relevantes, incluso pueden parecer incomprensibles. Yo he aprendido que cuando dirijo la ministración debo compartir aún los más extraños pensamientos sabiendo que frecuentemente Dios nos guía de esta manera a un mayor discernimiento de la situación. En muchas ocasiones he tenido miembros en el equipo que no compartieron la información que recibieron y luego descubrimos que hubiera ayudado considerablemente la ministración. Y otras veces han comunicado lo que parecían palabras o imágenes extrañas e irrelevantes, pero que proveyeron claves importantes para ministrar.

Un hombre, a quien llamaré Dan, acudió a mi colega Mark White en busca de oración. Dan tenía problemas para liberarse de la autoridad de sus padres. Aunque ya era un hombre adulto, todavía hacía lo que le decían que hiciera, incluso en momentos en que él tenía una mejor idea y quería actuar de manera diferente. Llegó a enojarse con sus padres y buscaba liberarse de esta parte opresiva de su relación con ellos.

Al interrogarlo sobre su niñez se descubrió que los padres siempre le habían dicho qué tipo de persona debía ser, y lo que debía hacer en la vida. Durante una de las primeras sesiones el Espíritu Santo le proyectó a Dan una extraña imagen mental. Vio "una pelota de fútbol saliendo de un vientre". Esta parecía una visión extraña, de modo que Mark lo interrogó acerca de ella:

"¿Ha jugado fútbol alguna vez?"

"No" –fue su respuesta.

"¿Alguna vez quiso jugar fútbol?"

"Sí, –respondió. Cuando estaba en la secundaria".

"¿Y qué ocurrió?"

"Bueno, mis padres me sugirieron enfáticamente que me uniera a la banda de músicos y tocara la trompeta. ¡Y ni siquiera me gustaba la trompeta!"

En este momento el Señor le mostró a Mark que la bola de fútbol que salía del vientre significaba que él había creado a Dan y le había dado el talento de jugar fútbol. Infortunadamente los padres no reconocieron tal hecho y lo forzaron a estudiar música. Con razón había odiado la banda y se había resentido por el empeño de los padres en controlar su vida.

Cuando Dan perdonó a sus padres fue liberado para buscar las cosas de la vida que son como la bola de fútbol que salía del vientre: cosas para las cuales Dios le había dado talentos y que estaba capacitado por él para hacerlas desde el principio.

Para evitar aumentarle el dolor a quien ya está sufriendo, y para ayudarle a lograr una verdadera sanidad, es necesario que expresemos amor a la persona que recibe la consejería durante todo el proceso de ministración.

En el capítulo siguiente y en el último volveremos sobre el tema de cómo utilizar algunas técnicas útiles a las cuales hemos aludido durante todo este libro en las historias de sanidad de profundo nivel.

Lecturas complementarias

Rich Buhler, *Pain and Pretending* [Dolor y Simulación], (Nashville, TN: Thomas Nelson, 1991), p. 223 - 269.

John & Mark Sandford, *A Comprehensive Guide to Deliverance and Inner Healing* [Una Guía Amplia y Completa para la Liberación y la Sanidad Interior], (Grand Rapids, MI: Cosen Books, 1992), p. 127 - 158.

David A. Seamands, *Redeeming the Past* [Redimiendo el Pasado] (Wheaton, IL: Victor Books, 1985), pp. 123 - 162.

13 Técnicas de ministración

El problema de usar ciertas técnicas

En el capítulo 4 introduje el importante asunto de la técnica sicológica. Mencioné el hecho de que muchas personas sienten que un ministerio dedicado a obrar con el Espíritu Santo para dar sanidad no debe preocuparse por la técnica. Parece que tales personas piensan que el uso de técnicas sicológicas implica una manipulación y que no debemos tratar de manipular al Espíritu Santo.

Tienen razón en cuanto a que no debemos tratar de manipular al Santo Espíritu. Sin embargo, se equivocan al suponer que el interés por las técnicas no es ético al trabajar con el Espíritu. El hecho es que debemos desarrollar ciertos procedimientos formales. No podemos sentarnos a esperar simplemente que el Espíritu Santo inicie algo. Es mucho mejor tener algunas cosas en mente que el Espíritu pueda guiar.

Dios obra juntamente con nosotros y generalmente elige guiarnos *mientras ministramos utilizando alguna técnica,* en vez de traer algo completamente nuevo a nuestra mente. Por supuesto, nosotros lo consultamos antes de empezar pero tenemos la expectativa de que responderá poniendo en nuestra mente alguna técnica adecuada, algo que hemos aprendido y que parezca apropiado. Entonces empezamos con cualquier pensamiento que a nuestro juicio hayamos oído de él, y Dios continúa guiándonos en la dirección que tomamos, o cambia la dirección en el proceso de la ministración.

Al orar antes de una sesión, el Señor generalmente me guía a comenzar con la persona en el momento de su concepción. La técnica a la cual me refiero se llama *de regreso al vientre,* o de regreso a la concepción, y la describo más adelante porque la menciono varias veces a través de todo este libro. La razón para ello es que tiene sentido empezar por el principio de la vida. Nuestra experiencia nos ha mostrado que Dios utiliza ese pequeño ejercicio de manera maravillosa. Sin embargo, ha habido muchas ocasiones en que comencé con el ejercicio de regreso al vientre materno y Dios me guió a hacer algo más después de empezar. Otra vez el Enemigo comenzó a interferir de tal manera que tuvimos que tratar con un demonio antes de que pudiéramos completar el ejercicio. En efecto, recientemente, tan pronto nos sentamos para empezar la sesión, un demonio comenzó a ridiculizarme y a interrumpir nuestro plan. De manera que no pude continuar como pensé que Dios quería que lo hiciera hasta que quebranté el poder del demonio y lo eché fuera.

Debo afirmar que las técnicas no son algo malo porque una técnica en sí misma no es la respuesta final. El poder no radica en las técnicas sino en Jesús. Y él guía las sesiones ya sea obrando mediante las técnicas que elegimos, o modificándolas o cambiándolas.

Tal como ya lo señalé en el capítulo 4, nuestra técnica principal es escuchar al Espíritu Santo. Pero además de ese principio clave en nuestro ministerio, existe una variedad de otras técnicas que son muy útiles y eficaces.

La experiencia de la presencia de Jesús en los acontecimientos

Ya hemos dejado bien claro que los recuerdos constituyen un punto de atención importante en el ministerio de sanidad interior (ver el capítulo 4 y los demás). La pregunta entonces es: ¿Qué debemos hacer con los recuerdos? La respuesta básica es que debemos tener la experiencia de la presencia de Jesús en cada recuerdo.

Mucho de lo que nosotros hacemos con las personas a las cuales ministramos es similar a lo que los consejeros profesionales hacen con sus pacientes. Pero una cosa es bien diferente: *Nosotros queremos que nuestros aconsejados experimenten la verdad de que Jesús estaba presente y activo en cualquier cosa que estén recordando.* Y su presencia, especialmente en las situaciones de abuso, generalmente hace toda la diferencia al cambiar dichos eventos en oportunidades para Jesús sanar.

Hay dos analogías que pueden ser muy útiles al pensar en la presencia de Jesús en los eventos dolorosos. La primera es ver los recuerdos como si estuvieran en recipientes como cápsulas. Entonces, dentro de cada cápsula hay dos cosas: los hechos de la experiencia, y los sentimientos que la persona tuvo como reacción a la experiencia. No seríamos honestos si intentáramos cambiar los hechos recordados. Lo que ocurrió, ocurrió. Y eso no lo podemos cambiar. Sin embargo, las reacciones –los sentimientos– sí se pueden cambiar. El enojo se puede cambiar por paz y perdón. Y lo mismo ocurre con la amargura, el resentimiento y la vergüenza. La culpa se puede cambiar por un sentimiento de perdón. El rechazo, por sentimientos de aceptación. La creencia en mentiras la podemos cambiar por creencia en la verdad.

La segunda analogía es que las heridas abiertas se pueden transformar en cicatrices. Las heridas duelen; las cicatrices no. Yo tengo una cicatriz larga en mi mano derecha que dolió mucho cuando me caí siendo un niño y rompí una botella. Pero esa herida fue sanada y la cicatriz que me recuerda el accidente ¡no ha dolido por 73 largos años! Y tengo también otras cicatrices en mi cuerpo que me recuerdan otros accidentes y cirugías. Pero tampoco duelen.

Sin embargo, las heridas emocionales y espirituales no sanan por sí mismas. De hecho, si no se tratan se enconan como una herida física que se infecta porque no ha sido limpiada de manera apropiada y tratada con antisépticos. Algunos sugieren que mientras más largo sea el tiempo que las heridas emocionales permaneces sin tratamiento, peor es la situación.

Los consejeros profesionales pueden llamar la atención de sus clientes hacia sus heridas emocionales, pero tienen que dejarlos con ellas para que las sanen de la mejor manera que puedan. Nosotros podemos ir más allá de la auto ayuda y tener la ayuda de Jesús. Podemos tomarlo en serio cuando dice: "No te dejaré ni te desampararé" (Josué 1:5; ver también Hebreos 13:5), o "He aquí yo estoy con vosotros todos los días hasta el fin del mundo" (Mateo 28:20).

Pero algunos sugieren que Jesús no podía haberlos ayudado antes que ellos lo conocieran. A eso yo respondo: "Sabemos lo que el Enemigo ha querido hacerle a usted desde el momento de la concepción. Su objetivo es "hurtar, matar y destruir" (ver Juan 10:10). Él pudo causarle daño pero no pudo destruirlo. Esto quiere decir que hubo alguien más fuerte que Satanás que le impidió cumplir sus deseos. Ese alguien estorbó a Satanás aún antes de que usted conociera a Jesús. Ese alguien es precisamente Jesús. Él estaba allí y está ahora a su lado".

"Entonces ¿por qué me permitió pasar por estas horribles experiencias?" —es la frecuente pregunta de la gente. Mi respuesta es que Dios le ha dado al ser humano el libre albedrío, limitándose a sí mismo al hacerlo. Luego los abusadores usan su libre albedrío para lastimar a otros. Esto es muy triste y todos lamentamos que Satanás tenga la capacidad de obrar con tales personas para herir a otras. Pero así son las cosas. Sin embargo, Jesús no ignora sencillamente nuestras experiencias de abuso. Él está ahí con nosotros en medio de ellas. Muchas veces él no nos libra de tales experiencias pero participa con nosotros en nuestros sufrimientos. Y puede darnos el poder de hacer que los abusadores se vuelvan a él aceptando su promesa de que él pagará (ver Deuteronomio 32:35; Romanos 12:19).

De esta manera, tener la experiencia de la presencia de Jesús en los recuerdos es la clave de la sanidad espiritual y emocional. Él estaba allí. Él está aquí. Y tener la experiencia de su presencia es lo más sanador que hay en la vida.

Pero no toda experiencia es dolorosa. Mientras ministramos a las personas es muy importante ayudarles a experimentar la presencia de Jesús en los buenos recuerdos también. El resultado es la gratitud y una relación más estrecha con Jesús. Experimentar la presencia de Jesús es siempre una buena cosa porque existe un poder sanador en esa experiencia, en los buenos y en los malos momentos.

La visualización por fe

En el capítulo 4 presenté lo que yo he llamado la técnica de la "visualización por fe". Este es uno de los métodos de ayuda más importantes que tenemos en la sanidad de profundo nivel. Siendo que nuestros recuerdos están almacenados en imágenes, es natural esperar que al acceder a ellos lo hagamos en función de imágenes. Y es en imágenes que podemos interactuar con Jesús para realizar algo que a veces denominamos como la "sanidad de los recuerdos".

La manera más efectiva para que la gente tenga la experiencia de la presencia de Jesús en sus recuerdos es la visualización de imágenes. La mayoría de las personas puede visualizar rápidamente en la memoria los eventos en que nos estamos enfocando. Cuando los tienen a la vista, generalmente les pregunto: "¿Dónde está Jesús y qué está haciendo?" Algunos lo ven inmediatamente. Otros tienen que observar un poco. Si me dicen que no lo pueden ver, les pido que se den vuelta en la escena y miren detrás, y generalmente él está ahí. Yo no sé por qué a él le gusta permanecer atrás, pero el hecho es que lo hace.

Algunos tienen dificultad con la visualización por fe porque están temerosos de utilizar la imaginación. Temen estar simplemente imaginando lo que quieren que ocurra en vez de estar realmente obrando con Jesús para cambiar algo. Este es un riesgo real. Sin embargo, he trabajado con centenares de personas que han asumido este riesgo y encuentro que la imaginación guiada por el Espíritu Santo es muy efectiva para contribuir a la sanidad. Siempre que le pedimos al Espíritu Santo que nos guíe en el uso de la visualización, ¡él lo hace! Y puesto que nuestra experiencia con la visualización en el proceso de la ministración es tan positiva, no nos disculpamos por utilizarla.

Un problema más serio es que a ciertas personas se les hace imposible el ejercicio de la visualización. No son muchas, pero entre ellas están los individuos que han alcanzado altos niveles académicos. Pero aunque algunos de ellos no pueden visualizar, sí tienen la capacidad de *sentir* la presencia de Jesús. Otros quizá pueden obtener la mayor parte del beneficio de la visualización sencillamente *pensando* el proceso. (Por favor revise el capítulo 4 para mayor información sobre esta técnica.)

De regreso a los acontecimientos

Al pedir a las personas que encuentren a Jesús en sus recuerdos, la técnica usual es hacer que visualicen el hecho y que traten de sentir lo que sintieron cuando él ocurrió, y que vean a Jesús en él y le entreguen cualquier herida que hayan recibido. Esta es la forma más sencilla de trabajar con los recuerdos y la espina dorsal de otras técnicas más extensas que discutiremos en las páginas siguientes.

Como ya lo hemos mencionado, estamos ansiosos de ver a las personas sanadas y liberadas de sus reacciones negativas ante los acontecimientos de la vida. Entonces hacemos que la persona regrese al evento, lo visualice y vea lo que hace Jesús con el recuerdo. En algunos casos el Espíritu Santo parece guiarnos a enfocar de esta manera la atención en acontecimiento tras acontecimiento. Sin embargo, mi práctica usual es el ejercicio de regreso al vientre materno y hacer que la persona se vea como un niño. Partiendo del trato con la criatura en el vientre, seguimos todos los eventos de su vida ayudándole a experimentar la presencia de Jesús en cada época y tratando con los hechos que vivió en cada edad específica.

Por ejemplo, he tenido personas que recuerdan el temor que sintieron la primera vez que fueron al jardín infantil o preescolar. Yo los invito a verse cuando tenían cinco años de edad en el traumático evento de asistir a clase ese primer día, pero con Jesús llevándolos de la mano. Luego, en el desarrollo de la clase lo ven sentado junto a ellos. Una dama incluso lo vio durmiendo una corta siesta mientras estaba en el jardín preescolar.

Esta es una técnica elemental que se puede usar sola o en conjunto con otras.

El ejercicio de "regreso al vientre materno"

Una herramienta que hemos encontrado muy útil es el ejercicio llamado "regreso al vientre" o "regreso a la concepción". Este procedimiento nos permite llevar a las personas hacia atrás en sus recuerdos bajo el poder del Espíritu Santo hasta el momento de la concepción, y tratar con experiencias vividas antes de nacer que son causa de algunos problemas presentes. Como mencionamos previamente y lo detallamos en el capítulo 6, los seres humanos tienen la capacidad de recordar experiencias vividas en el vientre materno. Éstas pueden convertirse en fuerzas poderosas en su vida. Tales experiencias prenatales como los traumas físicos, escuchar las peleas de los padres, y experimentar los sentimientos negativos de la madre, le dan forma a nuestras respuestas y acciones a través de la vida. Orar a través de este período puede producir gran sanidad a quienes han sido lastimados antes de su nacimiento.

Este ejercicio se puede realizar tanto con individuos como con grupos. Cuando se realiza con un grupo es bueno advertir a las personas que la mayoría probablemente tendrá una experiencia positiva, pero algunos tendrán una reacción neutral o quizá negativa. Las personas para quienes este proceso resulta negativo o provoca emociones difíciles, deben acudir luego a alguien más para obtener ministración individual.

Las reacciones negativas a veces provienen de personas que sienten que no fueron deseadas antes de su nacimiento. Es común que individuos que no fueron deseados por sus padres lo sientan de una manera bastante fuerte. Quienes fueron concebidos fuera del matrimonio o cuyos padres querían un hijo del sexo opuesto, o ni siquiera querían hijos, sienten intensamente ese rechazo. No obstante, algunos de ellos con ese tipo de heridas son sanados mediante este ejercicio al reconocer que aunque sus padres no los deseaban, fueron planeados y deseados por Jesús. Pueden escoger entonces entre el rechazo paterno y la aceptación de Jesús. Aunque es difícil hacer tal elección, la decisión correcta produce tremenda libertad.

Comenzamos invitando a las personas a cerrar sus ojos mientras los guiamos a través de los pasos siguientes:

1. Aceptar que todos fuimos planeados por Dios

Para empezar enfocamos la atención en el hecho de que Dios nos planeó antes de que fuéramos concebidos y que nuestros padres se unieran para producir la concepción. No importa cuáles fueron los deseos de nuestros padres, ni si fuimos planeados por ellos o no, fuimos planeados por Dios (Efesios 1:4). Fue Dios quien permitió nuestra concepción y quien nos dio la vida. Entonces, desde su perspectiva, nada acerca de nosotros fue un error: ni el tiempo de nuestro nacimiento, ni el género, ni nuestra herencia genética, ni siquiera quiénes fueron nuestros padres.

El profeta Jeremías lo dijo: "Antes que te formase en el vientre te conocí, y antes que nacieses te santifiqué" (Jeremías 1:5). El rey David declaró: "Porque tú formaste mis entrañas; tú me hiciste en el vientre de mi madre. No fue encubierto de ti mi cuerpo, bien que en oculto fui formado, y entretejido en lo más profundo de la tierra. Mi embrión vieron tus ojos" (Salmo 139:13, 15-16).

No solamente él nos planeó a cada uno de nosotros desde la eternidad, sino que también estaba allí con nosotros, formándonos con cuidado en ese lugar secreto que es el interior de nuestra madre. Nunca estuvimos solos ni aún en el vientre materno. Él ha estado con nosotros desde el mismo principio.

2. Comprender que Jesús estaba presente en su concepción

Después ayudamos a la gente a comprender que Jesús estaba presente en su concepción, y eso quiere decir que estuvo bien que fueran concebidos. Nos gusta pedirle a cada persona que visualice las manos de Jesús extendidas hacia él o hacia ella con un espermatozoide en una mano y un óvulo en la otra. A menudo le pido que enfoque su atención en el hecho de que Jesús eligió ese espermatozoide especial entre centenares de millones, y ese óvulo especial de un número mucho menor de óvulos de la madre.

Le pido entonces a cada persona que muestre su acuerdo en que tal concepción fue una buena idea, tomando las manos de Jesús y presionándolas para que el espermatozoide fertilice al óvulo y comience así su vida. Luego les pido que bendigan su propia concepción.

Esta parte del ejercicio puede ser muy difícil o cargada de emoción para quienes tienen una baja autoestima, especialmente para quienes se odian a sí mismos. Quizá tengan que hacer una pausa aquí para perdonar a sus padres por no desearlos o por querer un niño del sexo opuesto, y así coincidir con Dios en que son, lo que Dios quiso que fuesen.

3. Ejercer autoridad sobre cualquier poder satánico que esté afectando su línea familiar

A medida que ocurre lo que mencionado anteriormente, asumo autoridad en oración sobre la línea familiar del padre, y luego sobre la línea materna para quebrantar cualquier poder satánico que haya venido sobre ellos por herencia. Generalmente hago una oración como esta:

En el nombre de Jesús tomo autoridad sobre tu herencia a través de tu padre (y tu madre), para quebrantar cualquier influencia satánica que haya venido sobre ti por herencia. Rompo el poder de cualquier dedicación, maldición o comportamiento pecaminoso en tus antepasados que le haya dado al Enemigo el derecho de influenciarte. Quebranto este poder en el momento de tu concepción, o en cualquier otro punto en el cual haya entrado en tu vida.

Algunos sienten la ruptura de tal poder cuando se pronuncia esta oración. Infortunadamente, otros no parecen experimentar esa ruptura durante un procedimiento general como este, y necesitan atención específica para tales influencias. Y hay otros, por supuesto, que no sufren tal interferencia en su línea familiar y por lo tanto no los afecta esta parte del proceso.

4. Recorrer el camino a través del período de gestación

Una vez que hemos orado contra el poder satánico heredado, hacemos el recorrido mes a mes por el período de gestación. Bendecimos la criatura durante cada mes de su desarrollo. Asumimos autoridad sobre todas las influencias negativas que el bebé haya soportado. Hablamos, según el Espíritu nos dirija, contra el enojo, el temor, la auto imagen negativa, el desaliento y cosas similares que puedan proceder de la madre. Luego invalidamos cualquier maldición, dedicación o voto que pueda haber permitido la entrada del poder satánico.

Con bastante frecuencia las personas sienten intensas emociones incluso bloqueos en ciertos puntos durante este proceso. A menudo pueden sentir las emociones que sintió la madre en determinados momentos durante el embarazo. Tales ocurrencias generalmente sacan a la luz algún asunto o evento crítico en ese momento que puede ser conocido o desconocido por la persona a la cual se ministra. Mientras trabajaba con una dama, ella sintió una sensación de aturdimiento mientras tratábamos con el tercer mes. Esto le hizo recordar que la madre le dijo que una vez ella había tratado de abortarla, aunque no le dijo durante cuál mes. Al verificar con la madre la mujer descubrió que el intento de aborto ocurrió durante el tercer mes.

Cuando hay tales sentimientos o emociones intensas, o bloqueo, es señal de la necesidad de trabajar con la persona individualmente (si se está haciendo el ejercicio en grupo) para descubrir lo que involucra el hecho y lograr la sanidad. Cuando tales señales indican abuso por parte de los padres o de otros, la persona necesita perdonarlos para liberarse de la reacción. Si los sentimientos se relacionan con algún hecho traumático sobre el que los padres no tenían control, la persona tendrá que desechar todo enojo contra Dios por permitir que ocurriera.

5. Visualizar su nacimiento y ver a Jesús sosteniéndolos en sus brazos

Cuando se llega al tiempo del nacimiento, invitamos a la persona a que visualice su nacimiento, y que tan pronto como nazcan le permitan a Jesús alzarlos en sus brazos. La mayoría puede hacerlo y encuentran positiva la experiencia al sentir el amor, la seguridad y la protección que produce el hecho de ser sostenidos por los brazos de Jesús. A las personas con sentimientos de carencia de valía les resulta difícil realizar este ejercicio. Ven al bebé y a Jesús pero no pueden sentirse en los brazos del Señor. Tales personas necesitan que se trabaje con ellas individualmente.

Sugerimos que las personas pasen tanto tiempo como deseen en los brazos de Jesús sintiéndose deseadas, notando la expresión de complacencia en su rostro (si pueden ver su cara, porque algunos no pueden) y saturándose de su amor y su interés por ellas. También les pedimos que miren si el cordón umbilical todavía está adherido. Si todavía está, el siguiente paso debe ser ocuparse de él.

6. La visualización de sostenerse a sí mismos como bebés.

Luego pedimos a las personas que se vean a sí mismas entrando en el cuadro como adultos, y alcen en sus brazos a los bebés que –en el ejercicio– son ellos mismos. Si el cordón umbilical todavía está intacto, deben cortarlo. Esto a veces significa cortar algún lazo no natural (un lazo del alma), o la extrema dependencia de los padres. Al alzar el bebé deben ayudarle a sentirse deseado y seguro, bendecirlo con palabras que el Señor los guíe a expresar, comprometiéndose a amarlo y a cuidarlo (siendo que ese bebé todavía vive en ellos).

Otra vez hay que decir que quienes tienen sentimientos de ineptitud o de odio hacia sí mismos tendrán dificultad en alzar su propio bebé en sus brazos. Una persona se vio arrojando a su bebé al suelo. Una vez que han trabajado de esta manera con sus sentimientos, es útil regresar a esta parte del ejercicio para permitirles sentir el cambio.

En algunas ocasiones se aparecerán demonios en esta o en cualquiera otra parte del procedimiento. Si eso ocurre, el líder puede escoger entre tratar con ellos en ese momento, o callarlos y enfrentarlos posteriormente.

Cómo tratar con el niño que los adultos llevan en su interior

Después del ejercicio de regreso al vientre, a mi me gusta pedirle a la persona que encuentre los recuerdos de su edad más temprana y vea a Jesús en ellos. Generalmente le pido que se vea a sí misma en cada año de su vida como niño. Buscamos tanto las buenas como las malas experiencias en cada edad, siempre con Jesús allí compartiendo los buenos momentos y ayudando a cada niño interior a entregarle al Señor sus reacciones hacia las malas acciones y situaciones. Me enfoco primero en los años preescolares, luego grado por grado en los años de la escuela elemental, permitiéndole a Jesús sanar sus heridas y cambiarlas en cicatrices.

Hacemos que el individuo a quien ministramos se visualice a sí mismo con Jesús en cada edad en la cual haya ocurrido algo importante, positivo o negativo. Procuramos que la persona vaya a través de cada etapa de la vida –la niñez temprana, la escuela elemental, la secundaria, la adolescencia y la edad adulta– buscando acontecimientos importantes que quizá sean la causa de actitudes y comportamientos posteriores. Queremos que la persona entre en cada evento importante con Jesús. Entre los primeros eventos pueden estar experiencias con la familia, las primeras experiencias en la escuela, experiencias con profesores, con compañeros de estudios y con hermanos.

Es especialmente importante tratar con la edad de la pubertad y todas sus implicaciones físicas, emocionales y de relaciones. A medida que nuestro cuerpo cambia, nuestra imagen corporal presenta importantes cambios lo mismo que las relaciones con otros y con uno mismo. Generalmente la persona adulta está en capacidad de verse a sí misma a través de todas estas etapas, y mostrar amor a sus partes internas informándoles del futuro ("vamos a realizar algo bueno") capacitando a estas jóvenes partes a entregar su pesada carga emocional a Jesús. Aquí y en las siguientes etapas, es importante tratar con los asuntos dolorosos y ayudar al niño que hay en el interior a recibir el perdón de Jesús y a perdonarse a sí mismo por cualquier indiscreción.

Al considerar las intimidades de la época de escuela secundaria, otra vez buscamos experiencias y relaciones difíciles, éxitos y fracasos, actitudes hacia los demás, hacia uno mismo y hacia la vida. Luego procedemos a tratar con lo que podríamos llamar "el adulto interior" o simplemente "la persona interior", o las partes interiores de la personalidad, y a llevar a la persona a hacer el recorrido hasta el presente.

Lo que comúnmente ocurre después es que la persona puede ver un gran número de niños y adultos interiores interactuando felizmente con Jesús. Con frecuencia pregunto si alguno de ellos tiene todavía algún conflicto, y en caso afirmativo que levante su mano para que el adulto pueda verlo. Si la persona ve manos levantadas, vamos a esa(s) persona(s) interior(es) que todavía tiene luchas, descubrimos cuál es el problema y lo tratamos. Cuando ya no hay más personas interiores con manos levantadas, y todas ellas parecen estar celebrando con Jesús, sabemos que esta parte del ministerio se ha completado.

Al proceder a trabajar con las varias partes interiores le pedimos al Espíritu Santo que traiga a la mente los hechos que cada parte necesita tratar. Cuando el Espíritu Santo trae a la mente algún evento, invitamos como siempre a la persona a que regrese a él con el propósito de sentir la herida e invitamos a Jesús a tomarlo sobre él, tal como lo prometió en Isaías 61:1-3 (ver también Lucas 4:18-19), donde él declara: "El Espíritu del Señor está sobre mí, por cuanto me ha ungido para dar buenas nuevas a los pobres; me ha enviado a sanar a los quebrantados de corazón; a pregonar libertad a los cautivos, y vista a los ciegos; a poner en libertad a los oprimidos… a consolar a todos los enlutados;a ordenar que a los afligidos… se les dé gloria en lugar de ceniza, óleo de gozo en lugar de luto, manto de alegría en lugar del espíritu angustiado".

Entonces entiendo que cuando la persona revive el hecho doloroso es conveniente afirmar la validez de sus sentimientos negativos hacia quienes la hirieron, como un primer paso hacia el perdón. A menudo digo algo así:

Tú tienes el derecho a estar enojado, a odiar e incluso a buscar venganza por lo que estas personas te han hecho. Pero si haces uso de ese derecho, existe una ley en el universo que dice que serás esclavizado por esos sentimientos. Y además, después de todo, probablemente nunca podrás alcanzar a quienes te ofendieron. Así que Jesús dice: Perdónalos y libérate.

Así lo invito a perdonar a todos los que debe perdonar, *en la edad en que ocurrió el problema*. Hemos descubierto que cuando el niño o el adulto que hay en el interior de la persona, perdona a la edad temprana, este es un tipo de perdón más profundo que si sencillamente perdona como adulto.

Generalmente tienen que perdonar a otros, a sí mismos y a Dios. Cuando la persona lo hace comúnmente entra en una nueva relación con Jesús cuando él la abraza y le muestra su amor y su aceptación de cualquier otra manera. ¡Y se van libres!

Este proceso lo repetimos en cada evento al que el Espíritu Santo dirige su atención, o la atención nuestra mediante palabras de conocimiento o de ciencia. A menudo, cuando un evento es sanado, hay otros del mismo tipo que también lo son.

El Salón de Trono

Un ejercicio que nosotros hacemos y que Dios usa con bastante eficacia es invitar a la persona que ministramos al Salón del Trono. Los invitamos a cerrar sus ojos y a visualizar el salón del trono que el profeta Isaías describe en su libro capítulo 6: 1-4, cuando vio "al Señor sentado sobre un trono alto y sublime" con sus vestidos llenando todo el templo y una multitud de criaturas celestiales adorándolo y alabándolo. Nos gusta que las personas que reciben la ministración traten de *sentir* esa atmósfera de reverencia y adoración (y no solamente que piensen en ella). Luego, una vez que han entrado en ella, a veces hago que imaginen que oyen un golpe en la puerta del salón y todo un grupo de niños, entre los cuales están ellos mismos, que corren hacia el interior del salón del trono.

Ellos pueden imaginar los niños corriendo y pasando frente al querubín y el serafín que están con sus rostros inclinados a tierra. Sin embargo, los niños están perturbando toda la escena de adoración corriendo ruidosamente directamente hacia el Rey y subiéndose en su regazo. En ese punto pueden notar que al Rey le encanta la escena porque son sus niños y ellos siempre tienen el derecho de irrumpir en el salón del trono. Los hijos tienen reglas diferentes. Y nosotros somos los hijos de Dios y estamos invitados a entrar "confiadamente" a su presencia (ver Hebreos 4:16).

Un cuadro que con frecuencia produce transformaciones es cuando las personas se ven a sí mismas como niños bienvenidos al regazo de Jesús y sienten sus brazos sobre sus hombros, y lo ven poniendo una corona sobre su cabeza. Cuando este cuadro se desvanece se pueden visualizar creciendo en la presencia del Señor y saturándose de su amor. Esta parte puede ser más difícil para quienes tienen un pobre concepto de sí mismos. Quizá se vean fácilmente como niños en el regazo del Señor pero no en tan favorable posición como adultos. No obstante, es importante trabajar esa parte del ejercicio hasta que puedan sentir la aceptación de Jesús en el presente.

Cuadros silenciosos sobre una pared

En el capítulo 4 mencioné que ministré a una dama de nombre Yudy quien sobrevivió a abuso ritual. Le pedí que regresara en el tiempo a un recuerdo particularmente doloroso. Con lágrimas en los ojos me miró y me dijo: "No puedo". Para mí fue obvio que el recuerdo era sencillamente demasiado traumático como para que ella lo reviviera, y que si lo hacía correríamos el riesgo de traumatizarla aún más. Desesperado oré y dije: "Señor, ¿qué debo hacer?". Entonces el Señor me mostró una técnica de la cual yo jamás había oído hablar pero que desde entonces he podido usar con éxito en varias ocasiones.

Lo que vino a mi mente fue pedirle al Señor que le mostrara a Yudy una serie de cuadros –imágenes fijas, sin ninguna acción en ellas– que representaran los acontecimientos abusivos pero que no desencadenaran las reacciones traumáticas que procurábamos evitar. Y Dios lo hizo así.

Luego le pedí a Yudy que tomara la mano de Jesús y fuera con él a la pared donde estaban los cuadros para ver lo que él haría con ellos. Lo que ella vio entonces fue a Jesús tomando cuadro por cuadro y derramando su sangre sobre cada uno de ellos, de modo que los cuadros desaparecían dejando la pared completamente vacía y blanca.

Otras personas han visto al Señor borrando las imágenes, apilándolas y quemándolas, o quitándolas y metiéndolas en su bolsillo. En este último caso yo comenté que Jesús debió tener bolsillos bien grandes. Y la persona aludida respondió: "Sí, ¡vestía una túnica grande!"

Poner la cruz de Cristo sobre los acontecimientos

Una técnica que suele ser muy útil, ya sea en reemplazo de la visualización por fe o junto con ella, es "poner la cruz de Cristo sobre" el evento, o entre ese acontecimiento y la persona por la cual se está orando. Cuando la guiamos a visualizar acontecimientos dolorosos como cuadros silenciosos sobre una pared, utilizamos la sangre de Cristo en vez de la Cruz para cubrir el evento. Esto ha funcionado bien con algunos.

Aunque el poder sanador está en Cristo mismo, no en los símbolos como la cruz o su sangre, suele ser útil usar dichos símbolos para aplicar el poder en una forma significativa. Este enfoque es especialmente útil para quienes pueden visualizar pero tienen dificultad en ver a Jesús en los acontecimientos dolorosos. Después que la persona ha sentido la herida, ha perdonado a quien necesita perdonar, y le ha entregado a Jesús el dolor, el líder de la ministración puede decir algo así: "En el nombre de Jesús ubicamos su cruz sobre este evento (o ponemos su cruz entre esta persona y este hecho), y declaramos libertad de todo daño espiritual y emocional que surja de él".

También podemos utilizar este método al tratar con la interferencia satánica. Por ejemplo, cuando parece que un antepasado ha permitido la entrada del Enemigo a la línea familiar, intentamos, si es posible, identificar el antepasado (por ejemplo un abuelo por el lado materno), y poner la cruz de Jesús entre ese antepasado y la persona por la cual estamos orando. Al trabajar con un niño, John y Paula Sandford describen el uso de esta técnica de la siguiente manera: "Ubicamos la cruz de Cristo (el lugar donde terminan todos los pecados) entre el niño y sus padres, y sus abuelos, y así sucesivamente a través de sus generaciones, declarando que toda su herencia es filtrada a través de la cruz. Esto no es magia. Es sencillamente una forma de entregarle el control al Señor, y de invocar su bendición y protección" [1]

En algunas ocasiones uso este simbolismo cuando se logra libertad de un escenario en donde han ocurrido cosas terribles. A veces, en la visualización por fe, las personas pueden verse a sí mismas en un cuarto o en una casa pero les resulta imposible visualizar su escape de ese lugar.

Incluso la invitación a Jesús para que los rescate parece no funcionar. Por lo tanto, he hecho que me visualicen a mí entrando al recinto y sacándolos a un lugar seguro. Una vez que estamos fuera describo que estoy cerrando y asegurando la puerta, y ubicando la cruz de Cristo sobre ella para sellarla de manera que quien esté en ese recinto o esa casa no pueda salir. Y ninguno puede llevar a la persona de regreso a ese lugar.

También utilizo este simbolismo cuando echo fuera demonios. Una vez que han salido ubico la cruz de Cristo y su tumba vacía entre la persona y los demonios y les prohíbo regresar o enviar a otros.

Separar las partes buenas de las partes malas de la persona

Las personas que han sido abusadas por alguien cercano a ellas sienten una gran confusión respecto a esa persona, especialmente si es uno de los padres de quien se esperaba que las cuidara y protegiera. Sentimientos tanto de amor como de odio están presentes, así como un deseo de cercanía junto con un intenso temor de él o de ella. Cuando existe tal relación de odio y amor, es útil para el proceso de sanidad guiar a la persona a distinguir entre las partes o facetas que le gustan y le disgustan de la otra persona.

En primer lugar, como siempre invitamos al Espíritu Santo a dirigir todo el proceso. Luego, con visualización o sin ella, le damos instrucciones a la persona que ministramos para que al mirar al abusador, haga diferencia de las dos personas que hay en él o ella: la persona buena, y la persona mala e hiriente. La invitamos a que visualice al abusador y le pida a Jesús que venga y acompañe la buena parte de su persona fuera del recinto en que estamos, mientras la mala parte permanece allí. Quien está recibiendo ministración está entonces en libertad de decirle a la parte mala de ese individuo cómo se siente exactamente acerca del abuso, sin el riesgo de herir o lastimar a la parte de esa persona que le agrada o desagrada. Durante dicha discusión el aconsejado necesita tanto hacer responsable a la otra persona de sus acciones, como perdonarla.

Posteriormente se hace regresar la parte buena de esa persona y la parte mala es llevada a cualquier otro lugar. El aconsejado puede hablar a la buena parte del abusador otra vez sin la confusión de tener que tratar con las dos partes de la persona al mismo tiempo. Esta discusión comúnmente se enfoca en lo mucho que quien recibe ministración ama a la otra persona y desea que él o ella prospere.

Esta técnica permite al aconsejado expresar sus sentimientos reales en relación con el abuso, y al mismo tiempo reconocer el lugar especial que el abusador quizá tiene en su vida. Es interesante ver que cuando se hace regresar a la buena parte del abusador y se le habla, el aconsejado suele ver al abusador como un niño. Ver el padre de uno u otro adulto abusador como un niño es a menudo sorprendente, pero puede ser notablemente sanador para la persona que recibe la ministración. Tal vez esta es la manera en que Dios ayuda a quien ha sido lastimado a reconocer que hay un niño herido dentro del abusador, un niño que necesita amor y perdón.

Cambio de sillas

No es raro, especialmente en las personas que han sufrido abuso extremo, que los recuerdos regresen con una gran intensidad. David Seamands señala que "Mientras más nos esforzamos por mantener los malos recuerdos fuera de la esfera conciente, más fuertes se tornan. Si no les damos entrada directa a través de la puerta de nuestra mente, vienen a nuestra personalidad (cuerpo alma y espíritu) en formas disfrazadas y destructivas" [2]

Quizá la forma más intensa de recuerdo es lo que comúnmente llamamos un "recuerdo corporal". En un recuerdo corporal la persona experimenta el evento como una experiencia presente, y cree y siente que él, o ella, están realmente en la situación de abuso en el tiempo presente.

Tales recuerdos por lo general involucran sentimientos de dolor y de terror que dominan a la persona y no se detienen fácilmente con simples razonamientos. Cuando dichos recuerdos corporales se hacen presentes, interrumpen la sesión de ministración hasta que desaparecen. En ocasiones dejan tan exhausta a la persona aconsejada que poco se puede hacer con ella después de terminado el incidente.

Hemos aprendido que cuando ocurren tales episodios es conveniente invitar a la persona a cambiar de silla como un medio de obtener alivio de la experiencia traumática. A menudo le explico que la silla en que está sentada es "el pasado" y la invitamos a que pase a mi silla que entonces llamamos "el presente". El cambio de sillas generalmente produce el resultado de que la persona sale de su recuerdo corporal para estar en el presente. Entonces al invocar la cruz de Jesús sobre el recuerdo obtenemos sanidad de gran parte del dolor causado por el recuerdo. Y aún en los casos en que no se produce la sanidad del recuerdo, esta técnica ha funcionado dramáticamente para desenredar a la persona del recuerdo corporal y traerla de nuevo al presente.

Cómo orar por los niños pequeños

A los niños se les puede ministrar mientras duermen o mientras están en brazos de los adultos. Los padres y otras personas autorizadas por ellos pueden asumir autoridad sobre cualquier interferencia satánica en la vida de un niño mientras está dormido, hablando en voz alta a cualquier emisario del Enemigo y reclamando al niño para Jesús. Es muy importante afirmar nuestra autoridad de esta manera sobre el niño para que nadie en el universo tenga duda de quién tiene el control. Al mismo tiempo debemos dedicar y encomendar el niño a Jesús.

En ciertas ocasiones los resultados de este tipo de ministración son sorprendentes. Una vez me reuní con los padres de un niño de 18 meses de edad para orar con autoridad sobre él mientras dormía, y la liberación fue tan grande que lo despertó. Y no solamente eso, sino que se sintió tan bien y se puso en pie, lo cual hizo que los padres tuvieran que permanecer despiertos el resto de la noche.

Es bueno hacer esto sistemáticamente y tratar, tanto con la influencia satánica como con las influencias emocionales tempranas (incluyendo las anteriores al nacimiento) y la herencia biológica. Los padres pueden hablar de esta manera al espíritu de un niño. Si el niño no fue deseado, deben disculparse con él por no quererlo inicialmente, digamos cuando ocurrió un embarazo no planeado ante el cual la primera reacción fue exclamar: "¡Oh, no puede ser!" Entonces pueden decirle al niño que cambiaron de opinión y que realmente lo quieren ahora, y pedirle al espíritu del niño que los perdone.

Es bueno hacer esto también (con niños que fueron inicialmente no deseados) cuando el niño es un poco mayor y no está dormido. Una madre se me acercó durante un seminario y me informó que le había contado a su hijita de cuatro años de edad que inicialmente ella no quería tenerla. La niña le respondió que lo sabía. La madre entonces se disculpó profusamente y le hizo saber a la niña de manera clara que había cambiado de opinión. La relación que se estableció a partir de ese momento fue gratificante.

Al utilizar todas estas técnicas debemos recordar siempre la necesidad de permitir que el Espíritu Santo nos dirija. Eso significa que debemos estar preparados para descartar cualquier técnica que tengamos en mente. Después de todo, ellas son sólo herramientas. Lo que buscamos es sanidad de profundo nivel y el Espíritu Santo es nuestro guía.

Lo que cobramos por nuestro ministerio de sanidad

Somos llamados a ministrar tal como Jesús lo hizo. Como él, ministramos gratuitamente. Tanto la autoridad para ministrar libertad como el objetivo de esa libertad radican en la intimidad con Dios, algo que Jesús mostró continuamente. Al final de su carrera sobre la tierra prometió a sus seguidores que harían lo que él hizo (ver Juan 14:12) y los comisionó, diciendo: "Como me envió el Padre, así también yo os envío" (Juan 20:21). Para ministrar eficazmente no podemos hacer otra cosa mejor que imitar a quien dejó de lado su divinidad, y obró sólo con el poder del Espíritu Santo para mostrarnos cómo hacer lo que él hizo.

Jesús, nuestro modelo, se limitó a sí mismo diciendo y haciendo lo que oyó decir, y lo que vio hacer al Padre (ver Juan 5:17; 8:26-29). Para mantener este estándar él recibió poder del Espíritu Santo (ver Lucas 3:21-22) y mantuvo continuamente una íntima relación con el Padre. Este debe ser nuestro objetivo cuando procuramos ministrar sanidad de profundo nivel.

Yo bendigo a cada uno de ustedes, mis lectores, con la capacidad de seguir el ejemplo de la intimidad, el poder, el amor y la habilidad de Jesús al ministrar, de modo que puedan también decir con él:

"El Espíritu del Señor está sobre mí, por cuanto me ha ungido para dar buenas nuevas a los pobres; me ha enviado a sanar a los quebrantados de corazón; a pregonar libertad a los cautivos, y vista a los ciegos; a poner en libertad a los oprimidos; a predicar el año agradable del Señor" (Lucas 4: 18-19).

Notas finales

Introducción

1. Charles H. Kraft, *Christianity with Power* [Cristianismo con Poder], (Ann Arbor, MI: Servant Publications, 1989), p. 211.
2. Gary Collins, *Innovative Approaches to Counseling* [Enfoques Innovadores de la Consejería], (Waco, TX: Word, 1986), p. 73
3. Siang-Yang Tan, *Lay Counseling: Equiping Christians for a Helping Ministry* [Consejería Laica: Equipemos a los Cristianos para un Ministerio de Ayuda], (Grand Rapids, MI: Zondervan , 1991), p. 14.

Capítulo 1: ¿Qué es la sanidad de profundo nivel?

1. David A. Seamands, *Redeeming the Past* [Redimiendo el Pasado] (Wheaton, IL: Victor Books, 1985), p. 54.
2. Betty Tapscott, *Inner Healing Through Healing of Memories* [Sanidad Interior Mediante la Sanidad de los Recuerdos], (Kingwood, TX: Hunter Publishing, 1987), p.13.
3. Charles H. Kraft, *Defeating Dark Angels*[Cómo Derrotar a los Ángeles de las Tinieblas], (Ventura, California: Regal, 1992), p. 141.
4. Daniel L. Schacter, *Searching for Memory* [Escudriñando los Recuerdos], (New York: Basic Books, 1996).
5. Charles H. Kraft, *Confronting Powerless Christianity* [Confrontando el Cristianismo sin Poder], (Grand Rapids, MI: Chosen Books, 2002).
6. David A. Seamands, *Healing Grace* [Gracia Sanadora], (Wheaton, IL: Victor Books, 1988), p. 7.
7. Rita Bennett, *Making Peace with Your Inner Child,* [Haciendo la Paz con su Niño-Interior] (Old Tappan, NJ: Fleming H. Revell, 1987), p. 174.
8. Siang-Yang Tan, *Lay Counseling* [Consejería Laica], (Grand Rapids, MI: Zondervan , 1991).
9. Seamands, *Redeeming the Past* [Redimiendo el Pasado], p. 139.
10. Ibid., p. 181.

Capítulo 2: El objetivo es la libertad

1. David Seamands, *Redeeming the Past* [Redimiendo el Pasado], (Wheaton, IL: Victor Books, 1988), p. 54.
2. John & Paula Sandford, *Transforming the Inner Man* [Transformando el Hombre Interior], (South Plainfield, NJ: Bridge 1982), p. 261.
3. Charles H. Kraft, *Christianity with Power* [Cristianismo con Poder],(Eugene, OR: Wipf & Stock, 2005), pp. 77-90).
4. Ibid., pp. 1-9.
5. George Eldon Ladd, *The Gospel of the Kingdom,* [El Evangelio del Reino], (Grand Rapids, MI: Eerdmans, 1959), p. 48.

6. David A. Seamands, *Putting Away Childish Things* [Dejemos las Cosas de Niños], (Wheaton, IL: Victor Books, 1982), p. 138.
7. David A. Seamands, *Healing for Damaged Emotions* [Sanidad para las Emociones Lastimadas], (Wheaton, IL: Victor Books, 1981), pp. 52-57.
8. John & Paula Sandford, *God's Power to Change* [Poder de Dios paraCambiar], (Lake Mary, FL: Charisma House, 2007), p.14).

Capítulo 3: ¿Quién necesita sanidad de profundo nivel?

1. John Sandford *God's Power to Change* [Poder de Dios paraCambiar], (Lake Mary, FL: Strang Communications, 2007), p. 126.
2. Neil T. Anderson, *Victory over the Darkness* [Victoria SobrelasTinieblas], Ventura,CA: Regal, 1990), p. 77.
3. John &aulaSandford, *Transforming the Inner Man* [Transformando el Hombre Interior], (Lake Mary, FL: Charisma House, 2007), p. 91.
4. Sandford, *God's Power to Change* [Poder de Dios paraCambiar], p. 91.
5. Rich Buhler, *Pain and Pretending* [Dolor y Simulación], (Nashville, TN: Thomas Nelson, 1991), p. 35.
6. David A. Seamands, *Putting Away Childish Things* [Dejemos las Cosas de Niños], (Wheaton, IL: Victor Books, 1982), p.9.
7. Buhler, *Pain and Pretending* [Dolor y Simulación], pp. 101-102.
8. Ibid., pp. 76-77.
9. David A. Seamands, *Healing Grace* [Gracia Sanadora], (Wheaton, IL: Victor Books, 1988), p. 155.
10. Buhler, *Pain and Pretending* [Dolor y Simulación], pp. 124-125.

Capítulo 4: Los problemas presentes hunden sus raíces en los recuerdos

1. Rich Buhler, *Pain and Pretending* [Dolor y Simulación], (Nashville, TN: Thomas Nelson, 1991), p. 35.
2. David A. Seamands, *Healing of Memories* [La Sanidad de los Recuerdos], (Wheaton, IL: Victor Books, 1985), p. 38.
3. Daniel L. Schacter, *Searching for Memory* [Escudriñando la Memoria], (New York: Basic Books, 1996), p. 17
4. Alan Baddeley, *Your Memory: A User's Guide* [Su Memoria: Una Guía del Usuario], (Buffalo NY: Firefly Books, 2004), p. 20.
5. Fred Littauer, *The Promise of Restoration* [La Promesa de Restauración], (San Bernardino, CA: Here's Life Publishers, 1990), p. 185.
6. Ibid., p. 192.
7. Ibid., pp. 7-8.
8. Gary Smalley and John Trent, *The Language of Love* [El Lenguaje del Amor], (Pomona, CA: Focus on the Family, 1988), p. 24.
9. David A. Seamands, *Putting Away Childish Things* [Dejemos las Cosas

de Niños], (Wheaton, IL: Victor Books, 1982), p. 28.

10. John & Mark Sandford, *A Comprehensive Guide to Deliverance and Inner Healing* [Una Guía Amplia y Completa para la Liberación y la Sanidad Interior], (Grand Rapids, MI: Chosen Books, 1992), p. 52.

Capítulo 5: Cómo Sanar las Heridas del Pasado

1. David A. Seamands, *Healing for Damaged Emotions* [Sanidad para las Emociones Lastimadas], (Wheaton, IL: Victor Books, 1981), p. 100.

2. John & Mark Sandford, *A Comprehensive Guide to Deliverance and Inner Healing* [Una Guía Amplia y Completa para la Liberación y la Sanidad Interior], (Grand Rapids, MI: Chosen Books, 1992), p. 295.

3. Ibid., p. 296.

4. Ibid., p. 117.

Capítulo 6: Generalmente las reacciones son el problema principal

1. John T. Noonan, "The Experience of Pain by the Newborn" [La Experiencia del Dolor en el Recién Nacido] in Jeff Lane Hensley, *The Zero People* [La Gente Cero], (Ann Arbor, MI: Servant, 1983), pp. 141-156.

2. Thomas Verny, M.D., with John Kelly, *The Secret Life of the Unborn Child* [La Vida Secreta del Niño que no ha Nacido] (New York: Dell Books, 1982). Quote was taken from Francis and Judith MacNutt, *Praying for Your Unborn Child* [La cita fue tomada de Francis y Judith MacNutt, de su libro *Orando por su Niño que aún no ha Nacido*] (New York: Doubleday, 1988), p. 3.

3. David A. Seamands, *Redeeming the Past* [Redimiendo el Pasado], Wheaton, IL: Victor Books, 1985), p. 21.

4. John and Paulsa Sandford, *Healing the Wounded Spirit* [Cómo Sanar el Espíritu Lastimado], (Tulsa, OK: Victory House, 1985), pp. 40-42.

5. Ibid., pp. 34-37.

6. Ibid., pp. 42-43.

7. Ibid., p. 44.

8. Ibid.

9. David A. Seamands, *Putting Away Childish Things* [Dejemos las Cosas de Niños], (Wheaton, IL: Victor Books, 1982), p. 11.

10. Ibid., p. 138.

11. Ibid.

12. Rich Buhler, *Pain and Pretending* [Dolor y Simulación], (Nashville, TN: Thomas Nelson, 1991), p. 62.

13. Seamands, *Putting Away Childish Things* [Dejemos las Cosas de Niños], (Wheaton, IL: Victor Books, 1982), p. 116.

14. Buhler, *Pain and Pretending* [Dolor y Simulación], (Nashville, TN: Thomas Nelson, 1991), p. 196.

15. Seamands, *Putting Away Childish Things* [Dejemos las Cosas de Niños], (Wheaton, IL: Victor Books, 1982), p. 46.

Capítulo 7: La sanidad de una auto imagen dañada

1. David A. Seamands, *Healing for Damaged Emotions* [Sanidad para las Emociones Lastimadas], (Wheaton, IL: Victor Books, 1981), pp. 52-57.
2. John Bradshaw, *Healing the Shame that Binds You* [Cómo Sanar la Vergüenza que lo Ata], (Deerfield Beach, FL: Health Communications, 1988), p. 143.
3. Ibid., p. 66.
4. Sandra Wilson, *Released from Shame* [Liberado de la Vergüenza], (Downers Grove, IL: InterVarsity Press, 1990), pp. 67-68.
5. Ibid., pp. 67-68.
6. Seamands, *Healing for Damaged Emotions* [Sanidad para las Emociones Lastimadas], p. 49
7. Ibid., p. 120.
8. Neil T. Anderson, *Victory over the Darkness* [Victoria Sobre las Tinieblas], Ventura,CA: Regal, 1990), pp. 43-44.
9. Colin Brown, *Dictionary of New Testament Theology* [Diccionario de la Teología del Nuevo Testamento], (Grand Rapids, MI: Zondervan, 1976), pp. 821-822.
10. Neil T. Anderson, *Victory over the Darkness* [Victoria Sobre las Tinieblas], Ventura,CA: Regal, 1990), p. 34.
11. John Bradshaw, *Healing the Shame that Binds You* [Cómo Sanar la Vergüenza que lo Ata], pp. 201-202.

Capítulo 8: Sanidad de una pérdida

1. Seamands, *Healing for Damaged Emotions* [Sanidad para las Emociones Lastimadas],(Wheaton, IL: Victor Books, 1981), p. 44.
2. Jack Hayford, *I'll Hold You in Heaven,* [Te Encontraré en el Cielo], (Ventura, CA: Regal, 1990), p. 84.
3. Susan Standford, *Will I Cry Tomorrow?* [¿Lloraré Mañana?], (Old Tappan, NJ: Revell, 1987), p. 135.
4. Francis and Judith MacNutt, *Praying for Your Unborn Child* [Orandoporsu Niño queaún no ha Nacido], (New York: Doubleday, 1988), p. 133.
5. John & Paula Sandford, *Healing the Wounded Spirit* [Cómo Sanar el Espíritu Lastimado], (Tulsa, OK: Victory House, 1985), p. 442.
6. Seamands, *Healing for Damaged Emotions* [Sanidad para las Emociones Lastimadas],(Wheaton, IL: Victor Books, 1981), p. 44.

Chapter 9: Sanidad de la "familia interna

1. "Richard Schwartz, "Our Multiple Selves", in *The Family Therapy Networker* ["Nuestras Múltiples Personalidades" en *El Difusor de la Terapia Familiar* (Washington, DC: The Family Therapy NetWork, Inc.), March-April 1987, p. 80.

2. Ibid., p. 26.

3. John Rowan, *Subpersonalities* [Subpersonalidades], (New York: Routledge, 1990), p. 8.

4. Eric Berne, *Transactional Analysis in Psycotherapy* [El Analisis Transaccional en la Sicoterapia], (New York: Grove Press, 1961).

5. Richard W. Dickinson and Carol Gift Page, *The Child in Each of Us* [El Niño Que Hay en Cada Uno de Nosotros],(Wheaton IL: Victor Books, 1989).

6. Rowan, *Subpersonalities,* [Subpersonalidades],p. 9.

7. Scwartz, "OurMultipleSelves", ["Nuestras Múltiples Personalidades"], p. 27.

8. Ibid., pp. 20-29.

9. From a personal communication with Dr. David W. King, a Christian psychologist in private practice, in Ann Arbor, Michigan, who has extensive experience in counselling clients with dissociative disorders, August 9, 1993. [De una comunicación personal con el doctor David A. King, un sicólogo cristiano en ejercicio privado de su profesión en Ann Arbor, Míchigan, quien tiene una amplia experiencia en aconsejar pacientes con desórdenes disociativos, Agosto 9 de 1993].

10. James Friesen *Uncovering the Mystery of MPD* [Develando el Misterio del DPM], (Eugene, OR: Wipf & Stock 1991), p. 114.

11. Ibid., p. 31.

12. Ibid., p. 42.

13. Ibid., p. 164.

14. Doris Bryant, Judy Kessler and Linda Shirar, *The Family Inside* [La Familia Interior], (New York; W.W. Norton, 1992), 71.

15. Friesen, *Uncovering the Mystery of MPD* [Develando el Misterio del DPM], p. 54.

16. Bryant, Kessler and Shirar, *The Family Inside* [La Familia Interior], pp. 158-159.

17. Friesen, *Uncovering the Mystery of MPD* [Develando el Misterio del DPM], p. 178.

18. Ibid., p. 222.

19. King, personal communication, August 9, 1993.

20. Ibid.

Capítulo 10: Cómo la demonización

1. Charles H. Kraft, Defeating Dark Angels[Cómo Derrotar a los Ángeles de las Tinieblas], (Ventura, California: Regal, 1992), p. 70

2. John & Mark Sandford, A Comprehensive Guide to Deliverance and Inner Healing [Una Guía Amplia y Completa para la Liberación y la Sanidad Interior], (Grand Rapids, MI: Cosen Books, 1992), p. 112.

3. C. Peter Wagner, The Third Wave of the Holy Spirit [La Tercera Ola del Espíritu Santo], (Ann Arbor, MI: Servant Publication, 1988), p. 76.

Capítulo 11: Una Orientación para la persona que ministra Sanidad

1. David A. Seamands, *Healing of Memories* [La Sanidad de los Recuerdos], (Wheaton, IL: Victor Books, 1985), p. 165.
2. Ibid., p. 133.
3. Ibid., p. 44.

Capítulo 12: Cómo efectuar la sanidad de profundo nivel

1. C. Peter Wagner, *PrayerShield*[Escudo de Oración], (Ventura CA: Regal, 1992), pp. 119ff.
2. Ibid., p. 161.
3. David A. Seamands, *Redeeming the Past* [Redimiendo el Pasado] (Wheaton, IL: Victor Books, 1985), p. 109.
4. David A. Seamands, *Putting Away Childish Things* [Dejemos las Cosas de Niños], (Wheaton, IL: Victor Books, 1982), p. 114.
5. Neil T. Anderson, *Victory over the Darkness* [Victoria Sobrelas Tinieblas], Ventura,CA: Regal, 1990), p. 43.
6. Ibid., p. 34.
7. John Wimber, *Power Healing* [PoderSanador](San Francisco: Harper and Row, 1987), pp. 198-235.
8. Anderson, *Victory Over the Darkness,* [Victoria SobrelasTinieblas], p. 194.

Capítulo 13: Técnicas de ministración

1. John & Paula Sandford, *Healing the Wounded Spirit* [Cómo Sanar el Espíritu Lastimado], (Tulsa, OK: Victory House, 1985), p. 47.
2. David A. Seamands, *Redeeming the Past* [Redimiendo el Pasado] (Wheaton, IL: Victor Books, 1985), p. 39.

Bibliografía

American Psychiatric Association. *The Diagnostic and Statistical Manual of Mental Disorders* [Asociación Americana de Siquiatría. *Manual de Diagnóstico y Estadísticas de Desórdenes Mentales*]. Washington, DC: American Psychiatric Association, 1987, 3º ed.

Anderson, Neil. *The Bondage Breaker* [El Quebrantador de la Esclavitud], Eugene, OR: Harvest House 1990.

Anderson, Neil. *Victory Over the Darkness* [Victoria Sobre las Tinieblas], Ventura CA: Regal 1990.

Baars, Conrad. *Feeling and Healing Your Emotions* [Sintiendo y Sanando sus Emociones], Plainfield, NJ: Bridge Publishing, 1979.

Baddeley, Alan. *Your Memory: A User's Guide* [Su Memoria: UnaGuíadelUsuario], Buffalo, NY: Firefly Books, 2004.

Banks, Bill & Sue.*Ministering to Abortion 's Aftermath* [MinistraciónDespués del aborto]. Kirkwood, MO: Impact Books, 1982.

Bennett, Rita. *Emotionally Free* [EmocionalmenteLibre]. Old Tappan, NJ: Fleming H. Revell, 1982.

Bennet, Rita. *How to Pray for Inner Healing.*[Cómo Orar por Sanidad Interior].Old Tappan, NJ: Fleming H. Revell, 1984

Bennet, Rita. *Making Peace with Your Inner Child.*[Haciendo la Paz con su Niño-Interior], Old Tappan, NJ: Fleming H. Revell, 1987.

Berne, Eric. *Transactional Analysis in Psycotherapy*[El AnalisisTransaccional en la Sicoterapia], New York: Grove Press, 1961.

Blue, Ken. *Authority to Heal.*[Autoridad para Sanar].Downer's Grove, IL: InterVarsity Press, 1987.

Bobgan, Martin and Deidre.*Psychoheresy: The Psychological Seduction of Christianity.* [Sicoherejía: La Seducción Sicológica del Cristianismo]. Santa Bárbara, CA: EastgatePublishers, 1987.

Bowlby, J. *The Making and Breaking ofAffectional Bonds.*[Establecimiento y Ruptura de los Lazos Afectivos].London: Tavistock Publications, 1979.

John Bradshaw, *Healing the Shame that Binds You* [CómoSanar la Vergüenzaque lo Ata], Deerfield Beach, FL: Health Communications, 1988.

Brown Colin (ed). *Dictionary of New TestamentTheology*[Diccionario de la Teología del Nuevo Testamento]. Grand Rapids, MI: Zondervan, 1976.

Bryant, Doris, Judy Kessler and Linda Shirar.*The Family Inside* [La Familia Interior]. New York: W.W. Norton, 1992.

Buhler, Rich. *Pain and Pretending* [Dolor y Simulación], Nashville, TN: Thomas Nelson, 1991.

Capaccione, Lucia. *Recovering of Your Inner Child* [La Recuperación de su Niño-interior]New York: Simon and Schuster, 1991.

Chambers, Oswald. *My Utmost for His Highest* [Lo Mejor de mípor lo Mejor de Dios], Ulrichsville, OH: Barbour Publishing, 2008.

Cole, Star. "What is Memory Retrieval Like?" [¿Cómo Se Recobra la Memoria?] Basado en material distribuido privadamente por el autor. Anaheim, CA: Hope and Restoration Ministries, 1992.

Colins, Gary. *Innovative Approaches to Counseling* [Enfoques Innovadores de la Consejería], Waco, TX: Word, 1986.

Cloud, Henry, and John Towsend.*Boundaries* [Fronteras].Grand Rapids, MI: Zondervan, 2001.

Crab,LawrenceJ.*EffectiveBiblicalcounselling*[ConsejeríaBíblicaEficaz],Grand

Rapids, MI: Zondervan 1977.

Dickason, C. Fred. *Demon Possesion and the Christian* [La PosesiónDemoníaca y el Cristiano]. Chicago: Moody Press, 1987.

Dickinson, Richard W., and Carole Gift Page.*The Child in Each of Us* [El Niño Que Hay en Cada Uno de Nosotros]. WheatonIL: Victor Books, 1989.

Dobson, Theodore E. *How to Pray for Spiritual Growth* [CómoOrarporCrecimientoEspiritual]. Mahwah, NJ: Paulist Press, 1982.

Flynn, Mike. *Holy Vulnerability* [Vulnerabilidad Santa]. Old Tappan, NJ: Fleming H. Revel, 1990.

Friesen, James. *Uncovering the Mystery of MPD* [Descubriendo el Misterio del DPM], (Eugene, OR: Wipf & Stock 1991).

Gazzaniga, Michael. *The Social Brain* [El Cerebro Social] ,New York, Basic Bools 1985.

Gibson, Noel and Phyllis.*Evicting Demonic Squatters and Breaking Bondages* [DesalojandoIntrusosDemoníacos y Rompiendo la Esclavitud]. Drummoyne, NSW, Australia: Freedom In Christ Ministries [Ministerios Libertad en Cristo], 1987.

Hammond, Frank D. *Overcoming Rejection* [Superando el Rechazo], Plainview, TX: The Children´s Bread Ministries, [Ministerios el Pan de los Hijos], 1987.

Harper, Michael. *Spiritual Warfare* [Guerra Espiritual]. Ann Arbor, MI: Servant Publications, 1984.

Hayford, Jack, *I 'llHold You in Heaven,* [Te Encontraré en el Cielo], Ventura, CA: Regal, 1990.

Hensley, Jeff Lane. *The Zero People* [La Gente Cero], Ann Arbor, MI: Servant, 1983.

Horrobin, Peter. *Healing Through Deliverance,* [Sanando Mediante la Liberación], vol. 1 and 2. Grand Rapids, MI: Chosen Books, 2003.

Hunt, Dave, and T.A. McMahon. *The Seduction of Christianity* [La SeduccióndelCristianismo], Eugene, OR: Harvest Hous, 1985.

Hurding, Roger. *Roots and Shoots* [Raíces y Retoños]. London: Hodder and Stroughton, 1985.

Jacobs, Michael. *The Presenting Past.* [El Pasado Actual], New York: Harper and Row, 1985.

Kelly, Bernard. *The Seven gifts* [Los SieteDones],London: Sheed and Ward, 1941.

Kelsey, Morton. *Healing and Christianity.*[La Sanidad y el Cristianismo],New York: Harper and Row, 1973.

Kluft, Richard P. (ed.). *Childhood Antecedents of Multiple Personality.*[Antecedentes de Múltiple Personalidad en la Infancia]. Washington DC: American PsychiatricPress, 1985.

Kraft, Charles H. *Christianity with Power.*[Cristianismo con Poder], Eeugerne, OR: Wipf& Stock, 2005.

Kraft, Charles H. *Confronting Powerless Christianity* [Confrontando el Cristianismo sin Poder], Grand Rapids, MI: Chosen Books, 2002.

Kraft, Charles H. *Defeating Dark Angels*[Cómo Derrotar a los Ángeles de las Tinieblas], Ventura, California: Regal, 1992.

Kraft, Charles H. *I Give You Authority* [Os Doy Autoridad] Grand Rapids, MI: Chosen Books, 1997.

Ladd, George Eldon *The Gospel of the Kingdom,* [El Evangelio del Reino], Grand Rapids, MI: Eerdmans, 1959.

Linn, Ednnis and Mtthew.*Deliverance Prayer.*[Oración de Liberación] New York: Paulist Press, 1981.

Linn, Ednnis and Mtthew.*Healing Life's Hurts.* [La Sanidad de las Heridas de la Vida] New York: PaulistPress, 1979.

Linn, Ednnis and Mtthew.*Healing of Memories.*[La Sanidad de los Recuerdos] New York: PaulistPress, 1984.

Linn, Ednnis and Mtthew.*Healing the Greatest Hurt* [Sanando la HeridaMás Grande] New York: Paulist Press, 1985.

Littauer, Florence. *It Takes So Little to Be Above Average* [Cuesta Tan PocoEstarporEncima del Promedio]. Eugene OR: Harvest House, 1983.

Littauer, Fred. *The Promise of Restoration* [La Promesa de Restauración] San Bernardino, CA, Here's Life Publishers, 1990.

Littauer, Fred. *The Promise of Restoration Workshop Manual* [La Promesa de Restauración, Manual paraTalleres] San Bernardino, CA, Here's Life Publishers, 1990.

Littauer, Fred and Florence, *Freeing Your Mind From Memories That Bind* [Liberando Su Mente de Recuerdosque la Atan] San Bernardino, CA, Here's Life Publishers, 1988.

MacNutt, Francis. *The Prayer that Heals.*[La Oración que Sana]. Notre Dame, IN: Ave María Press, 1981.

MacNutt, Francis and Judit.

MacNutt, *Praying for Your Unborn Child* [Orandoporsu Niño queaún no ha Nacido] New York: Doubleday, 1988.

Martin, Ralph. *Husbands, Wives, Parents, Children.*[Esposos, Esposas, Padres, Hijos]. Ann Arbor, MI: ServantPublications, 1978.

Matzat, Don. *Inner Healing: Deliverance or Deception?* [Sanidad Interior: ¿Liberación o Engaño], Eugene, OR: Harvest House, 1987.

McCall, Kenneth. *Healing the Family Tree* [Sanando el Árbol de la Familia], London: Sheldon Press, 1982.

McDonald, Robert. *Memory Healing* [Sanidad de la Memoria], Atlanta, GA: RLM Ministries, Inc., 1981.

Murphy, Ed. "From My Experience: My Daughter Demonized?" *EquippingtheSaints*[De Mi Experiencia: ¿Mi Hija Poseída por Demonios? – *Equipando los Santos*], vol. 4, Nº 1, Winter 1990, pp. 27-29.

Murphy, Ed. *Handbook for Spiritual Warfare*. [Manual para la Guerra Espiritual], Nashville, TN: Thomas Nelson, 1992.

Murphy, Ed. *Spiritual Warfare* [Guerra Espiritual] A tape series with workbook. [Una serie de audio con el libro de trabajo] Milpitas, CA: OverseasCrusades, 1988.

Noonan John T "TheExperience of PainbytheNewborn" [La Experiencia del Dolor en el Recién Nacido] cited in Jeff LaneHensley, *The Zero People*[citado en el libro de Jeff LaneHensley, *La Gente Cero*], (Ann Arbor, MI: Servant, 1983).

Nouwen, Henri J.M. *The Way of the Heart.*[A la Manera del Corazón], New York: Ballantine, 1981.

Payne, Leanne. *The Broken Image.*[La Imagen Rota],Westchester, IL: Crossway Books, 1981.

Payne, Leanne. *The Healing Presence* [La PresenciaSanadora], Westchester, IL: Crossway Books, 1989.

Powell, John S.J. *Why Am I Afraid to Love?* [¿Por Qué Tengo Miedo de Amar?], Niles, IL: ArgusCommunications, 1975.

Putnam, Frank W. *Diagnosis and Treatment of MultiplePersonalityDisorder*[Diagnóstico y Tratamiento del Desorden de Personalidad Múltiple], New York: TheGuilfordPress, 1989.

Pytches, Mary. *A Healing Felowship.*[UnaComuniónSanadora], London: Hodder and Stoughton, 1988.

Pytches, Mary. *A Child No More* [La NiñezQuedóAtrás], London: Hodder and Stoughton, 1991.

Pytches, Mary. *Set My People Free* [Libera a Mi Pueblo], London: Hodder and Stoughton, 1987.

Pytches, Mary. *Yesterday's Child* [El Niño de Ayer] Hodder and Stoughton, 1990.

Reed, William S. *Healing of the Whole Man: Mind, Body, Spirit.* [La Sanidad del Hombre Integral: Mente, cuerpo y Espíritu], Old Tappan, NJ: Spire Books, 1979.

Rentzel, Lori. *Emotional Dependency* [DependenciaEmocional], Downers and Grove, IL: InterVarsity Press, 1990.

Rowan, John. *Subpersonalities.*[Subpersonalidades], New York: Routledge, 1990.

Sanders, J. Oswald.*Enjoying Intimacy with God* [DisfrutandoIntimidad con Dios], Grand Rapids, MI: Discovery House Publishers, 2001.

Sandford, John and Mark.*A Comprehensive Guide to Deliverance and Inner Healing* [Una Guía Amplia y Completa para la Liberación y la Sanidad Interior], Grand Rapids, MI: Chosen Books, 1992.

Sandford, John & Paula *God's Power to Change* [Poder de Dios paraCambiar], Lake Mary, FL: Charisma House, 2007).

Sandford, John & Paula, *Healing the Wounded Spirit* [Cómo Sanar el Espíritu Lastimado], Tulsa, OK: Victory House, 1985.

Sandford, John & Paula *The Transformation the Inner Man* [La Transformación del Hombre Interior], South Plainfield, NJ: Bridge 1982.

Sandford, John & Paula.*Transforming the Inner Man* [Transformando al Hombre Interior], Lake Mary, FL: Charisma House, 2007.

Sandford, Loren. *Wounded Warriors—Surviving Seasons of Stress* [Guerreros-Heridos: SobreviviendolasÉpocas de Estrés], TulsaOK: Victory House, 1987.

Sandford, Paula. *HealingVictims of Sexual abuse* [Sanando a las Víctimas de Abuso Sexual] Tulsa OK: Victory House, 1988.

Sandford, agnes. *The Healing Gifts of the Spirit* [Los DonesSanadores del Espíritu], Old Tappan, NJ: Revell, 1966.

Scanlan, Michael. *Inner Healing* [Sanidad Interior], New York: Paulist Press, 1974.

Schacter, Daniel L. *Searching for Memory* [Escudriñando los Recuerdos], New York: Basic Books, 1996.

Schwartz, Richard "Our Multiple Selves", in *The Family Therapy Networker* ["NuestrosMúltiples Egos." *El Difusor de la Terapia Familiar* Washington, DC: The Family Therapy NetWork, Inc., March-April 1987, pp. 25-31, 80-83.

Seamands, David A. *Healing for Damaged Emotions* [Sanidad para las Emociones Lastimadas], Wheaton, IL: Victor Books, 1981.

Seamands, David A. *Healing Grace* [Gracia Sanadora], Wheaton, IL: Victor Books, 1988.

Seamands, David A. *Healing of Memories* [La Sanidad de los Recuerdos], Wheaton, IL: Victor Books, 1985.

Seamands, David A. *Putting Away Childish Things* [Dejemos las Cosas de Niños], Wheaton, IL: Victor Books, 1982.

Seamands, David A. *Redeeming the Past* [Redimiendo el Pasado] Wheaton, IL: Victor Books, 1985.

Smaley, Gary, and John Trent.*The Language of Love.*[El Lenguajedelamor], Pomona, CA: Focus on the Family, 1988.

Smedes, Lewis B. *Caring and Commitment* [Cuidado y Dedicación], San

Francisco: Harper and Row, 1988.

Smedes, Lewis B. *Forgive and Forget.* [Perdona y Olvida] San Francisco: Harper and Row, 1984.

Spenser, J. *Suffer the Child* [Soporta al Niño], New York: Pocket Books, 1989.

Stapleton, Ruth. *The Experience of Inner Healing* [La Experiencia de la Sanidad Interior], WacoTX: Word, 1977.

Stapleton, Ruth. *The Gift of Inner Healing* [El Don de la Sanidad Interior], WacoTX: Word, 1976.

Satanford, Susan. *Will I Cry Tomorrow?* [¿LloraréMañana?], OldTappan, NJ: Revell, 1987.

Siang-Yang Tan, *Lay Counseling* [Consejería Laica], (Grand Rapids, MI: Zondervan , 1991.

Tapscott, Betty. *Inner Healing Through Healing of Memories* [Sanidad Interior Mediante la Sanidad de los Recuerdos], (Kingwood, TX: Hunter Publishing, 1987.

Tapscott, Betty. *Ministering Inner Healing Biblically* [MinistrandoSanidad Interior Bíblicamente], HoustonTX: Tapscott Ministries, 1987.

Tozer, A. W. *The Pursuit of God* [La Búsqueda de Dios], Radford, VA: Wilder Publications, 2008.

Verny, Thomas, MD., with John Kelly. *The Secret Life of the Unborn Child* [La Vida Secreta del Niño que no ha Nacido] (New York: Dell Books, 1982).

Wagner, C. Peter. *Prayer Shield.*[Escudo de Oración], Ventura, CA: Regal, 1992.

Wagner, C. Peter. *The Third Wave of the Holy Spirit* [La Tercera Ola delEspíritu Santo], Ann Arbor, MI: Servant Publication, 1988.

Wardle, Terry. *HealingCare, HealingPrayer*[El Cuidado Sanador y la Oración Que Sana], Orange, CA: New Leaf, 2001.

White, Thomas B. *TheBeliever's Guide to Spiritual Warfare*[La Guía del Creyente para la Guerra Espiritual], Ann Arbor, MI: ServantPublications, 1990.

Whitfield, Charles L. *Healing the Child Within*[Sanando el Niño QueLlevamos en Nuestro Interior], Deerfield Beach, FL: Health Communications Inc., 1987.

Wilson, Sandra. *Released from Shame* [Liberado de la Vergüenza], Downers Grove, IL: InterVarsity Press, 1990.

Wimber, John. *Power Healing* [Poder Sanador], San Francisco, Harper and Row, 1987.